우리 책과 한국사 이야기

우리 책과 한국사 이야기

초판 1쇄 발행 2020년 3월 10일
초판 2쇄 발행 2020년 10월 25일

지은이 부길만
펴낸이 이윤규

펴낸곳 유아이북스

출판등록 2012년 4월 2일
주소 서울시 용산구 효창원로 64길 6
전화 (02) 704-2521
팩스 (02) 715-3536
이메일 uibooks@uibooks.co.kr

ISBN 979-11-6322-028-2
값 12,000원

* 이 도서의 국립중앙도서관 출판예정도서목록(CIP)은 서지정보유통지원시스템 홈페이지(http://seoji.nl.go.kr)와 국가자료공동목록시스템(http://www.nl.go.kr/kolisnet)에서 이용하실 수 있습니다. (CIP제어번호 : CIP2020008935)

52가지 궁금증으로 본 우리 기록문화의 발자취

유아이북스
For The Ultimate Information

책머리에

우리 책과 한국사, 무궁무진한 이야기 거리

우리 책과 한국사에는 수많은 이야기 거리가 있습니다. 세계에서 가장 사납고 강력했던 몽골 군대가 빠른 속도로 중국, 러시아를 모두 정복하고 동유럽까지 쳐들어가니, 모든 나라들이 삽시간에 무릎을 꿇었음에도 유독 고려인들만 버텨낸 이유! 그 비밀은 팔만대장경입니다. 중세시대 최첨단 정보기술이었던 금속활자 발명의 역사적 의의, 시대를 앞서간 한글 창제, 세계에서 가장 방대한 분량의 역사책 조선왕조실록을 둘러싼 이야기, 조선시대 민간인들이 만들고 유통시켰던 방각본, 병자호란 직후 여성 주인공이 도술을 부려 나라를 구한다는 한글소설의 전파, 조선시대 출판 발전에 공로가 큰 왕들, 개화기 선각자들의 저술·번역·출판 등에 관한 이야기, 구한말 외국인들의 눈에 비친 한국과 한국인의 모습, 우리 민족을 멸시하거나 혐오했던 외국인들과 반면에 한없이 사랑하고 경외심을 보여주었던 외국인들, 한글성서의 보급과 기독교 전파, 일본 제국주의에 저항한 출판인들 등 참으로 많은 이야기가 있습니다.

이번에 우리 책과 한국사를 공부하며 민족의 특성을 새삼 느끼게 되었습니다. 그것은 바로 문화를 사랑하는 정신입니다. 이 정신이 평화 시에는 가무를 즐기는 민족으로 나타납니다. 오늘 우리의 예능이 전 세계를 휩쓸고 있는 것도 바로 한민족의 DNA가 드러나고 있기 때문일 것입니다. 문화 사랑은 전쟁과 같은 위기 시에도 그대로 적용되어 더욱 강하게 나타납니다. 그 일례로 한반도에서 일어났던 참혹한 6·25전쟁 중에도 시민들은 피난지에서 천막교실을 세워 교육열을 더욱더 불태웠고, 출판인들도 책을 제작해 파는 일을 멈추지 않았습니다. 피난지에서의 서적 판매가 시민들의 호응 속에서 호황을 누리기도 했다고 합니다. 우리 문화사에서 빛나는 〈사상계〉, 〈학원〉 같은 잡지들이 창간된 것도 바로 전쟁 피난지에서였습니다.

문화 사랑의 전통은 구한말 한국을 찾은 외국인의 눈에도 띄었습니다. 저명한 언어학자이자 역사학자였던 존슨은 한·중·일을 비교하며, 한국이 학자의 나라, 중국은 상인의 나라, 일본은 무사의 나라라는 인상을 받았다고 얘기한 바 있습니다. 말하자면, 한·중·일 삼국은 각각 글(文), 돈(錢), 칼(刀)을 중시했다는 이야기입니다. 이 세 가지는 국가 경영의 기본입니다. 한·중·일 세 나라가 오늘날 세계에서 우수한 민족으로 활약하고 있는 것도 그 국가의 기본을 잘 활용하고 있기 때문일 것입니다. 《논어》에서 공자는 국가 경영의 기본으로 이와 비견되는 조건을 제시한 바 있습니다. 즉, 군대·식량·신뢰의 세 가지입니다. 국가 유지를 위하여 이 세 가지 중에 하나를 버려야 한다면, 군대이고 또 하나를 더 버린다면 식량이라고 했습니다. 신뢰 하나만 있으면 국가는 존립한다고 보았습니다. 신뢰는 바로 문화 사랑에서 나옵니다. 한국 역사가 바로 이 사실을 증명한 바 있습니다. 한때, 군사력이 없어 나라를 빼앗기고 굶주림 속에서 살아온 민족이지만, 민족에 대한 신념, 문화 사랑의 정신이 있었기에 한국은 오늘날 발전할 수 있었습니다. 글의 힘, 문화의 힘을 최대한 끌어올릴 때 칼과 돈의 위력을 충분히 극복할 수 있었다는 사실을 한국 출판 역사는 우리에게 알려주고 있습니다.

한민족은 위대한 민족입니다. 그 위대함은 전쟁에서의 승리나 영토의 확장을 통해서가 아니라 문화의 힘을 드러낸 데에서 나온 것입니다. 우리 책과 출판의 역사를 찾아가노라면, 이러한 위대함을 시기마다 접할 수 있습니다.

이 책은 이러한 한국 출판 역사의 다양한 이야기들을 질의응답 형식으로 알기 쉽게 풀어 쓴 것입니다. 책의 내용은 필자가 2008년 겨울부터 2012년 여름까지 4년 동안 계간 〈시와 문화〉에 연재된 글들을 시기별·주제별로 나누어 체계적으로 정리한 것입니다. 각 시기는 편의상 일반 독자들에게 익숙한 방식으로, 고려시대·조선시대·개화기의 3시기로 구분하고, 각 시기 안에서 주제별로 서술했습니다. 일제강점기 이후 출판의 다양한 모습들은 추후 다른 책에서 보여드리고자 합니다.

이 책의 내용들이 한국 역사를 공부하려는 분들, 출판에 관심 있는 분들, 우리 문화에 자부심을 느끼는 분들, 책을 사랑하는 모든 분들에게 더욱 풍성한 이야기 거리를 제공해주었으면 합니다.

차례

제1장

고려시대

불교의 융성과 팔만대장경

근대 이전 출판에 가장 큰 영향을 끼친 것은 무엇인가요?

오늘은 고려시대까지의 한국 출판에 관해 살펴봅시다. 말하자면 근대 이전의 시기이지요. 출판 역사에 대한 연구는 문화사를 다루는 것이기 때문에, 기존의 왕조사에 의거한 시기 구분은 별로 의미가 없겠지만, 편의상 고려시대까지를 생각해 보자는 것입니다.

이 시기에 출판에 가장 큰 영향을 끼친 것은 무엇일까요?

제 생각에 그것은 종교입니다. 출판과 종교의 밀접한 관계는 우리 역사뿐만 아니라 인류문화사에도 그대로 해당됩니다.

인쇄술이 본격적으로 사용되기 이전에도 인도에서는 이미 날염 방식을 이용하여 불상을 복제해 낸 바 있습니다. 중국 당나라에서 목판인쇄술이 발달되어 처음 나온 책도 《금강경(868년 간행)》, 곧 불교 경전이었습니다. 일본에서 이보다 이른 시기인 770년에 나왔

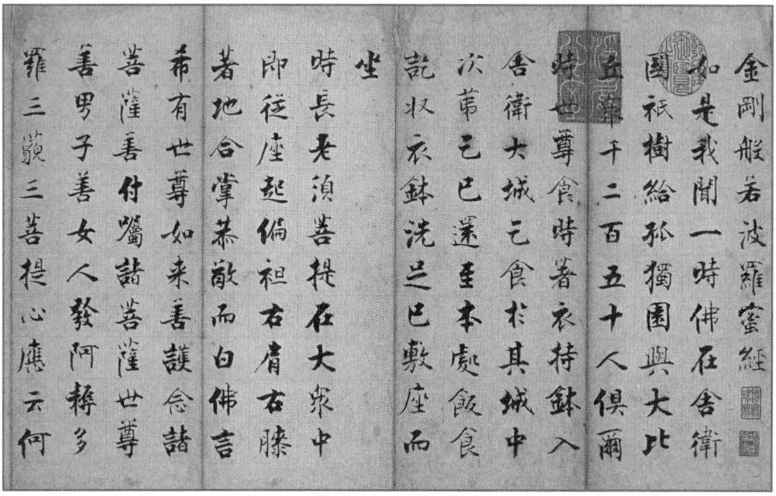
金剛般若波羅蜜經
如是我聞一時佛在舍衛
國祇樹給孤獨園與大比
丘衆千二百五十人俱爾
時世尊食時著衣持鉢入
舍衛大城乞食於其城中
次第乞已還至本處飯食
訖收衣鉢洗足已敷座而
坐
時長老須菩提在大衆中
即從座起偏袒右肩右膝
著地合掌恭敬而白佛言
希有世尊如來善護念諸
菩薩善付囑諸菩薩世尊
善男子善女人發阿耨多
羅三藐三菩提心應云何

금강경

다고 주장하는 《백만탑다라니》도 불교 인쇄물입니다.

목판인쇄술이 중국에서 유럽으로 건너갔을 때 가장 크게 성행한 인쇄물은 놀이카드와 함께 기독교 성화였습니다. 독일에서 활판인쇄술이 발명된 초창기에 만들어낸 책 중에서도 기독교 서적이 가장 큰 비중을 차지하고 있습니다. 인쇄술 이전에, 수도사들이 긴 시간과 공력을 들여 베껴 쓴 책도 필사본 성경입니다. 그 성경은 1년에 두 권 정도 만들 수 있었다고 합니다. 바로 이런 시기에 구텐베르크는 성서를 대량으로 만들어내면 커다란 돈을 벌 수 있을 것으로 생각하고 인쇄술 개발에 착수합니다. 그렇게 해서 나온 것이 유명한 《42행 성서》였습니다. 15세기 중반의 일이지요. 이 인쇄술은 유럽에서 다음 세기에 종교개혁을 성공시키는 중요한 원동력으로 작용하게 됩니다.

즉, 새로운 인쇄 기술로 찍어낸 숱한 팸플릿들을 통하여 종교개혁가 루터의 주장은 삽시간에 독일, 나아가 유럽 전 지역의 민중들에게 퍼져 나갔습니다. 그래서 성서 번역가이자 출판인이기도 했던 루터는 인쇄술을 '신의 지고한 은총'이라고 예찬했던 것입니다.

이와 같이 출판과 종교의 긴밀한 관계를 외국의 사례 속에서 확인해 보았는데, 한국의 경우도 마찬가지입니다. 인쇄술이 등장하기 이전, 유럽의 수도사들이 성경을 필사한 것처럼 한국에서도 종교 경전을 신앙의 차원에서 정성 들여 베껴 써서 책을 만드는 전통이 있었습니다. 이는 사경(寫經)입니다. 사경 작업은 한국의 신라시대부터 있었다고 하는데, 필사나 그림 그리는 작업을 위하여 보살계를 받고 온갖 정성을 다 기울이고, 심지어 사경에 필요한 종이를 만드는 일에서도 그 정성이 매우 종교적이어서 종이의 원료가 되는 닥나무 뿌리에 향수를 뿌려 정갈하게 가꾸었다고 합니다. 이 사경 작업은 신앙생활뿐만 아니라 두뇌 활성화에도 도움이 된다는 주장이 있는데, 최근 일본에서는 이에 관한 서적까지 출간된 바 있습니다.

필사본이 아니고 인쇄된 세계 최초의 책은 현재 《무구정광대다라니경(無垢淨光大陀羅尼經)》으로 알려져 있는데 역시 불교 경전입니다. 이 경전은 목판인쇄물인데, 1966년 10월 경주 불국사의 석가탑을 보수하는 중에 발견되었습니다. 정확한 간행 시기는 알 수 없지만, 751년 김대건이 불국사를 크게 중건할 때, 이 다라니경을 넣은 석가탑이 세워졌으므로 그 무렵에 간행된 것으로 인정되고 있습니다.

《무구정광대다라니경》은, 죄를 멸하고 생명을 연장하는 법을 구

무구정광대다라니경_국립중앙박물관에 전시된 복제품

하기 위하여 옛탑을 수리하거나 조그마한 탑을 무수히 만들어 그 속에 다라니경을 공양하며, 법에 따라 다라니(주문 또는 기도문이라는 뜻)를 염송하면 복을 얻고 장수하며 불타가 될 수 있다는 내용으로 되어 있습니다.

그리고 고려시대까지의 출판 행위로서 가장 중요한 역사적 사실은 팔만대장경의 조성일 것입니다. 결국 이 시기 출판에서 불교의 중요성을 다시 확인하게 됩니다. 최근 그 중요성이 크게 부각되고 있는 《백운화상초록불조직지심체요절(白雲和尙抄錄佛祖直指心體要節)》도 물론 불교 서적입니다. 결국 근대 이전 한국 출판에서 불교의 영향력은 막중하다는 것을 알 수 있습니다. 다시 말하면, 불교의 융성 속에서 인쇄문화가 활짝 피어난 시기입니다. 역으로 찬란한 출판문화 속에서 불교가 더욱 융성하게 되었다고도 할 수 있겠지요.

이제 고려 팔만대장경과 《직지》에 대하여 좀 더 알아보기로 합시다.

고려인들은 왜 전쟁 중에 팔만대장경을 새겼나요?

불교 대장경은 중국에서는 최고의 평화시대를 구가했던 송나라에서 이루어졌습니다. 송나라는 중국에서 5대10국의 정치적 혼란기를 종식시키고 평화정책을 수립한 나라입니다. 5대10국(907~960년)은 당나라가 멸망하고 난 후, 불과 53년 동안에 후량·후당·후진·후한·후주 등으로 무장세력에 의해서 왕조가 다섯 번이나 바뀌고, 10개의 작은 나라가 서로 힘을 겨루던 시대를 말합니다. 중국은 송나라 시대에 학문과 문화가 크게 발전하였습니다. 또한 불교도 융성하였고, 당나라에서 시작되었던 목판인쇄술도 더욱 발전하였습니다. 이런 사회 분위기 속에서 불교 대장경이 나온 것은 당연한 일이겠습니다.

고려대장경판

그러나 고려의 팔만대장경은 평화가 아니라 전쟁 중에 그것도 강한 외적이 침략해오는 급박한 상황에 이루어졌습니다. 당시 침략자였던 거란과 몽골 군대의 자취는 현재 보이지 않지만, 팔만대장경은 오늘날 전 세계가 인정하고 있는 인류의 정신적 문화적 자산으로 남아 있습니다. 즉, 1995년 유네스코에서는 한국의 팔만대장경판과 그 경판을 봉인한 고려대장경판전을 세계문화유산으로 지정하여, 문화적 가치를 인정하고 있는 것입니다. 그뿐만 아니라 경판에 새겨진 내용의 방대함과 정확성으로 인하여 불교 경전의 세계적 표준 역할을 하고 있다고 합니다. 그러나 이것이 팔만대장경을 새긴 이유는 아니겠지요. 당시 시대 상황 속에서 이유를 찾아보아야 할 것입니다.

결론부터 말하면, 팔만대장경은 전쟁과 같은 어려운 시기를 종교심과 국민총화로 극복하려 한 매개물이었습니다.

강감찬 장군_초상화

참고로 당시의 상황을 살펴보면, 고려는 거란, 몽골 등 외적들의 끊임없는 침입에 시달리고 있었습니다. 거란은 1011년 정월 초하루에 개경을 침입해왔는데, 고려와의 교섭으로 그달 11일에 되돌아갔습니다. 그러나 그 후에도 변경을 여러 차례 침입하였는데, 강감찬 장군이 귀주대첩(1019년)에서 크게 승리한 후, 싸움은 멈춰지고 양국 간에 평화 사절이 오고 갔습니다. 그런데, 거란의 침입 이후 몽골족이 대거 침입해왔습니다. 1231년 몽골 군대가 개성에 육박해오자 정부는 하는 수 없이 다음 해에 강화도로 피난하여 임시 수도로 정하고 외침에 대항하였습니다. 이때 대구 부인사에 있던 초조대장경이 몽골군의 방화로 불에 타버리고 말았지요. 이와 같은 전쟁 상황에서 다시 만들어낸 것이 재조대장경입니다.

당시 이러한 대장경을 조성한 이유는 세 가지로 알아볼 수 있습니다.

첫째 이유는 외국 침략군을 불교 신앙으로 물리치려 한 것입니다. 이것은 잘 알려진 사실인데, 처음에 만든 초조대장경(1011~1087년)은 거란군을 물러가게 함이었고, 다시 새긴 재조대장경(1236~1251년)은 몽골군을 물리치기 위함이었습니다. 특히 재조대장경 조성사업에 참여한 국민들은 강렬한 대몽항쟁 의식을 지니고 있었습니다. 따라서 자신이 놓인 위치에서 침략군과의 전투에 직접 또는 간접으로 참여하고, 또 다른 한편으로 대장경 조성사업에 다양한 형태로 참여하였습니다.

둘째 이유는 대장경 조성이라는 범국가적 사업을 통하여 국민 총화를 이루고자 한 것입니다. 고려의 전 계층은 부처의 힘을 통한 외적 퇴치의 염원을 대장경 조성을 통해 이루고자 하였으며, 최씨 무인정권은 이를 적극 수용하여 대몽항쟁의 정당성을 강조하고 흩어진 민심을 단합시키고자 하였습니다. 당시 일반 민중부터 정부 관리나 지식인은 물론 노비에 이르기까지 전 계층이 적극적으로 대장경 조성사업에 참여하였으며, 자신이 가진 재산을 내놓기도 하였습니다. 이러한 행위는 지방행정체계를 원활히 유지하게 하고 군대양식을 확보하는 데 도움을 주었으며, 군사작전에 일조하기도 하였다고 합니다. 이렇게 하여 고려는 당시 세계에서 가장 사납고 강력했던 몽골 군대와 40여 년 항쟁을 지속할 수 있었습니다. 이는 중국·러시아·동유럽까지 몽골 군대에 의하여 단기간에 무너진 것과 대비됩니다. 결국, 고려인들의 강인한 의지로 이루어낸 대장경 조성사업은 장기간의 침략에 대한 항쟁을 지속할 수 있었던 원동력이 되었다고 생각합니다.

셋째 이유는 당시 동양의 한자문화권 사회에서 대장경의 소유는 문화 대국임을 입증하는 증표였기 때문입니다. 고려는 중국 송나라에서 최초로 대장경을 간행한 것을 알고 991년 이를 수입하였습니다. 아울러 고려에서도 대장경을 간행하여 문화국으로서의 국위를 떨쳐야겠다고 생각하고 있었습니다. 여기에는 문화대국을 과시함으로써 이민족들이 고려를 감히 넘보지 못하게 하려는 뜻도 포함되어 있었던 것입니다.

이와 같이 팔만대장경 조성의 동기를 정리해 보면, 첫째 종교심, 둘째 국민총화, 셋째 문화의 힘 과시라 할 수 있습니다. 그런데 13세기 이후 세계 정복에 나섰던 몽골은 거대한 배를 만들어 일본을 공격하러 나갔습니다. 그러나 일본에 상륙하지도 못한 채 대마도 앞바다에서 두 차례나 거대한 태풍을 맞아 일본 침략이 좌절되었습니다. 지금도 대마도에 가면 태풍이 일었던 그 바다를 관광 명소로 보여주고 있습니다.

당시 동북아시아, 곧 한·중·일의 정세를 종합해 보자면, 오늘날의 중국에 해당되는 거란 또는 몽골은 군대의 힘으로 한국과 일본을 지배하려 하였고, 일본은 그 지배를 태풍이라는 자연의 힘이 막아주었으며, 한국은 그 지배를 팔만대장경이라는 문화의 힘으로 막아내려 하였습니다. 그런데 현실 정치에서 한국은 결과적으로 한때 몽골의 영향권에 들어가게 됩니다. 그러나 팔만대장경 조성을 통하여 축적된 민족의 문화적 역량은 그대로 우리의 역사 속에서 중요한 문화적 잠재력으로 작용해 왔습니다. 비슷한 시기에 나온 금속활자의 발명도 이와 같은 문화적 역량의 발현이라는 맥락 속에서 바라보아야 할 것입니다.

왜 '팔만대장경'이라고 했나요?

비록 순서가 뒤바뀌기는 했지만, 팔만대장경의 말뜻을 살펴봅시다.

팔만대장경이라는 이름은 '대장경'에 '팔만'을 덧붙인 것입니다. 대장경은 불교 경전 전부를 가리키는 말인데, 그 내용은 경장(經藏), 율장(律藏), 논장(論藏)의 삼장(三藏)으로 구성되어 있습니다. 삼장이란 '세 개의 광주리'라는 뜻을 가진 산스크리트어 트리피타카(Tripitaka)를 한문으로 번역한 말입니다. 삼장 중에서 경장이란 부처가 제자와 중생을 상대로 설파한 내용을 기록한 '경'을 담아 놓은 광주리란 뜻이고, 율장은 제자들이 지켜야 할 조항과 그밖에 공동생활에 필요한 규범을 적어놓은 '율'을 담아 놓은 광주리란 뜻입니다. 논장은 위의 경과 율에 관하여 해설을 달아 놓은 것으로 '논'을 담은 광주리란 뜻이 됩니다.

이러한 대장경에 '팔만'이라는 숫자를 붙인 이유에 대하여 여러 가지 주장이 나옵니다. 우선, 대장경 경판의 수효가 8만 1천여 판이나 된 데에서 나온 것이라는 주장이 있습니다. 또한, 불교에서 말하는 팔만은 팔만 사천이나 되는 많은 가르침을 축약한 용어로 무한히 넓고 깊은 불교 가르침을 나타내기 위한 것이라는 주장도 있습니다.

앞에서 나온 '초조대장경'과 '재조대장경'이라는 명칭은 경판 조성사업의 순서에 따라 붙여진 것입니다. 팔만대장경은 바로 이 재조대장경을 말합니다. 이것은 고려시대에 만들어졌다고 해서 '고려대장경'이라고 하고, 해인사에 보관되어 있다고 해서 '해인사대장경'이라고도 불립니다.

팔만대장경은 목판으로 새긴 다음 어떻게 활용했나요?

대장경을 새긴 목적은 책으로 찍어 널리 퍼뜨리기 위한 것이었습니다. 따라서 대장경 조성사업이 끝난 후에는 대장경 인쇄 작업이 활발하게 이루어졌는데, 왕조가 바뀐 조선시대에도 계속되었습니다. 즉, 승려의 학술연구 및 신앙의 차원에서 여러 차례 대장경을 인쇄한 것입니다. 해방 이후에도 동국대학교에서 해인사 대장경판의 보존과 보급을 위하여 1953년부터 1976년까지 영인 축소판 48권(목록 1권 포함)을 《고려대장경》이라는 이름으로 출판하여 세계 각국의 유명 도서관에 보냈습니다. 팔만대장경의 번역은 북한에서 먼저 끝마쳤는데, 남한에서는 1963년에 시작하여 2000년 한글대장경을 완성하였습니다. 또한, 팔만대장경은 세계 최초로 전자대장경으로도 만들어졌습니다. 1993년부터 전산화 작업을 시작하여 2000년부터 인터넷을 통해 내용을 열람할 수 있게 한 것입니다.

팔만대장경의 영향력은 비단 한국에만 국한되지 않았습니다. 특히, 팔만대장경의 인출본은 일본으로 건너가 그곳의 불교문화에 커다란 영향을 끼쳤습니다. 고려 팔만대장경이 완성되었다는 소식을 접한 일본에서는 고려 후반부터 수시로 각종 공물을 바치거나 왜구에 납치당한 사람들의 송환을 반대 급부로 내세우며 대장경의 인쇄를 요구했습니다. 그 횟수가 83회에 달합니다. 심지어 조선 초기에는 팔만대장경 경판 자체를 무리하게 요구해온 것도 3차례나 됩니다. 세종 때에는 일본 국사가 들어와 대장경판을 하사하지 않으면 목숨을 끊겠다고 하면서 집단으로 단식하다가 6일 만에 그만둔 일도 있었습니다. 일본은 인출해간 우리 팔만대장경을 정본으로 삼아 메이지(明治)시대에 송·원·명시대의 대장경을 종합하여 《축쇄장경(縮刷藏經)》을 펴냈고, 타이쇼(大正)시대에도 오늘날 한자권 불교경전으로 사용되고 있는 《대정신수대장경(大正新修大藏經)》을 엮어냈습니다.

다음은 《직지》에 대하여 살펴보기로 합시다.

직지와 금속활자

《직지》는 어떤 책인가요?

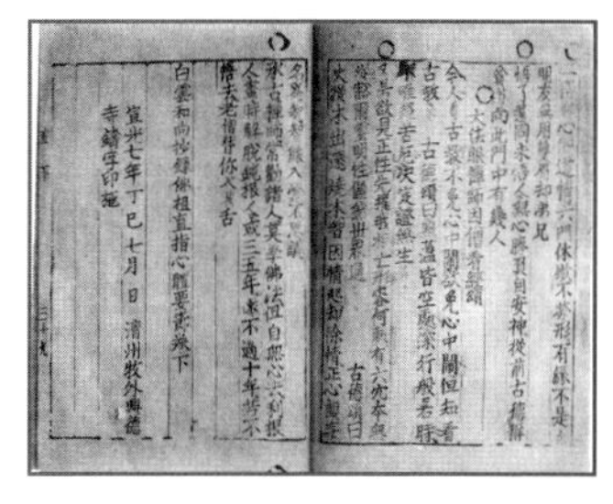
백운화상초록불조직지심체요절

원래 책이름은 《백운화상초록불조직지심체요절》인데, 보통 줄여서 '직지'라고 부릅니다. 여기에서 '직지심체'는 '직지인심 견성성불(直指人心 見性成佛)'이라는 선가(禪家)의 명구에서 따온 것인데, "사람의 마음을 바르게 볼 때, 그 마음의 본성이 곧 부처님의 마음임을 깨닫게 된다"는 뜻입니다. 《직지》의 지은이는 책이름에 나와 있는 대로 고려 시대 고승인 백운 화상(1299~1375년)입니다. 정확하게 말하면, 지은이가 아니라가 엮은이가 됩니다.

이 책은 참선 수행자들이 귀감으로 삼아야 할 내용들을 인도와 중국의 조사(祖師)와 선사(禪師)들의 가르침과 일화에서 추려내어 종합·정리한 책입니다. 말하자면 선(禪)의 에센스를 집대성한 셈이지요. 구체적으로 살펴보면, 부처의 공덕을 찬미하는 게송, 석가모니 부처로부터 법통을 이어 받은 제1대조인 인도의 마하가섭부터 보리달마에 이르기까지 모두 28명 조사(祖師)들의 오도송(깨달음의 노래)과 그들이 법맥을 계승하는 과정이 소개되고 있으며, 고승들의 선문답 및 중국 선승(禪僧)들의 설법과 일화 등이 다양하게 나옵니다. 최근 한글 번역본들이 나와 있어 일반인들도 쉽게 접할 수 있게 되었습니다.

《직지》는 세계 최초의 금속활자 인쇄물이기 때문에, 불교 사상의 측면에서뿐만 아니라, 세계 인쇄문화사에서 매우 중요한 위치를 차지하는 서적입니다. 기록에 의하면, 금속활자의 발명은 13세기 전반기에 고려에서 이루어진 것으로 나옵니다. 그러나 구체적인 실물이 없어 여러 주장들만 나오던 중, 《직지》가 공개됨으로써 고려의 금속활자 발명이 공인받게 되었습니다. 이 책의 마지막 장에는 "선광 7년 정

흥덕사_청주군

프랑스 국립도서관_열람실 모습

사 7월 청주목외 흥덕사 주자인시(宣光 七年 丁巳 七月 淸州牧外 興德寺 鑄字印施)"라고 나와 있습니다. '선광'은 중국 북원(北元)의 소종(昭宗)이 사용했던 연호이므로, 선광 7년은 1377년이 됩니다. 따라서 청주시 교외에 있는 흥덕사에서 금속활자로 인쇄했음을 확인할 수 있습니다.

《직지》의 출판은 14세기에 이루어졌지만, 일반인들에게 알려진 것은 20세기 후반입니다. 즉, 1972년 유네스코가 제정한 '세계 도서의 해'를 맞아 프랑스 국립도서관이 '책(Livre)'이라는 제목의 특별전을 열면서 《직지》가 일반 대중에게 처음 공개된 것입니다. 《직지》는 원래 상하 2권으로 되어 있으나 현재 상권은 전해지지 않고, 첫 장이 떨어져 나간 상태의 하권 1권(총 38장)만이 프랑스 국립도서관 동양문헌실에 소장되어 있습니다.

《직지》를 인쇄한 곳으로 나와 있는 흥덕사의 위치가 알려진 것도 그리 오래지 않습니다. 1985년 청주시 상당구 운천동 일대에서 대규모 주택단지 조성사업을 위한 토지개발공사를 진행하던 중, '흥덕사'라는 명문이 새겨져 있는 유물들이 출토됨으로써 '흥덕사' 절터가 확인된 것입니다. 정부에서는 이곳을 기념하기 위해 1992년 청주고인쇄박물관을 세웠습니다. 또한, 유네스코에서는 청주시의 신청을 받아들여 2001년 9월 4일 《직지》를 세계기록유산(Memory of the World, UNESCO)에 등재하였습니다.

최근 《직지》는 한국에서 법적인 보호를 받게 되었습니다. 즉, 2007년 7월 공포된 인쇄문화산업진흥법에서는 "국가는 우리나라

청주고인쇄박물관

인쇄문화의 전통과 우수성을 널리 알리기 위하여 현존하는 《직지》 등 인쇄와 관련된 문화재의 가치를 높일 수 있는 방안을 강구하여야 한다"고 규정하고 있습니다. 현재 청주시에는 직지문화 특화거리 및 광장이 조성되어 있습니다.

왜 한국에서만 금속활자를 발명하게 되었을까요?

《직지》 이야기가 나온 김에 금속활자에 대하여 몇 가지 의견을 말해볼까 합니다. 《직지》의 공개를 통하여 한국이 금속활자 발명국임은 자명한 사실이 되었습니다. 《직지》 발간연도만 가지고도 1450년대 독일의 구텐베르크 활판인쇄술 개발보다 70년 이상 앞서기 때문이지요. 그런데, 2008년 8월 베이징 올림픽 개막식에서 중국은 활자문화를 최초로 개척하였다고 주장하였습니다. 그 근거로 북송 시대에 필승이 만든 교니활자(진흙활자)를 제시하였습니다. 그러나 진흙은 내구성이 약하여 활자로서 실용화되지 못했습니다. 결국 활자문화를 시작한 나라는 북송이 아니라 고려라고 해야 타당한 역사인식일 것입니다.

또한, 금속활자와 금속주화의 제조작업은 같은 계통의 기술이 바탕이 되었을 것입니다. 우리 학자들도 고려시대에 금속활자의 발명이 가능했던 사실을 12세기 초 금속주화를 만들어낸 데서 그 기술적 근거를 제시하고 있습니다. 타당한 주장입니다. 그런데, 제가 중동을 방문했을 때, 이란 박물관에 전시된 금속주화의 연대를 살펴보고 깜짝 놀랐습니다. 페르시아 아케메네스 왕조시대에 통용되었던 주화들이니, 기원전 6세기에서 5세기 사이에 만들어진 것입니다. 2008년 국립중앙박물관에서 열렸던 '황금의 제국 페르시아' 전시회에서도 아케메네스 왕조의 다리우스 1세 은화가 놓였는데, 기원전 522년에서 486년 사이에 주조한 것이었습니다. 하긴 중국에서도 이미 전국시대(기원전 403~221년)에 손칼 모양의 청동화폐인 명도전(明刀錢)이 사용되었다고 합니다.

그렇다면, 13세기 금속활자의 주조는 기술의 측면에서는 커다란 의미가 있다고 보기 어려울 것입니다. 그러나 중요한 문제는 기원전 6세기부터 많은 나라에서 금속주화를 사용해 왔지만, 한국 이외의 어느 나라에서도 금속활자를 만들어 인쇄출판사업을 활성화시키지 않았다는 사실입니다. 독일에서 이루어진 인쇄술의 개발과 활용도 15세기 이후의 일입니다. 한국이 가장 먼저 금속활자를 발명하고 사용한 것은 당시 지식인들의 문화적 수요 또는 책에 대한 욕구가 특별히 강렬했기 때문으로 해석해야 할 것입니다. 다시 말하면 소수의 지식인 계층이었지만, 그들이 읽고자 했던 서적들의 종류는 너무 많았습니다. 따라서 수시로 조판과 해체가 가능한 활자인쇄 방법이 고안된 것입니다. 이것은 불교의 융성과 함께 어우러진 문화의 힘이 고려 지식인들 속에서 분출된 것으로 볼 수 있습니다.

제2장

조선시대

조선시대 출판

이성계_전주 경기전의 조선 태조 어진 청룡포본

지금부터 고려시대에 이어 조선시대의 출판에 대하여 이야기해 볼까 합니다.

조선 왕조는 1392년 이성계가 역성혁명을 성공시킴으로써 시작되었고, 일제에 주권을 빼앗긴 1910년에 끝나게 됩니다. 물론 형식적으로는 1897년(고종 34년) 나라 이름을 '대한제국'으로 바꾸기 이전으로 볼 수 있겠지만, 실질적인 내용에서는 별로 의미가 없는 구분입니다. 그보다는 근대적인 방식의 출판이 행해지기 시작한 1883년을 기점으로 시기 구분하는 것이 실질적 의미가 있을 것입니다. 1883년 이후를 보통 개화기라고 부릅니다. 개화기 이전 시기는 1592년에 시작된 임진왜란을 기점으로 시기를 구분할 수 있습니다. 임진왜란을 전후로 하여 조선조 사회는 커다란 변화를 겪게 되기 때문에, 보통 조선 전기와 후기로 나누고 있습니다. 오늘은 우선 조선 전기의 인쇄문화에 대하여 유럽과 비교하며 살펴볼까 합니다.

고려 때 발명한 금속활자는 조선시대에도 사용되었나요?

물론입니다. 금속활자를 사용했을 뿐만 아니라 활자 자체를 개량하고 더 많이 만들어냈습니다. 고려인들은 금속활자를 이용하여 불교 경전을 출판하였습니다. 당시 불교가 국교였기 때문에 당연한 일이겠지요. 그러나 조선왕조가 들어서면서 불교를 배척하고 새로운 이념으로 유학을 내세우게 됩니다. 유교 이념을 전파하기 위하여 중앙정부가 활자를 새롭게 주조하여 출판사업을 벌입니다. 물론 새로운 왕조의 왕권 강화 목적과 결부되는 사업이기도 할 것입니다.

요하네스 구텐베르크

이때는 15세기초로서 구텐베르크가 활판인쇄술을 발명하기 50여

년 전입니다. 1403년 태종은 활자 10만여 자를 주조하게 하였는데, 계미년에 만들었다고 해서 계미자라고 부릅니다. 그 후 세종은 이 활자를 개량하여 경자자와 갑인자를 만들었습니다. 1420년에 개발된 경자자는 계미자의 단점을 보완하여 활자의 크기와 두께를 줄이고 인쇄에 적합하도록 개량한 것입니다. 1434년에 나온 갑인자는 인쇄 효율을 높였을 뿐만 아니라, 활자 모양도 보다 부드럽고 아름답게 만들어낸 것입니다.

이처럼 한국에서 중앙 정부와 최고 권력자인 왕들이 직접 인쇄출판사업에 뛰어들고 있을 무렵, 유럽은 아직도 필사본 시대를 벗어나지 못하고 있었습니다. 인쇄물로는 아시아에서 전래된 목판인쇄술로 면죄부를 찍어내고 성화(聖畵)를 만들어 보급하는 정도였습니다.

세종시대가 끝난 직후인 1450년대 중반 구텐베르크는 활판인쇄술을 발명하여 그 인쇄술이 전 유럽으로 전파됩니다. 그러나 성직 권력자들은 인쇄기술을 통하여 비판적인 팸플릿이 대량으로 제작·보급되면서 자신들의 권위가 손상되는 것을 견딜 수 없었습니다. 유럽의 추기경 벳사리온의 어느 사절(使節)은 처음에 활자본을 보고는 "어떤 게르만 도시에 있는 야만인이 만든 것"이라고 조롱하였다고 하는데(부르크하르트, 《이탈리아의 르네상스문화》), 이것이 당시 권력자들의 생각이었을 것입니다. 일반인들도 수도원에서 정성 들여 베껴낸 필사본 성서의 가치를 인쇄기로 찍어낸 성서보다 훨씬 더 높게 평가했습니다. 그래서 책을 인쇄하면서도 필사본처럼 보이게 했습니다. 필사본의 서체를 따르고 첫 글자와 테두리를 손으로 그려내고 색칠

하는 등 서적의 제작에서 필사본을 모방하고자 한 것입니다.

이와 같은 유럽의 분위기와 달리 한국에서 권력자들이 스스로 활자 주조에 앞장서서 출판사업을 벌인 일은 의미 깊은 일이라고 평가해야 할 것입니다. 주자소를 설치하고 금속활자를 만들어 많은 책을 찍어낸 태종의 말을 직접 들어봅시다.

> 무릇 나라를 다스리려면 반드시 널리 서적을 보아야 한다. 그런 뒤에야 모든 이치를 추구하고 마음을 바르게 하여 수신제가치국평천하(修身齊家治國平天下)를 이룰 수 있을 것이다. 우리나라는 중국과 바다 건너 멀리 떨어져 있어서 중국 서적을 쉽게 구할 수 없고, 또 목판본은 훼손되기 쉬우며, 천하의 많은 책을 모두 간행하기 어렵다. 그러므로 내가 동활자를 주조하여, 서적을 구하는 대로 반드시 인쇄하여 널리 전파함으로써 진실로 무궁한 이익을 삼고자 한다.

이것은 권근이 펴낸 《양촌집(陽村集)》의 주자발(鑄字跋)에 나오는 말인데, 앞부분에서 "서적이 없으면 수신제가치국평천하도 없다"고 선언하고 있습니다. 조선시대에 서적은 수신 등의 개인적인 삶에서건 치국 등의 통치 행위에서건 반드시 지켜야 할 근거가 되어 왔음을 이해해야 합니다. 여기에서 서적은 주로 유학 경전을 가리키는데, 이것은 성인의 가르침을 담은 것으로 모든 행위의 원칙으로 작용해 왔던 것입니다.

태종은 정적들을 제거하고 형제인 다른 왕자들까지 죽이는 피의 정변을 일으킨 임금이었지만, 동시에 출판문화사업에도 큰 족적을 남겼으며 찬란한 문예부흥을 이룩한 세종시대를 준비한 인물이기도 합니다.

당시 서적 인쇄는 국가의 중요한 사업이었기 때문에, 주무 부서였던 주자소에는 고위 관료인 예문관 대제학을 책임자로 삼았으며, 그 경비 또한 백성들에게 걷지 않고 왕과 신료들이 모아 내도록 했다고 《태종실록》에 쓰여 있습니다.

이러한 금속활자의 주조에 의한 서적 출간작업은 세계 역사상 최초라는 데 의미가 있습니다. 이것은 세계의 정보 기술을 선도했다는 의미가 있을 뿐만 아니라, 그러한 기술을 활용하여 고려시대 불교사찰과 조선시대 중앙 정부에서 서적을 만들어 보급했다 점에서 한국의 인쇄문화가 인류문화사에서 중요한 비중을 차지하게 되는 것입니다.

백운동 서원_한국 최초의 본격적 서원이자 최초의 사액 서원인 소수서원

조선시대 출판사업은 누가 담당했나요?

조선시대 책의 종류에는 관판본, 사찰본, 서원판본, 사가판본, 방각본 등이 있는데, 그만큼 출판을 담당한 주체가 다양함을 알 수 있습니다.

첫째, 관판본을 펴낸 정부입니다. 중앙 정부에서 필요한 책의 인쇄는 주로 주자소, 교서관 등에서 맡았습니다. 그리고 천문, 통역, 의학, 군사훈련 등 특수한 주제의 책들은 특수한 여러 관청, 즉 관상감, 사역원, 내의원, 훈련국 등에서 직접 인쇄하기도 했습니다. 지방 관청에서도 지방의 실정에 맞게 농업 서적과 같은 실용서들을 발간했습니다.

둘째, 불교 사찰입니다. 사찰판본을 펴냈지요. 불교가 세력이 많이 꺾이기는 했지만, 국민들의 불교 신앙이 달라지지는 않았습니다. 따라서 사찰에서의 불경 간행은 계속 이어졌지요. 또한, 스님들의 어록, 시문 등의 문집, 국역 불교 경전 등도 발간했습니다. 이 사찰판본은 주로 목판인쇄에 의존했습니다. 사찰의 인쇄 전문가들은 관청이나 개인 집에까지 가서 조판 업무를 수행했다고 합니다.

셋째, 서원(書院)입니다. 서원이란 오늘날의 사립 교육기관 같은 역할을 했던 곳인데, 조선시대에 전국 각 지역에 세워졌습니다. 최초의 서원은 1541년(중종 36년) 경상도 풍기 군수로 있던 주세붕이 고려 때 유학자 안향(安珦)의 사당을 짓고 제사지내던 백운동서원(白雲洞書院)입니다. 사당 좌우에 학교를 세워 유생들이 그곳에 모여 배우게 했습니다. 이 서원은 후에 사액서원(賜額書院)인 소수서원(紹修書院)으로 발전되었습니다. 사액서원이란 정부의 지원을 받게 되는 서원을 말하는데, 서원 이름도 임금이 지어줍니다. 그리고 중앙 정부나 지방 관청에서 찍은 책을 받기도 합니다.

서원 자체에서도 유학 관련 서적이나 역사서 등을 '서원판'으로 발간하였는데, 경제적 여유가 별로 없었기 때문에 활성화되지는 못하였습니다.

넷째, 개인 또는 가문입니다. 개인이 자기 돈을 들여 간행하는 것인데, 사가판 또는 사가판본이라고 불렀지요. 고려시대에는 불교 서적과 문집 등이 많았고, 조선시대에는 시문집, 전기, 족보 등이 주류를 이루고 있습니다. 시문집의 경우는 저자의 자손이나 문하생 등이 비용을 거두어 간행했습니다. 이러한 사가판본에는 우리가 잘 아는 유명한 이들의 문집도 들어 있습니다. 예를 들면, 이색의 《목은집》, 권근의 《양촌집》, 정몽주의 《포은집》, 서거정의 《필원잡기》 등 참으로 많습니다. 이러한 문집의 발간은 족보와 마찬가지로 주로 가문을 빛내고 양반의 문벌을 유지하기 위한 의도에서 나온 것이라고 할 수 있습니다.

다섯째, 민간인들이 팔기 위한 책을 만들었는데, 이것을 방각본이라고 합니다. 서울, 전주, 태인(泰仁), 안성, 대구 등에서 활발하게 간행·유통되었습니다. 이 방각본에는 아동용 학습서, 과거시험 준비 및 교육용으로 사용된 유학 경전과 역사서, 문학서 외에도 의학, 농업, 의례, 병법, 도가 등 다양한 분야의 책들이 나왔으며, 조선 후기에는 한글소설이 커다란 독자층을 형성하며 널리 퍼져갔습니다.

조선시대 출판 발전에 기여한 왕은 누구인가요?

조선 왕조 거의 모든 임금이 다 해당될 것입니다. 아! 연산군처럼 출판을 탄압하고 한글마저 쓰지 못하게 했던 경우는 제외해야겠지요.

조선시대에 서적 출판은 현대 자본주의 사회에서처럼 민간사업이 아니라, 정부 주도의 관영사업이 주축이었습니다. 정부는 백성 교화와 왕권을 강화하기 위한 목적으로 출판사업을 벌인 것이지요. 하긴 오늘날도 사회주의 국가에서는 출판사업을 정부가 관장하고 있습니다. 출판물을 '당과 대중을 연결시키는 중요한 수단이며 당이 내세운 정치·경제·문화 건설의 과업 실천으로 근로대중을 동원하는 힘있는 무기'로 파악하고 있기 때문입니다. 이 표현은 북한의 과학·백과사전출판사에서 발행한 《현대조선말사전(1981)》에서 따온 것인데, 중국에서도 아직까지 출판사들은 전적으로 국영 위주입니다.

조선왕조에서 서적은 정치, 행정 등 모든 공적인 일에서 준수해야 할 실천의 근거였습니다. 그래서 《조선왕조실록》을 보면, 국가 중대사를 결정하거나 의례를 정할 때, 항상 서

조선왕조실록_정조대왕실록

적을 참조하여 그것에 따랐다는 내용이 자주 나옵니다. 책에 나오는 사상이나 역사를 잘 알고 적용을 잘할수록 유능한 정치가로 인정받았습니다. 조선시대 왕은 최고 통치자이지만, 한 권의 서적을 정하여 강의하고 토론하는 자리에 참석하는 일을 정기적으로 해왔습니다. '경연'이라고 부르는 자리였지요. 물론 이 경연 자리에는 왕과 대신들이 모여서 토론하기 때문에, 국가 중요 정책을 결정하는 자리이기도 했습니다. 이 경연은 매일 아침 조강(朝講)을 실시하는 것이 원칙이었는데, 낮에 하는 주강(晝講)과 저녁에 하는 석강(夕講)을 포함하여 세 번 강의하는 경우도 많았습니다. 조강에는 대신 2~3명, 승지 1명, 홍문관원 2명, 사헌부와 사간원 각 1명, 사관이 교대로 참석하였고, 주강과 석강에는 승지, 홍문관원, 사관만이 참석하였는데, 왕은 매번 참석하였다고 합니다. 그러고 보면 조선시대 국왕은 요즘 수험생처럼 열심히 공부한 셈입니다. 《조선왕조실록》에는 이 경연에서 사용할 책을 무엇으로 정할 것인가를 놓고 토론하는 기사가 자주 등장하는데, 주로 《대학》과 같은 유학 서적과 역사서를 택했습니다. 따라서 조선시대 왕들이 책을 깊이 탐독하고 출판에 힘쓴 것은 당연한 일입니다.

그래도 중요한 왕을 꼽자면, 조선 전기에 활자 10만 자를 주조하게 했던 태종, 한글을 창제하고 경자자·갑인자를 만들어낸 세종, 왕성한 출판 활동을 주도한 성종, 연산군 때 위축된 서적 문화를 일으킨 중종 등을 꼽을 수 있겠습니다. 조선 후기에는 탕평책과 문화군주로 이름 높았던 영조와 정조를 대표적인 인물로 내세울 수 있을 것입니다.

우선, 성종과 중종에 대하여 잠시 이야기해볼까 합니다.

성종은 다양한 서적들을 정부 주도로 편찬케 함으로써 출판 활성화에 크게 기여했습니다. 성종시대에 간행된 책으로는 조선시대 제도와 법전의 기본이 되는 《경국대전》과 이를 보충한 《대전속록》, 당시 문학을 집대성한 《동문선》, 음악서적 《악학궤범》, 역사서 《동국통감》, 지리서 《여지승람》, 그리고 의학서 《향약집성방》 등으로 실로 많습니다.

이창경(1998)에 의하면, 성종은 "서적을 다량 인쇄해서 싼 값으로 공급해야 한다(多印減價)"는 정책을 수립했는데, 이를 위해서 어전(魚箭)의 세금을 출판비에 쓰게 하는 방법을 채택했습니다. 또한, 《향약집성방》의 축약 언해본인 《의서유취》·《본초》·《구급방》 등 다양한 의학 관련 서적을 편찬케 하고, "우리나라 백성의 성질은 중국과 다르니 향약의 효험이 더욱 속하지 않겠는가"하며 그 보급에 힘을 기울인 바 있습니다. 자주적이고 실용적인 사고방식을 출판사업에도 적용한 것이라 할 수 있습니다.

중종은 연산군 때 피폐해진 서적 문화를 적극적인 정책으로 활기를 찾게 한 임금입니다. 중국으로 가는 사신 일행으로 하여금 경서류(經書類)뿐만 아니라 천문, 지리, 음양 등 다양한 분야의 서적들을 구입하도록 했고, 주자도감(鑄字都監)을 설치하여 많은 동활자를 주조하고 직접 서적 인쇄에 박차를 가했습니다. 그렇게 하여 간행된 책들이 《주자대전》, 《주자어류》, 《소학》, 《속삼강행실》과 같은 유학 서적 또는 윤리 교육 서적, 《자치통감》, 《남북사》, 《수사(隋

史)》, 《원사(元史)》와 같은 중국 역사서, 지리서 《신증동국여지승람》, 소설 《삼국지》 등 다양하게 출판하여 학문과 문화 발전을 이끌었다고 할 수 있습니다.

그리고 뒤에서 언급하게 되는 서점 개설에 대한 논의도 바로 16세기 초반 중종 때였지요. 당시 대사간이었던 어득강, 영의정 장순손, 좌의정 한효원 등이 왕에게 서점을 설치하자고 건의한 바 있습니다. 이것은 출판이 활성화되면서 서적을 널리 국민들에게 보급해야 한다는 사회적 분위기가 일어난 현상으로 이해할 수 있을 것입니다.

다음은 영조와 정조에 대하여 이야기해볼까 합니다.

영조는 왕비 소생이 아니어서 집권 초기 왕위 계승에 대한 비판이 제기되었고, 반란이 일어나기도 했습니다. 이인좌의 난이라고 하지요. 영조는 이 반란을 평정한 다음, 탕평책을 제시하여 붕당의 폐해를 막고 왕권을 강화하려 했습니다. 그 목적으로 낸 책이 《감란록(戡亂錄)》과 《황극편(皇極編)》입니다. 전자는 반란의 과정을 기록하여 경계한 책이고, 후자는 각종 당쟁과 분열에 관련된 사실을 기록하여 사전에 분당을 경계하도록 한 책입니다. 여기에서 우리는 조선조 출판행위의 주체가 정부임을 다시금 확인하게 됩니다. 물론 영조는 그 책들 외에도 역사, 지리, 문물제도, 유학, 경제, 의학, 농업, 군사, 건축, 어학 등 실로 다양한 분야의 책들을 출판하였습니다.

《조선왕조실록(이하 '실록')》의 기사로 다루어질 정도로 중요한 책들만 꼽아도, 역사상 모범이 될 만한 재상의 언행을 모아 놓은 《양

정도해(養正圖解)》, 영조가 직접 저술한 군사학 서적인 《위장필람(爲將必覽)》, 역학(曆學)을 배우는 생도들의 연습 자료로 삼기 위해 관상감에서 간행한 《시용통서(時用通書)》, 영조가 직접 《소학》을 풀이한 《소학선정전훈의(小學宣政殿訓義)》, 여성의 교양과 지켜야 할 도리를 설명한 《여사서(女四書)》, 오늘날의 백과사전에 해당하는 《동국문헌비고(東國文獻備考)》, 국가 정책의 혁신을 주장한 《반계수록(磻溪隧錄)》 등 참으로 많습니다.

이 중에서도 《동국문헌비고》와 유형원의 《반계수록》은 주목할 만합니다. 《동국문헌비고》는 조선의 문물제도를 분류·정리한 책인데, 그 범례는 중국의 《문헌통고》를 따랐지만, 우리나라 관련 사항들을 중심으로 하였습니다. 1770년 편집청에서 전체 40권으로 간행하여 왕에게 바쳤습니다(《실록》, 영조 46년 8월 5일). 이 책은 형식에서 중국 서적을 모방하였지만, 내용은 동국, 곧 조선의 문물제도를 살펴보았다는 점에서 주체적인 사고방식을 알 수 있습니다.

백과사전의 집필·간행은 18세기 프랑스에서도 디드로와 달랑베르 등에 의하여 이루어졌는데, 계몽사상의 전파에 매우 중요한 역할을 하였지요. 한국에서도 《동국문헌비고》 간행 이전에 선구적인 실학자들에 의하려 백과사전류 서적이 나온 바 있습니다. 일찍이 17세기에 이수광은 문화의 여러 영역을 항목별로 나누어 《지봉유설(芝峰類說)》을 지었는데, 다음 세기에는 이러한 학풍이 더욱 발전하여 이익의 《성호사설(星湖僿說)》, 이덕무의 《청장관전서(靑莊館全書)》, 이규경의 《오주연문장전산고(五洲衍文長箋散稿)》 등이 나오게 되었으며, 영조 때는 《동국문헌비고》가 관찬(官撰)으로 나오게 된 것입니다(변태섭, 1986).

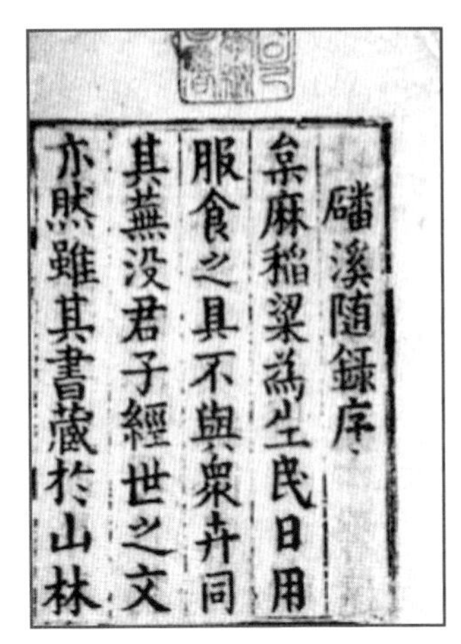
磻溪隨錄序
枲麻稻粱爲生民日用
服食之具不與衆卉同
其蕪沒君子經世之文
亦然雖其書藏於山林

반계수록_전체 중 일부분

《반계수록》은 실학의 선구자 유형원(1622~1673년)이 현실 개혁 이론을 펼친 내용으로 20여 년만에 완성한 책입니다. 이 책은 전국의 토지를 국가 소유의 공전(公田)으로 만들어 농민들에게 나누어 준 뒤 국가 부담을 공평하게 지워야 한다고 주장합니다. 또한, 당시 부패한 과거제도를 폐지하고 천거제를 실시할 것, 양반에 딸린 노비를 대폭 줄이고 모든 신분층이 병역 의무를 지게 할 것 등을 제안했습니다.

이 책은 유형원의 사후 유생들이 그 내용 일부를 숙종 임금에게 전했으나 주목받지 못하다가, 1세기가 지난 1769년에야 비로소 영조의 주목을 끌어 간행하게 되었습니다. 실학 선구자의 저술이 늦게나마 빛을 보게 된 것은 영조시대의 업적입니다.

이러한 출판 활동은 정조시대에 들어서서 더욱 활발하게 펼쳐지며, 조선의 르네상스를 이루었다는 평가를 받게 됩니다. 정조시대의 출판물은 각 방면에서 너무 많아 이루 열거하기 어려울 정도입니다. 당시의 문헌목록집인 《군서표기(群書標記)》에 의하면, 정조시대에 총 153종(3,991권)이 편찬된 것으로 나옵니다. 이 중에서 정조가 직접 편찬을 주도한 서적의 분량만 헤아려도 89종(2,490권)이 된다고 합니다(김문식, 2000). 대부분 한문 서적이지만, 언해서와 한글 문헌도 상당수 있습니다. 그 종류도 윤음언해, 백성 교화서, 외국어 학습서, 기술·실용서, 어휘자료집 등 다양합니다(정재용 외, 2000).

출판문화의 르네상스를 주도한 정조는 서적의 편찬·간행을 지시하고 독려하는 데만 머물지 않고 임금 스스로 강의와 저술 작업까지 해낸 인물입니다. 경연이 열리면, 그동안 왕들은 뛰어난 학자의 강의를 듣는 것이 관례였지만, 정조는 워낙 학문이 뛰어났고, 스스로도 공부를 많이 했다고 자부해서 강의의 주체로 나섰습니다. 이른바 '군사부일체', 즉 임금이 스승이 되는 그런 체제가 되었지요. 문맹자가 교황이 되는 경우도 있었던 유럽과도 대비되는 현상입니다. 글을 몰라서 결재란의 사인도 열십자를 긋는 것이었다고 합니다.

플라톤_1509년 라파엘작(아테네 학당에서의 플라톤)

일찍이 그리스의 플라톤은 민주주의가 중우정치(衆愚政治)로 화하여 재판관들이 자신의 스승, 즉 '그리스 최고의 현자'로 일컬어지던 소크라테스를 재판에 넘겨 다수결로 사형시키는 것에 충격받은 후, 철인정치를 주장한 바 있습니다. 그런데, 플라톤이 보았다면,

정조

정조야말로 철인정치의 모범적인 실천을 보여주는 사례라고 생각했을지 모릅니다. 정조가 지향한 것은 중국 고대 성왕(聖王)들의 모습이었을 것입니다.

당대 최고의 학자로서 방대한 저술을 남긴 정조는 《홍재전서》라는 자신의 문집을 남기기도 했습니다. 이 책은 184권 100책이나 되는 방대한 분량인데, 1799년(정조 23년) 편집을 시작하여 총 190편으로 정리하였는데, 정조 사후에 신하들에 의하여 재편집되었고 1814년에 간행되었습니다. 이것은 시, 각종 책에 쓴 서문, 비문, 행장, 제문, 윤음, 교서, 과거(科擧) 문제인 책문, 유학 등에 관하여 토론한 내용 등을 담은 방대한 저술서입니다.

정조가 편집한 책 중에서 대표적인 것으로 《대학유의》와 《오경백편》을 들 수 있습니다. 《대학유의(大學類義)》는 정조가 진덕수의 《대학연의》와 구준의 《대학연의보》 중에서 제왕의 치도에 도움이 될 만한 것들을 가려 뽑은 책입니다. 정조는 《대학연의》와 《대학연의보》를 백 번씩이나 읽으며 늘 새로움을 느꼈다고 하니, 그 독서의 깊이를 짐작하게 합니다.

《오경백편》은 정조가 5경, 즉 《주역》, 《서경》, 《시경》, 《춘추》, 《예기》 중에서 중요하다고 여겼던 대목들을 가려 뽑은 책입니다. 《실록》

의 기록에 의하면, 정조의 선별 기준은 '늘 사색의 실마리가 될 만하다고 여겨 읽고 읊던 것들'이 되는데, 경서는 암송보다 실천이 중요하다고 생각하여, 언제나 보고 참고하도록 만들었다는 것입니다.

정조의 저술 및 출판 작업은 성인의 가르침을 전파하기 위함이었습니다. 여기에서 성인이란 물론 공자이지요. 그리고 주자입니다. 이 점에서 정조는 철저한 주자주의자였지요. 그러나 정조는 한 걸음 더 나아가 송자, 즉 송시열을 바로 주자의 후계자로 내세웁니다.

여기에는 역사적인 배경이 있습니다. 17세기에 중국에서는 명나라가 멸망하고 오랑캐로 불리던 만주족이 청나라를 세워 중국을 지배하게 됩니다. 이때 조선의 유학자들은 명의 멸망과 함께 공자 사상의 맥이 끊겼고, 그것을 이어나갈 나라는 오로지 조선뿐이라는 주장을 하게 됩니다. 이른바 '조선 중화주의'입니다. 이것을 구현해 주는 구체적인 인물이 바로 송시열(1607~1689년)이었던 것이지요. 그래서 송시열을 주자와 함께

송시열_초상

성현으로 추앙하게 되고, 《양현전심록》을 편찬하게 됩니다. 양현이란 두 성현(聖賢), 즉 주자와 송시열을 가리킵니다. 《양현전심록》은 주자와 송시열의 글을 정조가 직접 가려 뽑아 편집한 책입니다. 정조는 이 책의 서문에서 이렇게 말합니다. "우리 조선에 우암 송선생이 나타나자 인륜이 밝아지고 천리가 확고히 섰으니, 그가 지킨 것은 주자의 대의이고, 그가 가르친 것은 주자의 대도이다. 주자가 떠나간 후에 다시 주자가 태어난 셈이니, 훤히 빛나는 저 물속의 달도 바로 하늘에 떠 있는 달과 동일한 빛인 것이다."

정조가 주자학의 공부에 머물지 않고 우리 사상가를 내세워 민족 자부심을 불러일으킨 점은 인정해야 할 것입니다. 그러나 주자주의에 갇히게 됨으로써 공자 이외의 사상은 발을 붙일 수 없었고, 공자의 사상도 주자식의 해석 외에는 모두 사문난적(斯文亂賊)으로 난도질당하게 되었습니다. 바로 앞 세기인 17세기의 비극이었는데,

윤휴_영정　　서계 박세당

그 대표적인 주창자가 또한 송시열이었지요. 이때 희생당한 대표적인 사람으로 윤휴(1617~1680년)와 박세당(1629~1703년)이 있습니다. 윤휴는 자주적인 학문 자세를 견지하고 유교 경존 해석에서도 독자성을 내세워 주자의 해석만을 좇는 것을 거부했습니다. 결국 서인의 집권 후 사문난적으로 몰려 사형에 처해졌지요. 박세당은 탈주자학에서 더 나아가 노자·장자의 경전까지 연구하였는데, 결국 관직에서 추방당했습니다.

이처럼, 정조는 중국 고대 사상으로의 회귀라는 경직된 이데올로기에 사로잡히게 됨으로써 크나큰 한계를 노정하게 됩니다. 문화를 주자주의라는 좁은 틀 속에 가두어 버린 것입니다. 여기에서 문체반정이라는 퇴행적인 형태가 나오게 됩니다.

문체반정이란 정조가 17세기에 중국에서 성행한 패관소품의 문체를 극도로 경계하여 기존 고문(古文)의 문체만을 사용하도록 강제한 조치입니다. 패관이란 세상의 풍설과 소문을 수집·정리하여 임금에게 올리던 관리를 말하는데, 그의 보고문에는 민중의 이야기, 민중의 속된 표현이 당연히 많이 들어갔지요. 이러한 패관 문체를 극도로 경멸한 정조는 이렇게 말합니다.

> 주부자(朱夫子)의 문장은 하늘 같고 땅 같고 바람 같고 구름 같으며, …… 한번 책을 펼쳐 들면 종묘(宗廟)와 백관(百官)을 본 듯이 훌륭하고 장엄한 것이다. …… 자질구레한 패관소품들을 입가진 사람이면 한마디씩 해보지만, 그것은 …… 모기 눈썹이나, 달팽

이 뿔 정도로 보잘것없는 것과 같다(《실록》 정조 16년 11월 6일).

"잡서를 보지 말라. 정력이 분산될 우려가 있다"고 한 것은 주부자의 말씀이다. 그런데, 더구나 저 기괴하고 사설로 가득 찬 책이야말로 말해 무엇 하겠는가. 그야말로 모조리 태워 재로 만드는 것이 합당할 것이다(정조 19년 7월 25일).

그리고 과거 시험(별시)에서 1등한 선비 이옥(李鈺)의 문체가 소설체를 사용하고 있다고 하여, 낙방시키라고 지시하여 벼슬을 주지 않았습니다. 그뿐만 아니라 당시 중국을 통하여 첨단 지식을 배우고 해외 문물을 받아들여 소개했던 박지원의 《열하일기》 저술까지도 힐책했습니다.

결국, 정조의 출판문화정책에는 두 가지 요건이 결여되어 있었습니다. 그 두 가지란 문화 발전의 기본 요건이기도 합니다. 첫째, 문화는 열려 있어야 하고, 둘째, 민중 속으로 흘러가야 합니다.

우선 첫째 요건이 중요합니다. 지역, 종교, 이데올로기, 신분, 종파 등의 이유로 문화가 막혀 있으면 발전하지 못합니다. 이 점에서 정조는 커다란 문화적 업적을 이루었지만, 시대를 뛰어 넘어 후세대로 전수되는 문화를 창조해내지 못하고 말았습니다. 당대에는 숱한 비판에 부딪혔지만, 시대를 뛰어넘는 세종의 업적과 비교할 때, 아쉬움이 큽니다. 새로운 문자를 만들면서 중국 문자의 한계를 넘어서고자 몽골, 서역 등의 먼 나라 문자까지 힘들게 찾아내어 참조했던 세종의 개방성은 새삼 돋보입니다. 그러나 정조의 시야는 중화문화 그것도 세계와 교류했던 당시의 중국(청나라)이 아니라, 과거 역사 속의 중국(송나라, 명나라)을 넘어서지 못했습니다.

같은 시기에 중국은 청 왕조에서 강희·옹정·건륭 황제를 거치면서 전성기를 구가했습니다. 특히, 건륭제는 집권하면서 대학자들을 동원해 3만 6천여 책으로 제본된 7만 9천여 권에 달하는 중국 최대의 총서인 《사고전서(四庫全書, 1772~1782년)》를 편찬해냈을 뿐만 아니라 예수회 선교사를 통해 서양의 학문과 기술도 받아들였습니다. 한족으로서 공산주의 혁명을 일으켰던 모택동까지도 강희·옹정·건륭이 남긴 지혜에 중국의 미래가 있다고 말한 바 있습니다. 여기에 대하여 정진홍(2008)은 이런 해석을 제시합니다. "중국은 '오랑캐' 덕분에 강대해졌다고 해도 과언이 아니다. 오랑캐는 끊임없이 한족을 자극하고 그로 인해 박차를 가하도록 만들었다. 모택동은 그 점을 정확하게 읽어냈으며, 강희·옹정·건륭 3대 133년이 중국의 미래를 보여준다고 장담했던 것도 그 때문이었다."

강희 옹정 건륭

박제가

박지원
손자 박주수가 그린

홍대용
청나라 시대 문인
엄성이 그린

이때 한국에서도 박제가, 박지원, 홍대용 같은 학자들이 이러한 새로운 중국 문물을 받아들여 국가 발전에 이바지하려 했으나, 무위로 끝나고 말았습니다.

둘째 요건으로서, 문화는 민중 속으로 흘러가야 합니다. 정조가 규장각을 만들고 서얼 출신 인재들을 받아들여 학문 연마와 저술에 힘을 쏟은 것은 대단한 일이요 커다란 업적이었습니다. 그러나 거기까지였습니다.

중국을 통하여 넓은 세계와 교류하여 민중의 언어로 글을 썼던 박지원의 저서는 비난의 대상이 되었고, 서민들의 삶 속에 들어가 하층인물을 주인공으로 삼아 민간의 이야기를 수용하며, 남녀차별을 고발하고 한자가 아닌 우리말을 살려 작품을 쓰려고 노력했던 이옥은 떠돌이 문사로 삶을 마칠 수밖에 없었습니다. 정조시대의 문화가 민중 속으로 들어가지 못하고 만 것입니다.

마르틴 루터

에라스무스_1523년 모습
(젊은 한스 홀바인이 그림)

이것은 이미 수세기 전에 살았던 유럽의 에라스무스(1466~1536년)나 마르틴 루터(1483~1546년) 등이 성서 번역을 민중의 언어로 해야 한다고 주장하고 그렇게 실천해낸 것과 대조가 됩니다. 루터가 제시한 성서 번역 원칙은 이렇습니다.

> 집안의 어머니들과 골목길의 아이들과 시장의 미천한 사람들에게 묻고 이들이 어떻게 말하는지 이들의 입을 보고 난 후에 번역해야 한다.

이런 번역 원칙은 조선시대 용어로 말하면, 패관 문체를 사용해서 하나님의 거룩한 말씀을 전해야 한다는 것입니다. 그러나 정조는 성인의 거룩한 가르침을 전파하기 위해서 문어체의 고문(古文) 격식을 조금이라도 벗어나서는 안 된다고 강요했습니다. 루터보다

1세기 앞서서 민중들을 위하여 쉬운 문자를 창제했던 세종의 정신과도 한참 멀어지게 된 것입니다.

열린 정신으로 민중 속으로 들어가야 한다는 것은 오늘의 사회지도층이나 지식인들도 뼈아픈 경종으로 받아들여야 할 것입니다.

조선시대에도 출판은 지금처럼 서울에 집중되었나요?

출판의 중심지는 조선시대에도 서울이었지만, 서적의 발행이나 판매가 지금처럼 서울 한 곳으로 집중되지는 않았습니다. 현재 한국의 출판은 지나치게 서울에 집중되어 문화적 불균형을 초래할 뿐만 아니라 국가 전체의 균형 발전에도 역행하고 있습니다.

조선시대에 서울의 출판 활동은 현재처럼 그렇게 큰 비중을 차지하지 않았지만, 가장 활발했던 것은 마찬가지입니다. 정부 출판물, 즉 관판본의 경우는 중앙 정부가 있던 서울에서의 출판 활동이 가장 두드러진 것은 당연한 일이겠지요. 이러한 관판본을 제외한 민간의 상업출판물, 즉 '방각본'의 경우, 서울 지역의 출판물이 전체의 약 40%에 달한다는 조사가 나온 바 있습니다. 이 수치는 물론 최근까지 간행기록이 확실히 밝혀진 출판물만을 대상으로 한 것이기 때문에 정확하다고 할 수는 없어도 대략의 흐름은 보여준다고 말할 수 있습니다.

조선시대에도 서울은 행정과 문화의 중심지였을 뿐만 아니라, 상업 행위 역시 가장 활발하게 이루어진 인구 최대 도시였지요.

상평통보_앞면(왼쪽)과 뒷면(오른쪽)

따라서 출판 활동도 강세를 보인 것은 당연한 결과입니다. 특히, 17세기 후반 이후 서울은 농업·수공업에서 상품 생산이 증대하였고, 이로 인하여 급격하게 상업도시로 변해갔습니다. 당시 서울의 유통경제가 발달한 것은 국제 무역의 성행과 더불어 전국적으로 통용된 화폐(상평통보)의 영향 때문으로 알려져 있습니다. 또한, 조선 후기에 서울로 인구가 모여들면서 인구집중 현상이 생겼는데, 그 주요 원인은 다음 세 가지입니다(고동환, 2002).

첫째, 금속화폐의 유통과 대동법의 시행을 계기로 전국적인 시장권이 형성되기 시작하면서, 다양한 인구들이 집중적으로 거주하기 시작했기 때문입니다.

대동법이란 당시 사회문제가 되었던 조세 제도인 공납제의 폐단을 없애고자 개혁한 제도입니다. 공납제란 각 지역의 토산물을 현물로 바치는 제도였는데, 실제로는 그 지역에서 나지 않는 물품을 공물로 부과하는 경우가 많아, 실제 운영에서 많은 모순과 문제점이 노출되었습니다. 대동법은 이러한 공물의 부담을 토지 소유 면적에 따라 쌀로 통일하여 거두어 들여, 해당 관청에서 필요한 물건을 사도록 하는 제도입니다.

둘째, 임진왜란 이후 정부에서는 전란 동안 흩어진 상인들을 서울로 끌어들이는 정책을 시행하였으며, 군역과 대규모 토목공사 등에 필요한 사람들을 모집하는 관행이 자리잡으면서, 서울에는 빈민들이 노동력을 팔아 살아갈 수 있는 조건이 마련되었습니다.

셋째, 전국의 유민(流民)이 서울로 집중된 점입니다. 17세기는 임진왜란과 병자호란 등의 전쟁으로 주민들의 삶이 피폐해질 대로 피폐해졌고, 전국적으로 흉년이 이어지고 전염병이 돌면서 농민들이 떠돌게 되는 시기였습니다. 그래서 정부 차원에서 이들에 대한 구호 사업이 전개됩니다. 당시 '진휼(賑恤) 사업'이라고 하였지요. 그런데, 지방에서는 진휼(賑恤) 대상을 자기 고을 사람에게만 한정시킨 반면, 서울은 모든 시민에게 진휼을 하였으므로, 지방 유민들이 대거 서울로 몰려들게 되었습니다. 이렇게 하여 서울은 사대부계층, 몰락양반, 중인, 빈민 등 다양한 부류의 사람들이 거주하게 되면서 인구 최대 도시로 커진 것입니다.

이것은 서울에서 다양한 상업출판물이 활발하게 나오게 되는 계기로 작용했습니다. 서울에서 나온 출판물을 '경판(京板)'이라고 합니다. 경판은 그 종류가 참으로 많았습니다. 구체적으로 살펴 보면 유학 관련 서적으로 《맹자집주대전》, 《중용언해》 등의 유교 경전, 《사례편람(四禮便覽)》, 《상례비요(喪禮備要)》, 《의례유설(儀禮類說)》 등의 의례 관련 서적, 《천자문》, 《동몽선습》 같은 아동용 서적, 《사요취선(史要聚選)》, 《통감절요(通鑑節要)》 같은 중국 역사서, 《삼략직해》 같은 군사학 서적, 《방약합편》 같은 의학서, 《고사촬요》, 《규합총서》 등의 백과사전류, 《소대성전》, 《조웅전》, 《홍길동전》 등의 영웅 소설, 《삼국지》 같은 역사 소설, 《금향정기》 같은 애정 소설, 《구운몽》 같은 풍자 소설 등 다양합니다.

특히, 서울 지역에서 활발하게 간행되고 널리 읽혔던 소설류 서적들은 조선 후기에 오락적 독서물의 역할을 담당하면서 독서문화를 주도하였습니다. 그러나 소설은 조선조 사회에서 과거 공부에 전혀 도움이 되지 않는 출판물이었고, 앞에서 살펴보았듯이, 정조 때에는 소설적인 문체를 사용하는 것까지 정부에서 엄격히 금지하였습니다. 그렇지만, 소설들은 19세기 후반 이후 독자층의 오락적 욕구에 힘입어 광범위하게 제작되고 유통되었습니다. 또한, 이러한 소설들은 오락뿐만 아니라 사회 개혁의 의지나 현실 극복에 대한 국민들의 염원을 담기도 하였습니다(부길만, 2003a).

조선시대에 상업출판이 발달한 지방은 어디인가요?

조선시대에 서울 외의 지역에서 상업출판이 발달한 곳은 지방의 도시들입니다. 구체적으로 전주, 안성, 태인 등의 지역을 들 수 있지요. 하나씩 살펴봅시다.

당시 전주는 호남의 중심 도시로서 지식인들이 많이 살고 있었으며, 상업이 발달했던 도시입니다. 동시에 종이의 생산지였기 때문에 상업출판에 매우 유리했습니다. 조선시대에 서적 출판에서 종이의 비중은 절대적이었습니다.

《조선왕조실록》에 보면, 왕실이나 조정에서 종이 조달이 어려워 필요한 서적을 발간하지 못하였다는 기사가 여러 차례 나옵니다. 고려시대에 금속활자를 발명하여 출판사업을 한 것도 고려 종이의 질이 매우 우수했던 것이 중요한 요건이 됩니다. 당시 고려에서는 종이를 중국에 수출했는데, 이것은 오늘날 반도체를 수출하는 것과 같은 일입니다.

출판산업에서 종이는 고려시대와 조선시대뿐만 아니라 현대에도 매우 중요한 재료입니다. 1945년 해방 직후 종이가 부족하여 초·중·고등학교의 교과서도 제대로 인쇄하지 못하였습니다. 인쇄용지도 군데군데 구멍이 뚫린 선화지를 사용했기 때문에, 교과서의 글자들이 제대로 나오지 않는 경우도 많았습니다.

전주는 종이 외에도 산을 배후로 두고 있어 판재(板材)를 얻기가 어렵지 않았고, 수공업자 집단이 형성되어 있어서 각수(刻手)를 구하기 쉬었으며, 특히 상류층이 선호하는 고급 지식의 서적들에 대한 비영리적 출판이 사대부들의 필요에 의하여 면면히 이어져 왔기 때문에, 상업출판이 발달할 수 있는 여건이 마련되어 있었습니다(유탁일, 1980). 전주에서 출간한 방각본을 살펴보면 그 내용적 특징을 다음의 세 가지로 말할 수 있습니다(부길만, 2003a).

첫째, 유학 관련 분야의 서적입니다. 유학 경전의 언해본과 주석서를 가장 많이 출간한 곳이 전주입니다. 또한 유교적 교양을 키우는 것을 주목적으로 한 《명심보감》 역시 전주에서 나왔습니다. 서울 지역이 오락적 독서에 치중했다면, 전주 지역은 유교적 교양에 집중하여 방각본을 기획했다고 할 수 있습니다.

둘째, 소설의 출판입니다. 조선시대에 가장 큰 인기를 끌었던 소설인 《조웅전》이 바로 전주에서 나왔습니다. 그리고 전주는 판소리가 발달한 지역이었기 때문에, 《심청전》 같은 판소리 계열의 소설 출판을 선도하는 역할을 했습니다.

셋째, 민족 주체성을 강조한 아동교육서입니다. 《동몽선습》과 《아희원람》 등의 아동교육서를 출간했는데, 이것은 전주 지역의 문화적 풍토에서 빚어진 것으로 생각됩니다. 서울 지역이 오락적 독서와 다양화된 출판물로 활발한 출판행위가 이루어지고 있을 때, 전주에서는 교육적으로 뜻깊은 저술이 나와 교육의 선진화에 커다란 기여를 하고 있었다고 볼 수 있습니다.

다음 안성을 살펴봅시다. 안성은 조선 후기 이후 전주, 대구와 함께 3대 상공업 도시로 꼽혔습니다. 또한, 서울과 영호남을 잇는 가운데에 위치해 있어, 서울의 문화를 지방으로 전수하는 역할을 담당하는 지역이기도 했습니다. 이러한 안성은 방각본 출판에 유리한 몇 가지 요소를 갖추고 있었습니다(이창헌, 1999).

첫째, 안성은 지리적 입지 때문에 출판 시장이 형성되기 안성맞춤이었습니다. 안성은 이중환의 《택리지》에 나오듯이, 경기와 호

택리지

서, 바다와 협곡의 중간에 위치하고 있어서 화물이 수송되고 공인과 상인들이 모여들면서 한강 이남의 도회지를 이루고 있었기 때문에 상업자본, 특히 출판자본의 형성이 가능했습니다.

둘째, 전주와 마찬가지로 종이의 생산지였습니다.

셋째, 한강 이남의 도회지로서 공인·상인들이 모여드는 장소이기에 생산 기술자의 확보가 가능한 지역이었습니다.

넷째, 가장 큰 소비 시장이라고 할 수 있는 서울을 한나절 반이면 갈 수 있다는 지리적 인접성이 큰 장점으로 작용하였습니다. 이러한 지리적 인접성은 출판물의 내용에서 경판과 큰 차이를 보여주지 못하는 것으로 나타납니다.

안성판의 독자층은 전주와 달리 부녀자와 일반 서민이 그 주축이 되어 있다고 볼 수 있습니다. 다시 말하면 전주가 엘리트층의 유교문화에 대한 지적인 욕구와 서민들의 오락적 욕구를 함께 살려내고자 한 데 비하여, 안성은 오로지 서민문화가 주축이 되면서 경판보다 더 상업성이 강한 작업을 한 것으로 파악하고 있습니다. 이것은 현대 출판의 속성을 보여주는 일이라 하겠습니다(부길만, 2003b).

다음으로 태인(泰仁)은 태산(泰山)현과 인의(仁義)현이 합쳐서 생긴 지명으로 조선시대에는 큰 현(縣)에 해당하는 지역으로서 양반 사대부가 많이 거주하고 상업이 활발하던 지역이었습니다. 《공자가어》, 《공자통기》 등 공자의 생애와 업적을 다룬 서적, 《명심보감》, 《효경대의》 등 유교적 교양이나 교화를 강조하는 내용의 서적, 농사기술의 전파와 기근 구제용 서적인 《농가집성》이나 《신간 구황촬요》 등의 실용서적 등 중요한 출판물들을 많이 간행했습니다. 그리고 백과사전인 《사문유취초》, 초학자들을 위한 문장백과사전인 《고문진보대전》 등도 출간했는데, 모두 실용성이 강조된 출판이라고 할 수 있습니다. 그런데 대부분의 활동이 17세기에 집중되었고, 그 이후 활동은 많이 알려지지 않고 있습니다.

이처럼 조선시대에 일부 도시에서 상업출판을 통하여 지방 문화를 살려냈던 역사적 경험은 지방자치를 더욱 활성화시켜야 하는 현재 우리 상황에서 새롭게 되새겨 보아야 할 것입니다. 왜냐하면 진정한 지방자치의 발전은 정치·행정·경제의 자치를 기반으로 지방문화를 중흥시킬 수 있을 때만 가능하기 때문입니다.

조선시대 서적유통

서적 판매는 언제 시작되었나요?

서적 판매가 언제부터 시작되었는지 확실한 기록은 없습니다. 《조선왕조실록》에 보면, 1435년 허조가 세종에게 혜민국의 약을 파는 방식처럼 《집성소학》을 만 권 정도 찍어서 팔자고 건의했다는 이야기가 나옵니다. 이때 세종은 "내가 일찍이 《사기》를 읽어보매, '나누어 주는 것은 대단히 좋은 일이지마는 파는 것은 잘못이라'는 말이 있었다. 그러나 경의 말이 참으로 좋으니 내가 장차 행하겠다"고 대답한 것으로 나와 있지만, 그 이후 서적을 판매했다는 기록이나 흔적은 없습니다(세종 17년 4월 8일).

한 세기 후인 중종 때도 서점을 설치하자는 논의가 있었다고 《실록》에는 나와 있지만, 실제로 서점이 생기지는 않았습니다. 민간 서점이 최초로 생긴 것은 19세기의 순조 때 정도로 추정하고 있는데, 이때의 서점도 "무뢰배들이 재상가의 관노임을 거짓으로 칭하고 백주에 판매용 도서를 탈취해 가버리므로 서점은 폐각하고 말았다”는 기록이 나올 정도입니다[이규경, 《오주연문장전산고(五洲衍文長箋散稿)》]. 이것은 한국에서 아직 서점이 정착할 만한 사회 분위기가 무르익지 못했음을 보여준 기록입니다. 15세기 중엽 활판인쇄술의 등장 직후부터 민간인에 의한 상업출판이 이루어지던 유럽과 크게 대비되는 현상입니다.

출판에서의 상업성의 결여, 또는 유통의 미비가 한국 출판이 유럽처럼 발달하지 못하는 원인이 되었다고 생각합니다. 사실 한국 출판유통의 낙후성은 조선시대에 그치지 않고 해방 이후에도 줄곧 문제점으로 지적되어 왔습니다. 1980년대 이후 한국 출판물 발행량은 세계 10위권의 출판대국에 속할 정도로 괄목 성장하였지만, 출판유통의 현대화는 아직도 미흡한 수준입니다.

서적 판매의 시점은 방각본의 발간 시기로 유추할 수밖에 없는데, 간행기록이 확실한 방각본은 1576년 하한수가 낸 《고사촬요(故事撮要)》라는 책입니다. 그 책의 끝부분에 “1576년 7월 서울의 수표교 …… 하한수 집에서 목판으로 새겼으니 살 사람은 찾아오시오”라는 내용이 적혀 있습니다. 현재까지 이것을 방각본의 효시로 인정하고 있습니다.

그런데, 서적 판매행위를 인정할 수 있는 또다른 기록이 있습니다. 즉, 1534년(명종 9년) 발간된 《고사촬요(권 하)》에는 서책시준(書冊市准) 항목이 나오는데, 책이름과 함께 서적의 가격에 해당되는 쌀과 면포의 양이 적혀 있습니다. 이로써 1576년 이전에 방각본이 등장했을 가능성은 충분합니다. 따라서 서적 판매의 시점은 현재로서는 16세기 전반기 이전으로 파악하는 수밖에 없겠습니다.

조선시대에도 서적 외판원이 있었나요?

있었습니다. 서적 외판원이란 책을 들고 다니며 파는 사람을 말하는데, 외판이란 외교 방문 판매방식을 줄인 말이지요. 이 방식은 1950년대 후반과 1960년대 한국에서 성행했는데, 일부 출판사들은 대형 전집 또는 사전을 과감하게 기획 출판하여 할부 외판 방식을 써서 크게 성공한 바 있습니다. 1950년대 말엽에 나온 출판물만 해도, 학원사의 《대백과사전》, 을유문화사·정음사·동아출판사에서 거의 동시에 낸 《세계문학전집》, 민중서관의 《한국문학전집》, 신태양사의 《한국야담사화전집》, 동양출판사의 《현대사상강좌》 등 많이 있습니다. 이러한 대형 기획물의 외판은 1970년대에도 이어져 대학생들이 아르바이트로 참여하기도 했습니다. 1980년대 이후에는 많이 위축되었지만, 현재도 일부 출판사들에서 시행하고 있습니다.

오늘날은 서적의 외교 방문 판매에 교육 기능을 합쳐 나온 한국만의 독특한 학습지 교사 방식이 성행하고 있습니다. 주로 어린이들에게 교재를 파는 데서 그치지 않고 정기적으로 가정을 방문하여 교재 내용을 잠깐씩 지도해주는 방식이지요. 이러한 학습지 방문 판매제도는 거의 전 과목에 걸쳐 있는데, 그 시장 규모가 어마

어마합니다. 연간 매출액 1조 원을 헤아리는 출판사도 있고, 그 외에도 1년에 천억 원이 넘는 매출을 올리는 출판사들이 여럿 있습니다.

이러한 서적 외판업은 조선시대에도 있었는데, 조선 후기 곧 임진왜란·병자호란 이후에 본격적으로 등장하게 됩니다. 당시에는 외판원이라 하지 않고 '책거간(册居間)'이라고 불렀지요.

책거간에 관한 기록은 18세기 후반 사신을 따라 청나라에 세 번이나 다녀온 박제가의 《북학의》에 나옵니다.

> 얼마 전에 한 서점(중국에 있는)에 들어갔다가 주인이 매매한 문서를 정리하기에 매우 분주한 것을 보았다. 그런데 우리나라는 어떤가? 책장수가 책 한 권을 가지고 두어 달씩이나 사대부 집을 두루 돌아다녀도 제대로 팔리지 않는 형편이 아닌가?

안춘근(1987)은 위의 글을 인용하며, "책을 들고 다니면서 팔아야 했으니, 어찌 생각하면 우리나라가 외판에는 일찍부터 발달할 수 있는 역사와 전통이 있었다고나 할까, 주로 계절에 알맞은 책을 들고 다니면서 팔았다"고 설명합니다.

이러한 책거간이 병자호란 이후에 본격적으로 등장하게 된 배경으로는 중인계급의 출현, 특히 역관계급의 성장을 들 수 있습니다. 역관들은 사신을 수행하며 청나라에 자주 드나들면서 통역을 하는 데 머물지 않고, 민간 무역상의 역할도 담당하였습니다. 이 과정에서 부조리한 방법으로 부를 축적하기도 했다고 합니다. 사신 일행의 마부나 짐꾼을 가장하여 역관과 함께 청나라에 들어간 상인들은 우리나라 명산품을 주고 중국 서책과 바꾸어 와서 큰 이득을 남기는 장사를 했습니다.

이때 수입한 책들 중에 정부에서 정책적으로 권장했던 주자학 서적보다는 잡가류(雜家類)와 패관소설류가 훨씬 더 많았지요. 그리고 정부에서 금지한 천주학(天主學) 관련 서적들도 18세기 중엽에 전국적으로 퍼졌는데, 이것은 역관들을 통한 밀무역을 통해서 들어온 것입니다.

역관 중에는 중국이 아닌 일본에서 서적을 구해오는 이도 있었다고 합니다. 이민희(2008)는 해로를 이용한 중국과의 무역이 1686년(숙종 12년)에 가능해짐으로써 일본은 중국에서 직접 서적을 수입해 올 수 있었고, 자체적으로 간행하는 일도 빈번해졌기 때문이라고 설명합니다. 물론 이것은 임진왜란 당시 일본군의 약탈에 의하여 조선의 서적과 활자들이 일본으로 대량 반출된 이후의 일이지요.

책거간들은 외국 서적만 수입·판매한 것이 아닙니다. 몰락한 양반들로부터 대대로 간직하고 있던 귀한 책들을 사들여 새로이 부상한 양반 계급들에게 팔기도 했습니다. 또한, 백운관·부길만(1997)에 의하면, 책거간들은 보부상 조직을 활용하여 전국에 산재한 향교, 서당, 여염집 등을 행상하면서 새로운 세상과 지식을 담은 서적들을 보급하였을 뿐만 아니라 서원, 글방, 양반가의 선생, 규방의 부녀자들에게 개화의 씨앗을 뿌리는 역할을 하기도 했습니다.

이것은 16세기 유럽에서 종교개혁의 사상을 서적 행상인들이 전파한 것과도 같은 맥락입니다. 미야시타 시로(2004)는 서적의 판매가 활발하게 전개되었던 프랑스의 도시 리옹에서 서적 행상인의 활동을 이렇게 소개한 바 있습니다.

> 자질구레한 잡화, 벽에 붙이는 성화, 달력, 철자 연습장, 기사도 이야기 같은 책을 고리짝에 채워 방방곡곡을 돌아다니며 파는 사람들이다. 이 서적 행상인들이 종교개혁파 사상 보급에 기여한 역할은 대단히 컸다. 사상 통제가 더 엄격해짐에 따라, 큰 장이나 점두에서 팔지 못하는 자국어 번역판 성서라든가 종교 소책자는 이런 행상인들의 손을 통해 비밀리에 판매되고 배포되었다.

이처럼 서적 행상인들이 유럽과 한국에서 새로운 사상의 전파에 공헌한 것은 공통적입니다. 그러나 서적 유통의 규모와 방식에서는 커다란 차이를 보여줍니다. 즉, 유럽은 종교개혁 시기인 16세기부터 서적 행상인뿐만 아니라, 크고 작은 다양한 서적상들이 존재하고 있어 도서유통이 활발하게 이루어지며 계속 발전하였습니다. 그러나 한국은 19세기 후반에 이르기까지 변변한 서점 하나 갖출 수 없었습니다.

19세기 말 모리스 쿠랑(M. Courant, 1896)은 서적이 어떻게 유통되고 있었는지 《한국서지》에서 이렇게 묘사한 바 있습니다.

> 서울 시골 할 것 없이 꾸불꾸불 좁고 지저분한 골목길이나 먼지 투성이의 장바닥에 가 보면 …… 망건, 손거울, 쌈지, 담배, 담뱃대, 여러 가지 궤짝, 붓, 먹, 종이, 책 …… 이런 것들을 팔고 …….

요즘 동네의 조그만 문방구점에서 필기구와 서적을 같이 팔듯이, 시장거리 좌판에서 잡화와 책을 초라하게 같이 팔고 있었다는 이야기입니다. 활자종주국에 어울리지 않는 불과 100여 년 전의 이런 기록은 우리를 부끄럽게 합니다. 물론, 오늘날 우리나라의 서점은 전혀 다른 모습을 보여주고 있지요. 전 세계 어디에 내놓아도 손색이 없는 대도시의 대형서점은 외국 지식인들에게 관광 코스가 될 정도로 화려하고 번창한 모습을 보이고 있어, 자부심을 느끼게 합니다. 그 서점에 진열된 수십만 종이 넘는 책의 종류와 꽉 들어찬 독자들의 모습을 볼 때마다 찬란한 인쇄문화의 전통이 되살아났구나 생각하게 됩니다.

조선시대에도 서점을 열어야 한다는 주장은 여러 번 나왔습니다. 16세기 초반인 조선 중종 때 대사간 벼슬을 했던 어득강(魚得江)을 비롯한 몇몇 대신들이 관영 서점을 설치하자고 임금에게 건의했다는 내용이 《실록》에 나오지만, 논의에 그치고 말았습니다. 여기에는 여러 이유가 있겠지만, 당시 사회 분위기가 개인 집에 보관되고 전수되는 책들을 매매하는 것을 꺼렸고, 특히 관료 지배세력들이 반대한 것이 가장 큰 요인일 것입니다. 그들은 일반 백성들의 교양이 높아지고 독서 문화가 발달되기를 원하지 않았던 것이지요.

세종시대에 임금의 한글 창제조차 끝까지 반대했고, 결국 우리글이 조선시대 내내 정부의 공식 언어가 되지 못한 것과 같은 맥락일 것입니다.

조선시대에도 도서대여점이 있었나요?

있었습니다. 세책점(貰册店) 또는 세책집이라고 불렀습니다. 그 담당자는 세책가라고 했지요. 18세기 정조 때 재상을 역임했던 채제공이 쓴 《여사서서(女四書序)》에 이런 구절이 나옵니다.

> 근세에 패설을 좋아하는 자들이 나날이 늘어가며, 장사치들은 수많은 패설을 베껴서 세책을 함으로 이익을 취하고 있는데, 부녀자들이 손가락지나 비녀를 팔아서 책을 빌려다가 하루 종일 읽고 있다.

이 기록을 보면, 비녀까지 팔아서 책을 빌려 읽을 정도였으니, 당시의 독서 열풍을 느끼게 됩니다. 그 독자층은 경제적으로 부유한 서울지역의 부녀자층이 중심이 되었다고 합니다. 조선의 여성들은 한문교육을 받지 못했기 때문에 세책가들은 한글로 된 책을 제작하고 부녀자들을 고객으로 삼았을 것입니다. 이들이 주로 읽는 책은 조선의 한글소설들로서 오늘날의 베스트셀러에 해당됩니다. 이 세책은 일제강점기인 1910년대에도 행해졌다는 기록이 최근 발견되고 있습니다.

세책가들은 중인, 서류, 서리 등 사회적으로 신분이 낮았지만, 비교적 유식한 사람들이었을 것입니다. 이들은 세책을 직업으로 삼아서 타인의 작품을 필사하였고 스스로 창작도 했습니다. 또한, 중국으로부터 소설을 들여와 이를 번역·번안하기도 하였지요.

세책가가 직업으로서 세책업을 수행하였다는 것은 책을 상품화했다는 것을 의미합니다. 그것은 독서 인구의 저변을 확대시키는 역할을 했다는 의의가 있겠습니다.

이러한 도서대여제도는 같은 시기 영국에서도 성행했습니다. 1740년 런던에는 처음 순회도서관이 설립되었는데, 저렴한 가격인 1페니에 책 한 권을 빌릴 수 있게 했기 때문에 널리 확산되었습니다. 이에 따라 작가들도 왕성한 집필 활동을 하게 되었는데, 이때 유명 작가로 제인 오스틴, 조지 엘리엇, 스콧, 디킨즈 등이 등장하게 되었다고 합니다. 소설 작가임을 부끄럽게 여겨 익명으로 책을 내놓던 한국과 판이한 양상입니다.

게딘(Per Gedin, 1982)의 연구에 의하면, 도시 지역에는 보통 책을 100권쯤 갖고 대여 사업을 하는 소규모 순회도서관 외에도 도서 대출을 담당하는 일반 도서관도 있었는데, 그 중에는 만 권의 도서를 소장한 '윌리엄 레인의 미네르바 도서관(William Lane's Minerva Library)' 같은 커다란 도서관도 있었습니다. 이 도서관의 책들은 대부분 짧은 로맨틱한 이야기의 내용이거나 소설들이었다고 합니다. 이러한 연유로 영국이나 한국, 예전이나 지금이나 소설들이 가장 인기 있는 품목이었던 것 같습니다.

조선시대 독서

조선시대 지식인들의 독서 목적은 무엇이었나요?

조선시대 지식인들의 독서 목적은 우선, 독서 자체 또는 공부를 즐기는 것이었다고 말할 수 있습니다. 유교를 국시로 삼았던 조선시대에 그 시조인 공자의 대화를 기록한 《논어》의 다음과 같은 구절들이 이를 말해줍니다.

> 배우고 때때로 익히면 즐겁지 아니한가.
>
> 아침에 도(道, 진리)를 들으면 저녁에 죽어도 좋다.

이러한 독서의 기쁨을 가장 잘 드러낸 조선시대 지식인으로 이덕무(李德懋, 1741~1793년)가 있습니다. 그는 독서의 정신적 기쁨을 이렇게 표현합니다. "다른 사람이 지은 득의(得意)의 글을 읽을 때면 미친 듯이 소리치고 크게 손뼉치며 평하는 글을 썼으니, 이 또한 우주 사이의 한 가지 유희이다.”

김윤희(2004)는 이 말을 소개하며, 이덕무에게 독서는 “지극한 즐거움이고 정신적 기쁨의 유희로 옛 사람과 더불어 노니는 즐거운 놀이였다. 그래서 독서는 그에게 삶의 정신적 기쁨이고 즐거움으로서의 성격을 지닌다. 또한 청언(淸言)을 읽어 정신을 보양하고, 글이 신기하면 정신이 살고, 정신이 살면 영성(靈性)이 모인다고 하여 독서로서 마음을 정화시키고 평정심을 찾을 수 있다고 생각했다. 이는 현대 독서교육에서 마음을 치료하는 독서의 기능에 해당한다고 볼 수 있다”고 설명합니다.

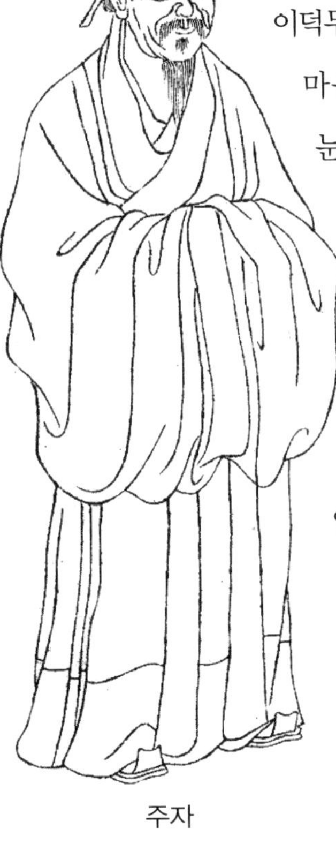
주자

이덕무는 공자의 글을 읽으면 자신의 불안한 마음이 가라앉게 되고, 슬픔이 닥쳐오고 눈꼽만큼도 살고 싶은 마음이 없을 때도 책을 들고 있으면 마음이 위로 받는다고 이야기합니다.

그리고 같은 맥락에서 조선시대 지식인들은 독서와 학문을 통한 인격 수양을 중요하게 여겼습니다. 인격 수양이란 성인(聖人)을 본받는 것이므로, 독서 목적은 성현의 뜻을 헤아려 인간의 도리를 실천에 옮기는 것이 됩니다.

이것은 주자(朱子, 1130~1200년)의

독서관이라 할 수 있습니다. 주자는 격물치지(格物致知), 즉 사물의 이치를 골똘히 궁리하여 앎에 도달한 다음, 몸과 마음을 닦아 국가를 다스리고 천하를 태평하게 해야 한다고 주장했습니다. 그 유명한 수신제가치국평천하(修身齊家治國平天下)입니다. 이것은 주자가 유학 경전인 《대학》의 핵심적인 가르침으로 제시한 것인데, 조선 왕조의 지배 이데올로기가 된 사상입니다. 이 수신제가치국평천하의 기본이 격물치지인데, 이것을 얻는 실질적인 방법이 바로 독서인 것입니다. 이때의 독서란 유교 경전을 읽는 것을 말합니다.

물론 주자는 세상의 도(道)와 사물의 이치는 단지 경전에 의해서만 이해될 수 있는 것이 아니라, 우주의 모든 만물에 부여되어 있다고 보았습니다. 다만, 성인에 의해 쓰인 경전은 다른 무엇보다도 그것을 명확하게 요약하고 있다는 것이었지요. 다시 말하면, 주자의 말처럼 "세상의 모든 것은 이치를 가지고 있지만, 그 핵심은 성현의 글 속에 전부 담겨 있습니다. 그러므로 이치를 찾으려고 한다면 그것에 의존해야 합니다." 이것은 진정한 구도의 길을 밟으려는 사람에게는 경전보다 더 좋은 인도자는 없다는 사실을 말해주는 것입니다(Daniel K. Gadner, 1990).

이러한 경전의 독서에서는 마음가짐을 중시하지 않을 수 없게 됩니다. 주자는 독서를 위한 마음가짐으로 다음의 세 가지를 제시합니다(김은경, 2006)

첫째, 존심(存心)입니다. 존심이란 '마음을 보존하는 것'이지요. 독서를 하기 전에 우선 자신의 마음을 거두고 수습하는 일이 선행

되어야 합니다. 주자의 독서는 교양서적을 읽는 가벼운 독서를 의미하는 것이 아니라, 삶의 변화를 위한 성현의 말씀을 대하는 전문적인 독서이기 때문에 온전히 그 내용에 마음을 쏟을 필요가 있습니다.

둘째, 허심(虛心)입니다. 이는 '마음을 비우는 일'이지요. 주자가 추구하는 독서는 책 속의 성현의 말씀에 나의 마음을 일치시키는 것입니다. 주자는 "마음을 비우고 자기에게 간절하게 하라. 마음을 비우면 도리는 분명하게 이해되고, 자기에게 간절하면 (도리를) 자연스럽게 몸으로 체험하게 된다"고 말합니다. 마음을 비운다는 것은 선입견, 자신의 견해에 대한 고집, 고원하고 새로운 것만을 추구하는 생각, 이미 알고 있다고 자만하는 마음을 버리고 겸허한 마음으로 독서에 임하는 것을 의미합니다.

셋째, 평심(平心)과 관심(寬心)입니다. 독서할 때는 평온하고 느긋한 마음가짐이 필요하다는 것이지요. 앞의 존심에서는 마음을 다잡아 독서에 몰입하는 팽팽한 긴장감이 느껴지는 데 반하여, 평심과 관심에서는 다소 이완된 듯한 태도가 느껴집니다. 주자는 이 두 가지의 조화를 주장합니다. 독서의 과정을 통해 성현의 가르침을 깨닫고 변화된 삶을 살겠다는 의지에 찬 마음가짐은 자칫 빠른 효과를 기대하거나 집착하게 되는 오류를 범할 수 있습니다. 이런 경우를 위해 주자는 긴장과 이완의 묘(妙)를 발휘하여 조화로운 마음가짐을 갖고 독서에 임하도록 배려한 것입니다. 주자가 독서를 통해 얻고자 하는 것은 바로 깨달을 수 있는 지식이 아니었습니다. 오랜

기간 사색과 연구의 과정을 통해 얻어지는 인간의 본질에 대한 탐색과 삶의 변화였지요. 이러한 독서를 위해서는 무엇보다 차근차근 과정을 밟아나가면서 독서의 과정을 완미하는 여유 있는 마음가짐이 필요한 것입니다.

또한, 주자는 독서의 분량을 한정시켜 욕심 내지 말고, 쉬운 글에서 어려운 글로 나가라고 충고합니다. 유학 경전을 읽는 순서도 《사서》, 그 다음 《오경》, 그리고 역사책을 읽으라고 합니다.

주자의 이러한 독서관은 주자학자인 퇴계와 율곡은 물론 그 이후 선비들에게까지 큰 영향을 주었습니다. 즉, 조선시대 선비들에게 책 읽는 규범의 원형으로 주자의 영향력은 사실상 근대화되기 이전까지 존재했던 것으로 알려져 있습니다. 노병성(2006)은 주자의 독서관은 탈현대의 독서에 대한 반성과 성찰의 계기를 제시하는 것으로 보인다고 하며 이렇게 주장합니다.

> 인터넷 환경에서의 독서는 글에 대한 깊은 성찰보다는 순간의 포착과 휘발성이 강한 독서로 점철되어 있다. 주자식의 독서라면 일정한 수준의 독서를 통해 독자의 사상적 혹은 가치관적 입장이 정리된 후 이것이 가능하다. 종이책의 경우에도 주자식의 독서관을 유념해 본다면 일정한 독서의 로드맵이 필요함을 알 수 있다. 이러한 사고는 탈현대 사회의 독자들이 현재의 독서양태를 반성하고 체계적인 독서의 길이 무엇인가를 재고하게끔 해주는 역할을 한다고 보인다.

한편, 수신제가치국평천하를 강조하는 가운데 나타난 것이 조선조의 과거 공부입니다. 치국을 위해서는 관리가 되어 국가 경영에 참여해야 하기 때문에 과거 급제는 필수적인 과제였습니다. 또한 과거 공부는 개인적인 입신양명을 위해서도 조선의 지식인들에게 매우 중요한 문제로 다가왔습니다. 그래서 조선 지식인들의 독서 목적에서 과거 공부가 커다란 비중을 차지하게 되었습니다. 당시 한 해에 3백여 명의 관리를 뽑는데, 3만여 명의 선비들이 과거 시험을 치렀다니 그 경쟁의 치열함을 짐작할 수 있을 것입니다. 이러한 경쟁 양상은 오늘날 우리 사회의 대학 입시나 공무원 시험과 닮은꼴입니다.

이것은 중국도 마찬가지여서 이미 12세기 말엽에 급제 가능성은 1%에 미치지 못하는 데도 약 20만 명의 응시자들이 현청(縣廳)의 과거에 응시하였다고 합니다(Daniel K. Gadner, 1990). 중국에서 과거 제도는 오래 계속되어 나중에는 유학 경전이 아니라 과거 시험 답안용 요약본 서적들이 만들어져 인기리에 팔려 나갔습니다.

주자는 과거제도의 폐단에 대하여 이렇게 말했습니다. "오늘날 학생들은 부귀와 지위를 탐할 뿐이지 도(道)와 정의는 구하지 않는다. 그들은 선한 사람이 되기보다는 높은 지위를 가진 사람이 되고 싶어한다." 과거 준비 때문에 학생들은 유교 경전의 진정한 의미를 이해하는 데 무관심했을 뿐만 아니라 오히려 채점관의 주의를 끌기 위하여 경전에 대한 기이하고 색다른 해석을 찾는 데 혈안이 되어 있었습니다. 게다가 성현의 경전 자체보다는 오히려 시험답안용 문장이 그들에게는 더욱 중요했습니다(Daniel K. Gadner, 1990).

이러한 문제점은 조선에서도 마찬가지여서 이덕무는 본말이 전도된 과거 시험 공부를 비판한 바 있습니다. "과거 시험 공부를 하는 집은 장차 출세하려는 것인데, 그들은 비록 '과거를 위해 부지런히 힘써 공부한다'고 말하지만, 어찌하여 행실과 의리의 고귀함과 성현의 가르침을 저버리지 않아야 한다는 것을 조금도 생각하지 아니하는가?"

조선 후기에 들어와 실학자들이 등장하면서 독서 목적에 대해서도 다른 견해를 내놓게 됩니다. 즉, 그들은 주자 중심의 독서경향과 과거의 폐단을 비판하면서 사회적 과제를 실천적으로 해결하기 위한 독서를 해야 한다고 주장합니다. 이와 같은 주장이 제기된 이유는 다음과 같습니다(김윤희, 2004).

첫째, 당시의 학문하는 방향이 과거 급제를 목표로 하므로 백성과 현실 사회에 직접적으로 도움이 안되는 시·부(詩·賦) 위주의 공부로 흘러 많은 문제점이 내재되어 있다고 보았습니다.

둘째, 조선조 성리학자들이 주자학 이외에 다른 사상과 학문에는 배타적이고 폐쇄적이어서 독서 범위가 좁아졌기 때문입니다.

이러한 새로운 독서관을 주장한 대표적인 실학자로 홍대용, 박지원, 정약용 등을 들 수 있는데, 그들의 주장을 간략하게 살펴봅시다(김윤희, 2004; 이성희, 2004).

홍대용은 "자신의 능력과 재주를 계발하기 위해 독서를 해야 한다"고 말하면서 이렇게 주장합니다. "독서를 해서 능히 정밀하게 읽고, 익숙하게 강구해서 적실하게 보고, 참되게 알게 된다면 책이란 소용없는 휴지에 불과하게 될 것이니 묶어서 다락에 집어넣어 두어도 좋다. 그러나 독서에서의 정밀하고 익숙하며 적실하고 참된 경지는 성인들도 다 이르지 못할 정도로 한정이 없어서 독서는 학문하는 사람이 종신토록 해야 할 사업이다."

박지원은 "선비가 독서를 해서 이론탐구한 성과가 입신출세나 명예 같은 자기 욕망의 충족에만 머물러서는 안 되며, 그 혜택이 사해(四海)에 미치고 그 공이 만세에 드리워지도록 해야 한다"고 주장하면서, '선독서자(善讀書者)'가 되어야 한다고 말합니다. 그가 말하는 '선독서자'는 우리가 보통 책을 잘 읽는다고 하는 사람, 예컨대 소리를 잘 내거나 구두점을 잘 찍거나 글을 잘 해독하거나 담설(談說)을 잘하는 사람이 아니라, 실천적 문제의식을 가지고 책을 쓴 사람의 정신을 읽을 줄 알고 거기에서 얻은 지혜를 그가 살고 있는 현실의 여러 문제를 해결하는 데 응용할 줄 아는 인물을 말합니다. 이렇게 실천적 문제의식을 갖고 독서할 것을 강조한 박지원은 경서를 새로 읽고 농·공·상의 복리 증진을 위한 이용후생의 학문과 기술을 연구하였습니다.

정약용은 현실 인식의 독서, 자기 삶의 문제와 역사 현실의 문제를 해결하기 위한 독서를 강조했습니다. 그리고 구체적으로 인격 수양을 위한 책들과 실학자로서 세상을 바로잡기 위한 책들을 추천하였습니다. 수양을 위한 책으로는 사서삼경 등의 유교 경전을 들었고, 세상을 바로 잡는 데 필요한 책들로는 우리 민족의 현실을 이

정약용_다산의 초상

해하기 위한 역사책, 옛 문헌과 문집과 같은 경세치용에 도움이 되는 책을 권하고 있습니다. 구체적으로 《삼국사기》, 《고려사》, 《성학집요》, 《반계수록》, 《동의보감》, 《성호사설》 등입니다. 정약용은 훌륭한 독서를 위해 책을 읽기 전에 먼저 자신의 문제의식 또는 주견(主見)이 정립되어 독서를 할 때 자신의 근기(根基)를 세울 필요가 있다고 강조했습니다. 또한 정독법(精讀法)을 권하여 읽는 책의 의리를 꿰뚫어야 한다고 했습니다. 그리고 정독의 방법으로 책에서 중요한 내용을 뽑아 체계적으로 정리하는 방법을 권하였습니다. 자신의 주체적인 입장에서 필요한 곳을 발췌하고 그것을 정리해 두어야 나중에 글을 쓸 때 도움이 된다는 것입니다.

그런데 조선 지식인 중에 중인층이 있습니다. 중인들은 통역이나 의술 등을 담당한 역관이나 의관 등의 기술직에 종사하였는데, 이들의 독서 목적은 실무 지향적이었습니다. 즉, 조선시대 지식인들이 자신의 인격수양을 위해, 이치를 깊이 연구하고 형이상학적·내면적 발전을 위한 독서거나 민생을 위한 경세치용의 실용주의적인 독서를 한 반면, 중인층은 역과·의과·율과 등에서 철저하게 자신들의 지위와 신분을 유지하기 위해서 현실생활 속에서 국가 행정에 필요한 실제적인 업무와 관련된 내용을 중심으로 교육과 독서를 했다고 할 수 있습니다(이성희, 2004).

이성희(2004)는 이러한 중인층의 독서는 독서층의 저변을 확대시키는 중요한 구심점의 역할을 하게 되었다고 주장합니다. 즉, 조선 후기 중인들은 다양한 분야에 걸쳐 그 수준이 향상되고 세련됨으로써 개항 이후 개화에 필요한 전문적인 지식과 기능적 역할의 필요성에 따라 정치적 세력으로 등장하게 되었으며, 이에 따라 독서가 양반 지배층만의 전유물이었다는 인식에서 벗어나 점차 서민에게까지 확대될 수 있게 했다는 것입니다.

요컨대, 조선시대 지식인들의 독서 목적은 첫째, 독서 자체의 즐거움, 둘째, 인격의 수양과 이치의 궁구, 셋째, 과거 공부, 넷째, 경세치용의 실천적 관심, 다섯째, 중인층을 중심으로 한 실무형 독서 등으로 볼 수 있습니다. 이외에도 전체 국민을 대상으로 한 상업출판물의 독서에서는 오락적 목적과 실생활에 직결된 실용적 목적의 독서가 강세였습니다. 이에 대해서는 뒤에서 살펴보고자 합니다.

조선시대 사람들은 정말로 책을 신성하게 여겼나요?

그렇게 생각이 듭니다. 우리 선조들이 책을 신성하게 여긴 흔적은 사실상 해방 이후에도 남아 있었습니다. 그래서 책 위를 건너서 가지 말고 돌아서 가게 했습니다. 그냥 백지를 버리거나 찢는 행위는 물자를 아끼지 못하는 정도로 여겼지만, 책을 찢는 행위는 정말이지 신성을 모독하는 행위에 준하는 잘못으로 질책할 정도였지요. 그리고 책에 적혀 있는 것은 모두 올바른 것이라는 잠재적인 인식이 아마 50년대까지 상당히 존재하지 않았나 생각합니다.

정조는 책을 누워서 보는 것을 경계했습니다. 그러한 자세는 책에 대한 경건성을 해치는 것이라고 보았지요. 그래서 책이 아주 작아서 누워서 볼 수 있게 만들어진 당판의 수입을 금지시키기도 했습니다.

율곡은 "독서할 때는 반드시 단정히 꿇어 앉아 전심치지(專心致志)하여 그 의취를 궁구하기에 힘쓰고 서로 돌아보며 이야기해서는 안 된다"고 했습니다.

주자는 "무릇 책을 살필 때는 반드시 먼저 익숙하게 읽어서 그 말이 모두 나의 입에서 나오듯이 만들어야 한다. 이어서 정밀하게 생각해서 그 뜻이 모두 나의 마음에서 나오듯이 만든 뒤에야 깨달을 수 있다"고 말합니다. 이것은 책과 그것을 읽는 사람이 하나가 되어야 한다는 주장입니다(Daniel K. Gadner, 1990).

이런 주장들은 책이 성인의 가르침을 담은 신성한 존재라고 생각했기 때문일 것입니다. 이와 같은 생각은 유럽도 마찬가지였습니다.

밀턴_초상화

원래 책이란 말이 문자로 변형되어 쓰인 것입니다. 고대에 책은 매우 진귀한 존재였기 때문에, 사람들이 매우 중요하다고 생각하는 내용들을 담았습니다. 고대인들은 문자 자체에 주술적인 힘이 있는 것으로 여겼기 때문에 더욱 그러했을 것입니다. 달리 말하면 책에는 신의 섭리 또는 거룩한 말씀, 곧 로고스(Logos)가 있다고 생각했습니다. 이러한 생각은 고대 그리스 이래로 계속 발전되어 왔는데, 영국의 시인 밀턴(John Milton)이 이를 극명하게 표현한 바 있습니다. 밀턴이 출판의 자유를 주장한 것은 '책을 죽은 물건이 아니라 생명력을 지닌 존재요, 저자의 영혼만큼이나 활동적'이라고 보았기 때문이었습니다. 그래서 밀턴은 그의 저서 《아레오파지티카》에서 책을 파괴하는 행위는 사람을 죽이는 것보다 더 사악한 행위라고 주장합니다.

> 사람을 죽이는 자는 신의 형상인 이성적 창조물을 죽이는 것입니다. 그러나 좋은 책을 파괴하는 자는 이성 그 자체를 죽이는 것이며, 말하자면 눈에 보이는 신의 형상을 죽이는 것입니다.

밀턴에 의하면, 책이란 '이성 그 자체'이며 '눈에 보이는 신의 형상'

이 됩니다. 이처럼 책을 신성시한 것은 동서양이 한가지였음을 알 수 있습니다.

이런 사고방식은 한국의 경우도 마찬가지였습니다. 그러나 한국에서 1960년대 잡지를 중심으로 대중문화가 등장하게 된 이후, 책의 신비주의가 탈색되며 '소비로서의 독서'가 시작되었다는 생각이 듭니다. 대중 주간지 또는 외설적 오락물로서의 출판물들이 등장하면서, 일부 책은 한번 읽고 버리는, 즉 소비해 버리는 존재로 변해 간 것이지요.

조선시대 사람들은 모두 책을 소리내어 읽었나요?

조선시대에는 조용히 읽는 묵독보다 소리내어 읽는 음독이 활발했습니다. 서당에서 배우는 아동들의 글 읽는 목소리가 낭랑하면 열심히 공부한다고 보았지요. "서당개 삼년이면 풍월을 읊는다"는 속담도 음독에서 나온 것이겠지요. 글을 소리내어 읽는 것은 성현의 책과 독자가 하나로 되어야 한다는 주자의 독서관이 반영된 것으로 볼 수 있습니다.

주자는 글이 낯설지 않게 느껴질 때까지 몇 번이고 반복하여 입으로 중얼거릴 것을 제자들에게 요구했습니다. 왜냐하면 글은 읽으면 읽을수록 더 깊이 이해할 수 있기 때문입니다. 주자는 17~18세 때 매일 아침마다 《대학》과 《중용》을 10번씩 암송했다고 회고한 바 있습니다.

그런데 이때 중요한 것은 음독에서 사색을 동반하는 일입니다. 주자는 이렇게 말합니다. "책을 읽는 방법은 한 번 읽고서 다시 한 번 생각하며 한 번 생각하고서 다시 한 번 읽는 것이다. 읽어서 외우는 것은 사유를 돕는 방법으로써 항상 마음이 책의 내용을 되뇌도록 만든다." 또한 주자는 사색을 돕는 방법으로 암기를 제안하면

서당에서 낭독하는 모습_단원 김홍도 그림

서도 단순한 암기에 그치는 것을 경계했습니다. 사색이 없는 암기는 무의미하다고 본 것이지요. 낭독도 마찬가지입니다. 생각이 길어지면 집중력을 잃게 마련인데, 이럴 때 소리 높여 읽는 방법은 주위를 환기시켜 집중하게 할 뿐 아니라 오감을 동원한 적극적인 책 읽기를 가능하게 합니다(김은경, 2006).

이 낭독 방식은 서양에서도 고대 그리스 때부터 중세에 이르기까지 지속되었습니다. '읽다'라는 말의 어원은 '분배하다'에서 왔다고 합니다. 이것은 곧 낭독을 통한 메시지의 분배를 의미합니다. 서양에서 독서방식이 낭독에서 묵독으로 본격적으로 바뀐 것은 구텐베르크의 활판인쇄술이 광범위하게 보급된 이후입니다. 특히, 비판적이거나 금지된 서적들이 많이 나오게 되는 데서 묵독이 널리 퍼졌다고 합니다.

그런데, 조선시대 지식인들은 음독을 통하여 도(道)와 사물의 이치를 마음속에 새기게 될 뿐만 아니라 문리(文理)가 트고 지혜가 자라는 것으로 보았습니다. 심지어 이덕무는 《사소절》에서 책을 소리내어 읽게 되면, 춥고 배고픈 것이나 근심 걱정이 사라지고 기침병도 없어진다고 말합니다.

> 최근에 날마다 일과(日課)로 독서하면서 네 가지 유익한 점을 깨달았다.
>
> 첫째, 굶주린 때 책을 읽으면 소리가 갑절이나 낭랑하여 그 이치와 취지를 잘 맛보게 되어 배고픔도 느끼지 못하게 된다.
>
> 둘째, 차츰 날씨가 추워질 때 읽게 되면 기운이 소리를 따서 유전

(流轉)하여 체내(體內)가 편하여 추위도 잊을 수가 있게 된다.

셋째, 근심 걱정으로 마음이 괴로울 때 눈은 글자에, 마음은 이치에 집중시켜 읽으면 천만 가지 생각이 어떤 순간에 사라져 버린다.

넷째, 기침병을 앓을 때 책을 읽으면, 기운이 통하여 부딪힘이 없게 되어 기침 소리가 갑자기 그쳐 버린다.

조선시대 학생들은 어떤 책을 읽었나요?

조선시대 학생들은 어릴 때부터 서당에서 공부했지요. 그때는 《천자문》과 《동몽선습》, 《소학》 같은 아동용 학습서를 배웠고, 유학 경전인 사서오경, 중국 역사서인 《십팔사략》, 《사기》 등을 읽었습니다. 오늘날의 국립대학격인 성균관의 교과목을 보면, 유학 경전이 가장 큰 비중을 차지합니다. 《대학》, 《중용》, 《논어》, 《맹자》, 《시전(詩傳)》, 《서전(書傳)》, 《주역》, 《예기》 등이지요. 그 외에 《통감강목》, 《송원절요(宋元節要)》 같은 중국 역사서가 있습니다.

당시 관리가 되기 위해 치르는 과거(科擧) 시험과목을 보면, 양반계급을 위한 문과(文科)의 경우는 사서오경과 역사서, 그리고 사장(詞章) 등이었고, 중인 계급이 기술직에 종사토록 하는 과거시험인 잡과의 경우는 외국어, 의학, 천문, 지리, 율학 등이었습니다. 그러나 문과를 숭상해 왔기 때문에, 주 관심은 역시 사서오경과 역사서라고 할 수 있을 것입니다.

특히, 성균관 학생들의 경우, 사서오경과 역사서 외의 다른 책들, 즉 노자·장자의 책이나 불교경전, 그 외 잡다한 유파의 백가서(百家書) 등을 읽어서는 안되었습니다. 만일 읽다가 걸리면 벌을 받았다고 합니다.

그뿐만 아니라 소설책(중국 패관소설)도 읽지 못하게 했습니다. 소설책을 읽는 것을 오늘날 외설적인 포르노를 보는 것처럼 금기시 했습니다. 그런데, 임진왜란 이후 통역을 담당했던 역관들은 중국에서 당시 수입 금지품목이었던 잡가류 서적과 중국 패관소설들을 들여와서 퍼뜨렸습니다. 그리고 오락소설들이 한국 저자들에 의하여 저술되기도 하면서, 과거 시험공부와 전혀 관련 없는 소설들이 가장 널리 읽혔습니다.

조선시대 베스트셀러에는 어떤 것이 있나요?

좋은 질문입니다. 그런데 조선시대에는 베스트셀러라는 용어가 없었습니다. 베스트셀러라는 말은 1895년 미국에서 처음 사용되었지요. 〈북맨(Bookman)〉이라는 월간지가 미국의 19개 도시에서 가장 많이 팔린 신간 목록을 선별하여 게재한 이후, 널리 쓰이게 되었습니다.

이런 점 외에도 조선시대에는 책을 사고파는 행위 자체를 중요시하지 않고 장서로 보관하는 데 주안점을 두었기 때문에, 베스트셀러를 찾는 것이 오늘날 우리들의 생각과는 꼭 들어맞지 않을 것입니다. 하긴 조선시대에는 '사농공상(士農工商)'이라 해서 서적 판매뿐만 아니라 모든 상행위를 가장 천한 직업으로 취급했습니다. 양반의 상업 종사와 서민의 향교·성균관의 입학을 허가한 것이 1882년(고종 19년)이었다고 하니, 지식인층이 주요 소비자가 되는 서적의 상업유통이 발달하기는 어려웠을 것입니다. 이러한 서적 유통의 낙후성 때문에, 최초의 금속활자 발명국이면서도 출판문화를 확산시키는 일에서 유럽보다 뒤떨어지게 된 것입니다.

조선시대에 교육이나 오락을 위해서 만든 서적들 중에서 비교적 많이 읽혔다고 생각되는 책들을 찾아보기로 하겠습니다.

앞에서 설명했던 《고사촬요(1576)》라는 책의 뒷부분에는 책판 목록이 나와 있어 임진왜란 이전에 어떤 책들이 많이 발간·보급되었는지를 살펴볼 수 있습니다. 그 목록을 살펴보면, 역사서, 어린이용 교육도서, 의술서, 농업서적, 문집 등 다양하지만, 유학 관련 서적이 가장 많습니다. 그 중에도 제일 많이 보급된 책은 《효경》으로 14번을 찍었고, 그 다음은 《대학》과 《소학》으로 12번, 그리고 《중용》을 11번 찍어낸 것으로 나와 있어, 조선시대 전기의 서적 보급 상황을 유추하게 해줍니다.

그러나 조선시대에 서적이 널리 읽힌 것은 조선 중기 이후, 즉 임진왜란(1592~1598년)과 병자호란(1636~1637년) 이후의 일입니다. 두 차례 전쟁을 거치는 동안 전통적 가치규범에 대한 비판이 일어나면서 실학이 대두되었고, 엄격한 양반관료체제가 붕괴되기 시작했으며, 부를 축적한 신흥계급의 신분 상승도 두드러지게 나타났습니다. 이런 사회적 배경은 출판계에도 변화를 몰고 왔지요. 즉, 민간인들이 대중독자들을 위하여 방각본을 출판·보급하는 현상이 생겨났고, 과거시험과 관련된 유학 서적은 물론 정부에서 금지하는 중국 소설책들까지 역관들을 통하여 몰래 들여올 정도였습니다.

당시 중국은 명나라와 청나라의 교체기, 또는 명나라 말기와 청나라 초기(이하 명말청초)에 해당됩니다. 이 시기는 상업의 발전과 함께 도시가 발달하였고 문학도 융성하였으며, 상업출판도 활발해졌습니다. 이때부터 상인을 필두로 하여 이전에는 지배층의 문화에 접근할 수 없었던 사람들이 새로이 사대부와 더불어 문화를 공유하게 되었고, 이에 따라 문학, 예술 등 각 분야의 문화가 더욱 풍요로워졌다고 합니다. 또한 경제력의 성장과 함께 시민의식이 성장하였는데, 이것은 상업출판에 의한 서적의 확산이 가장 큰 요인이었다고 황지영(2007)이 밝혀낸 바 있습니다. 이어서 이러한 중국 출판문화의 발달은 바로 조선의 서적 유통에도 영향을 주었다고 파악합니다. 즉, 당시 조선사회는 임진왜란 후 복구사업의 일환으로 서적문화를 회복시켜야 한다는 사명감이 팽배해 있었는데, 마침 발달된 중국의 상업출판 덕분에 16세기 말부터 민간에 의한 중국서적 수입이 활발하게 진행될 수 있었다는 것입니다.

임진왜란 이후 일반 대중독자들은 그들의 취향에 맞는 재미있는 소설책, 주로 한글로 쓴 소설책을 중심으로 독서의 폭을 넓혀 갔습니다. 특히 여성 독자층이 형성되면서 문학의 발전에까지 커다란 영향을 끼쳤습니다. 조선의 부녀자들은 한문을 배울 기회를 박탈당했기 때문에 한글소설들을 읽을 수밖에 없었고, 출판업자들도 한글소설들을 열심히 보급하게 됨으로써 결국 우리 문학을 한 단계 끌어올리는 계기가 되었습니다. 이런 독자층은 사대부 가정의 여성과 궁녀 등 부녀자 외에도 차츰 중인, 서출 등 평민들이 가담하게 되었고, 나아가 이름 없는 시민계급 사람들이 직접 소설을 쓰는 작가로 등장하여 출판시장이 확대되었습니다.

결국 조선시대 주 독자층이었던 부녀자층과 이름 없는 시민계급 사람들이 읽었던 한글소설들이 바로 당시의 베스트셀러였다고 할 수 있습니다. 한글소설은 중국소설을 번역한 것과 조선의 한글소설로 나뉘는데, 중국소설로는 지금도 잘 읽히는 《삼국지》, 《열국지》, 《서유기》, 《수호지》 등이 있습니다. 그리고 조선의 소설로는 크게 다음 네 종류로 나누어집니다.

첫째, 당대의 권위에 도전한 《홍길동전》, 《전우치전》 같은 사회소설입니다. 둘째, 중국을 소재로 전쟁 영웅의 이야기를 다룬 《조웅전》, 《소대성전》, 그리고 도술이 뛰어난 여성의 활약상을 그린 《박씨부인전》 같은 군담소설입니다. 영웅소설이라고도 하지요. 셋째, 《숙영낭자전》, 《숙향전》 등의 애

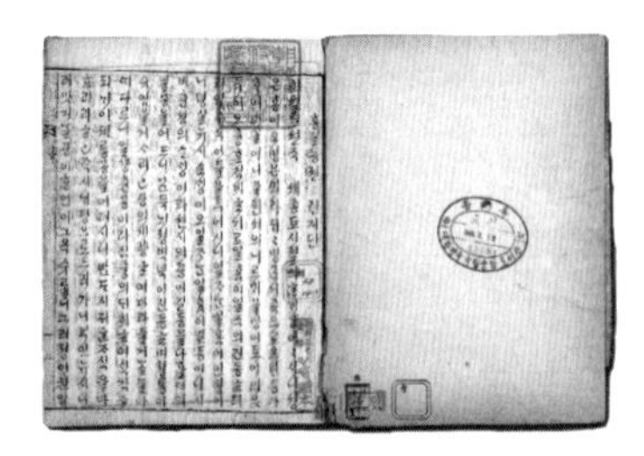
홍길동전_국립도서관 소장 홍길동전 1쪽

정소설입니다. 넷째, 판소리로 불리던 노래의 사설을 소설로 만든 《심청전》, 《흥부전》, 《춘향전》, 《배비장전》 등 판소리계 소설입니다. 이 중에서 몇 가지만 살펴봅시다.

《전우치전》은 도술소설로도 유명한데, 줄거리가 특이하여 소개합니다.

> 전우치는 도술을 사용하여 선관(仙官)인 것처럼 공중에서 나타나 임금을 속여 황금 들보를 받아낸 다음, 이것으로 쌀을 사서 기아에 허덕이는 백성들에게 나누어준다. 그리고 부패한 관리를 징벌하고, 거만한 선비들을 도술로 혼내주고, 공금 횡령죄를 뒤집어쓴 사람을 구출하기도 하는 등 기이한 행적을 벌인다. 그런데 어느 수절 과부를 못 잊어 상사병을 앓는 친구를 위해서 그 과부를 도술로써 데려 오다가, 강림도령을 만나 크게 혼이 나고 반성한다. 그리고 친구에게는 다른 처녀를 보내준다.

책의 말미에는 "이 책이 하 이상하기로 기록하노라"고 적혀 있습니다.

이 책은 자유로운 환상의 세계에서 시름에 빠진 당대인들로 하여금 대리만족을 추구하게 해주고 있기 때문에 베스트셀러가 되었을 것입니다. 그럼에도 책의 곳곳에서 적나라한 현실, 특히 사회의 병리적 현상을 보여줍니다. 즉, 백성의 재물을 약탈하는 관리, 거만하고 방자한 사대부들의 반사회적 행위, 그로 인한 백성들의 질곡을 드러내주고 있습니다.

조선 후기에 잘 팔린 책이 무엇인지 발행한 판의 횟수로 유추해 보면, 《조웅전》, 《소대성전》 같은 영웅소설들이 최고의 베스트셀러로 나옵니다. 이 영웅소설은 전형적인 서사구조를 지니고 있습니다. 즉, 주인공은 비범한 능력을 지니고 고귀한 신분의 가문에서 태어나지만, 어려서부터 가족과 헤어져 고초를 겪다가, 과거에 급제하거나 도사를 만나 무술을 연마한 뒤 전쟁터에 나가 큰 공을 세운 다음, 헤어진 가족을 만나 부귀영화를 누린다는 것입니다. 이와 유사한 소설은 많이 나오는데, 그 이유는 출판업자들이 독자의 구미에 영합하여 유사한 스타일의 영웅소설들을 계속 만들어냈기 때문일 것입니다. 요즘 출판계에서도 내용이나 제목 등에서 유사한 서적들이 쏟아져 나오는 현상도 마찬가지 이유일 것입니다.

그런데 영웅소설 중에서도 여성을 주인공으로 하는 작품이 관심을 끕니다. 《박씨부인전》은 치욕의 역사인 병자호란을 배경으로 하고 있는데, 병조판서 이시백의 부인인 박씨는 중국의 용골대 형제가 3만의 병사를 이끌고 조선을 침략했을 때, 임경업 장군과 합세하여 영웅적 행동과 도술로 오랑캐를 제압하여 항복을 받아낸다는 작품입니다.

이처럼 영웅소설임과 동시에 여권의식을 드러내주는 작품으로는 《박씨부인전》 외에도 《옥주호연》, 《정수정전》 등이 있습니다. 《옥주호연》은 10세기 중국 오대(五代)시대가 배경인데, 동문수학한 남성과 함께 전쟁에서 공을 세우는 이야기입니다. 중국 송나라가 배경인 《정수정전》은 남성과의 협력이 아니라 여성인 정수정이 남편보다 높은 상장군이 되어 남편과 여러 장수들을 거느리며 적을 물리친다는 이야기입니다. 이러한 작품들은 침체되었던 조선시대의 여성의식이 차츰 고개를 들어 소설 속에서 전통윤리의 고정 관념을 깨뜨리고 사회적 역할을 해야 한다는 시대적 바람이 표출된 것으로 볼 수 있습니다. 이러한 여권의식의 강화는 이미 18세기에 존재해온 것으로 현대의 페미니즘 관점에서 볼 때도 진보적인 것으로 평가할 수 있을 것입니다.

《숙영낭자전》과 《숙향전》은 모두 애정소설이지만, 조선시대의 전통적인 여성상이 아니라, 강한 개성의 소유자 또는 남성과의 대등한 결합을 주장하는 존재로 그려지고 있습니다. 발전된 여권의식이 애정소설에서도 나타나고 있음을 알 수 있습니다.

조선시대의 베스트셀러로는 이러한 한글소설 외에 《천자문》을 빼놓을 수 없습니다. 조선시대 대부분 서적들의 발행지는 서울, 전주, 안성 등 몇 곳에 국한되고 있는 데 비하여, 《천자문》의 발행 도시는 그 지역들뿐만 아니라 순천, 창녕, 밀양 등 전국적으로 나와 있습니다. 간행 횟수도 안미경(1998)의 조사에 의하면 모두 21회로 나와, 16회의 《조웅전》이나 8회의 《소대성전》을 앞선 것으로 나와 있습니다. 아동 학습서인 《천자문》에 대한 이러한 출판 열풍은 오늘도 마찬가지인 국민들의 교육열에서 나온 것이라는 생각이 듭니다.

베스트셀러 출판의 수익금은 누가 가졌나요?

서적을 찍어낸 출판업자가 가져갔습니다. 요즘처럼 책을 저술한 작가에게 주는 원고료나 인세가 없었습니다. 이때는 저작자와 출판인이 같은 사람인 경우도 많았습니다. 저작권 개념이 아직 형성되지 않았던 것이지요. 저작권제도는 유럽에서 15세기 중엽에 시작된 활판인쇄술이 널리 보급되면서 저작자의 권리가 아니라 출판업자에게 인쇄특권을 부여해 주는 데서 출발하였습니다. 즉, 전영표(1993)의 설명을 빌자면, 권력자들이 인쇄술의 발달 보급 이후 늘어나는 출판물들을 통제하기 위한 방편으로 특정 인쇄업자에게 일정한 출판물을 찍어낼 수 있는 특권을 부여하는 데서 생기기 시작하였는바, 이런 인쇄특권제도에서 저작권법적인 사고가 나타난 것입니다. 저작자의 권리로서 저작권이 법적인 보호를 받기 시작한 것은 1709년 영국 의회에서 앤여왕법이 제정된 때부터입니다.

저작권제도가 조선시대에는 물론 없었습니다. 당시에는 오늘날 보게 되는 저작권분쟁은 고사하고, 양반들은 자기가 소설의 작가라는 것을 부끄럽게 여겨 이름조차 밝히려 하지 않았으며, 평민들도 대개 익명으로 소설을 내놓았습니다. 또 그런 소설을 만들거나 판본을 만드는 과정에서 임의로 내용이나 표현을 고쳐서 내놓는 것이 다반사였습니다. 그래서 한 소설을 놓고도 안성판이니 완산판이니 하는 여러 이본(異本)들이 생겨난 것입니다.

한글과 출판문화

한글은 출판문화에 어떤 영향을 끼쳤나요?

출판문화와 관련하여 조선 전기에 가장 중요한 사건은 한글의 창제일 것입니다. 15세기 중반 한글 창제는 우리 민족문화를 발전시킨 가장 획기적인 일인데, 당시의 유럽과 비교하면 그 의미가 큽니다.

유럽의 각국에는 자국어가 있지만 지식인들이나 대학 교육에서의 공용어는 라틴어였습니다. 그것은 동아시아 지식인과 관료들의 공용어가 한문이었던 것과 같은 상황입니다. 조정에서 국가 대사를 한국어로 논의했는데, 사관이 기록할 때는 한문으로 합니다. 이런 현상은 유럽도 마찬가지였던 것이지요. 교회에 나가서 예배를 드리지만, 성서는 라틴어로 쓰여 있으니 일반인들은 알 길이 없습니다. 그래서 성서에 그림을 많이 집어넣었고, 문맹자들을 위하여 성인의 초상화를 많이 만들었다고 합니다.

심지어 오늘날 전 세계에서 공용어처럼 사용되고 있는 영어권 국가의 출발인 영국에서도 15세기와 16세기 초엽까지 라틴어역 성서만 읽고 사용해야 했습니다. 영어 성서를 소지한 사람들에게는 화형이라는 극형에 처하는 법률이 시행되고 있었습니다. 일찍이 1380년대 최초로 성서를 영어로 번역했던 위클리프(John Wycliff)는 생전에 교회의 분노를 사서 이단으로 몰렸으며, 죽은 후에도 시신이 꺼내져 화형을 당했습니다.

이처럼 기존에 있는 언어도 사용하지 못하게 하는 유럽의 상황과 달리, 같은 시기에 임금 스스로 없는 글자를 새로이 창제할 생각을 해냈다는 사실은 세계 조류를 크게 앞서 나간 것입니다. 유럽에서 자국어를 중시하기 시작한 시기는 종교개혁가 루터(Martin Luther)가 성서를 독일어로 번역하기 시작한 16세기 이후부터라고 할 수 있습니다. 한글이 나왔을 때 많은 지식인 신하들이 반대 상소를 올리고 천시했던 것은 당시로서는 당연한 일이었는지 모릅니다. 그러나 한글은 일반 민중들 사이에서 급속히 퍼져나갔습니다. 연산군시대는 한글로 폭정에 항거하는 '언문투서'가 빈번히 나왔습니다. 그러자 연산군은 한글 사용 금지령을 내리고 한글책을 불태웠습니다. 오늘날 인터넷에서 정부 비판이 자주 나오자 인터넷을 규제하는 법률을 제정해야 한다는 주장이 나오는 것과 흡사하다고 보아야겠지요.

영국에서 영어 성서를 죄악시했던 일이나, 한국에서 연산군이 한글을 탄압했던 일이나 구시대의 작태임은 공통입니다. 그러나 영국은 영어 성서를 번역·출판한 윌리엄 틴들(William Tyndale)이 1536년 화형당한 직후, 영어 성서가 공인되고 국왕인 제임스 1세의 주도 아래 직접 성서를 번역해낸 《흠정역 성서(1611)》가 나와서 전 세계로 퍼져 나갔습니다. 반면에 한국은 조선왕조가 끝날 때까지도 한글이 정부나 지식인의 언어로서 제대로 역할을 담당하지 못했고, 이후 일제의 점령과 함께 우리의 공용어는 일어로 바뀌고 말았습니다.

그렇지만, 한글이 우리 역사와 문화에 끼친 영향은 지대합니다. 한글의 영향을 출판문화와 관련지어 이야기해 볼까요?

한글이 만들어진 직후부터 불교와 유학 경전은 물론 아동학습서, 사전, 문학서, 실용서 등 다양한 서적들이 번역됨으로써 출판문화 향상과 독자층 확대가 이루어집니다. 16세기는 중국의 장편소설이 수입되자 곧바로 한글로 번역되었고, 이것은 장편소설의 창작으로 이어졌습니다.

임진왜란을 겪으며, 한글소설은 더욱 확산되어갔고, 18세기에 들어서서 독자층도 더욱 확대됩니다. 양반 신분의 선비나 사대부의 규수는 물론, 중인, 서출, 서리 등과 평민들까지 독자층으로 부상하게 되었고, 이름도 없는 시민계급 인물들까지도 작가로 등장하게 되었습니다. 이것은 물론 익히기 쉬운 한글 덕분이었지요.

19세기 말의 개화기에 지식인들은 한글의 보급 운동을 통하여 국민 계몽운동을 벌여 나갔습니다. 〈독립신문〉과 같은 언론기관과 기독교 계통의 교육기관이나 단체에서 한글 보급에 앞장섰습니다.

뎨일권 독닙신문 뎨일호

조션 셔울 건양 원년 〈월 초칠일 금요일

광고

논셜

독립신문

이때 성서도 한글로 번역되었지요.

일제강점기는 후기로 가면서 한국어 자체가 말살되는 위기를 맞게 됩니다. 그러나 이때도 우리 문화와 한글에 대한 연구는 오히려 더 치열해졌습니다. 민족 문화의 보존과 독립에 대한 열망을 함께 키워갔지요.

해방 직후 우리말에 대한 억압과 규제가 풀리면서 각종 출판물들이 밀물처럼 쏟아져 나왔습니다. 1970년대 이후는 한글세대가 주 독자층을 이루게 되었을 뿐만 아니라, 감칠 맛 나는 한글 문장을 구사할 줄 아는 새로운 저자로 활동하기 시작하면서 한국 출판은 크게 발전하기 시작하였습니다.

또한, 한글은 디지털 기기에 가장 적합한 소리글자이기 때문에, 오늘날의 정보화 사회에서도 출판문화의 발전에 크게 기여하고 있습니다.

한글의 이름을 '훈민정음'이라고 한 이유는 무엇인가요?

신숙주_보물 제613호 15세기작 초상화

오늘은 우선 한글에 대하여 좀 더 살펴보고자 합니다. 세종은 문자를 만들고 그 이름을 훈민정음(訓民正音)이라고 붙였습니다. '백성을 가르치는 바른 소리'라는 뜻이지요. 결국 한글의 이름을 '글자'가 아니라 '소리'라고 한 것인데, 그 이유가 무엇일까요? 당시 한글 창제에 관여했던 사람들의 언어관은 글자보다 소리를 중요시했습니다. 신숙

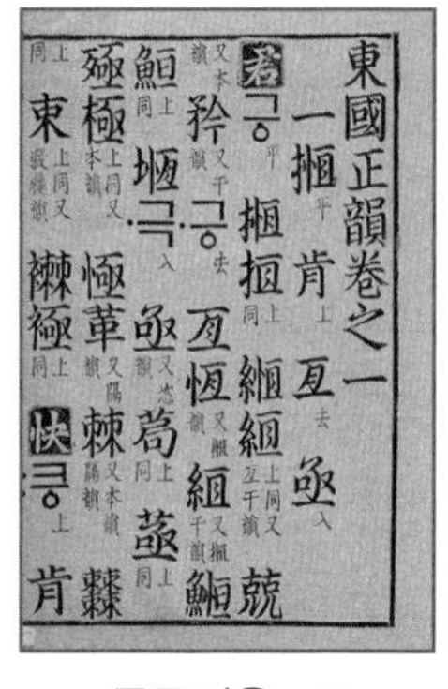
東國正韻卷之一

동국정운_1장

주는 《동국정운》 서문에서 이렇게 말합니다.

> 하늘과 땅이 화합하여 조화(造化)가 유통하매 사람이 생기고, 음과 양이 서로 만나 기운이 맞닿으매 소리가 생기나니, …… 포희[1]가 괘(掛)를 그리고 창힐[2]이 글자를 만든 것이 역시 다 그 자연의 이치에 따라서 만물의 실정을 통한 것이다.

여기서 중요한 것은 글자보다 소리가 먼저라는 것입니다. 소리가 있어야 글자가 가능해진다는 것입니다. 일단 만들어진 글자는 의미를 중시하게 됩니다. 뜻글자인 한자의 경우는 이 점이 특히 강조되고 있습니다. 한글과 같은 소리글자는 소리, 즉 자연에 맞춘 글자인데, 한자와 같은 뜻글자는 의미, 곧 관념에 맞춘 글자입니다.

한국어를 말하면서도 그 내용을 소리가 전혀 다른 중국 뜻글자

---

1 포희(庖犧) : 복희(伏犧)라고도 하는데, 중국 고대의 전설에 나오는 3황5제 중 중국 최고의 제왕으로 알려져 있음. 팔괘(八卦)를 처음으로 만들고 그물을 발명하여 어획, 수렵 방법을 가르쳤다는 기록이 역경(易經)에 있음.

2 창힐(蒼頡) : 중국 고대의 전설적인 제왕인 황제(黃帝)의 사관(史官)이었다고 함. 창힐은 눈이 네 개였는데, 새와 짐승의 발자국을 보고 문자를 창안해냈다고 전해짐. 새끼의 매듭으로 기호를 만들어 의사 전달을 하던 방식을 발전시켜 문자를 사용하게 했다는 전설은 커뮤니케이션의 발달사를 보여줌.

로 표현하며 살았던 조선시대 선비들은 관념을 중시할 수밖에 없었을 것이라는 생각이 듭니다. 이런 뜻글자의 세계에서 소리글자를 만들어낸 것은 탁월한 발상이었습니다. 그러니 당시 거의 모든 신하들이 한글 창제 반대 상소를 올린 것은 당연한 일인지 모릅니다.

최만리 같은 반대론자들의 견해는 한문을 쓰지 않고 한글을 사용하면, 오랑캐처럼 야만국으로 전락한다는 것입니다. 이런 생각은 지금 보면 터무니없는 것이지만, 오늘날에도 "영어를 공용어로 해야 국가가 발전한다"는 주장 속에 내재해 있습니다. 반면 세종은 글을 못 읽어 억울한 일을 당해도 그것을 호소할 수가 없는 사람들의 처지를 강조했습니다. 이것은 "강대한 문명국의 글자가 중요한가, 조선 백성들의 의사소통이 중요한가"하는 논쟁이기도 합니다. 세종은 외국 글자보다 우리 백성이 중요하고 그중에서도 못 배우고 자기 권리를 주장하지 못하는 사람들이 중요하다는 것이었습니다. 그래서 글자의 이름에도 '훈민'을 넣었을 것입니다. 오늘날로 말하면 사회적 약자층의 복지를 중시하는 주장이라 하겠지요.

그런데, 지금 우리는 문화강국이 되기 위해서는 한자와 같은 뜻글자가 아니라 한글과 같은 소리글자를 사용해야 하는 정보화 시대에 살고 있습니다. 최만리의 논리와 정반대가 된 것이지요. 그래서 중국은 1964년 '간화자총표(簡化字總表)'를 발표하여, 수만 글자가 넘는 한자를 2,235자의 간체자로 줄이고 글자 모양을 단순화시켰습니다. 그리고 로마자로 발음 표시를 하여 소리글자의 기능을 담당시키고 있습니다.

반면, 지금 컴퓨터나 휴대폰을 쓰는 한국인들은 천(•), 지(ㅡ), 인(ㅣ)의 구성 원리를 지닌 모음, 소리 나는 모양을 본떠 만든 자음으로 이루어진 한글의 편리함을 만끽하고 있습니다. 미래 인류문화에서 한국이 강국으로 올라설 수 있는 여건을 이미 15세기에 갖추어 놓은 셈입니다.

그러나 한글은 임금이 창제한 글자임에도 조선왕조 내내 정부의 공식적인 언어가 되지 못했고 지식인들의 학문 연마와 사상 전달을 위한 도구도 아니었습니다. 한글을 제대로 인정하고 활용한 것은 조선시대 뜻있는 극소수 지식인과 부녀자·서민들이었습니다. 이들에 의하여 조선시대 후기에 한국 문학이 발전하고 출판문화가 꽃을 피우게 됩니다.

세종대왕_
광화문 광장의 동상

조선왕조실록

《조선왕조실록》은 어떤 책인가요?

고려시대에 가장 중요한 출판 업적이 팔만대장경이었다면, 조선시대의 경우는 《조선왕조실록》입니다.

《조선왕조실록(이하 '실록')》은 조선 왕조의 역사적 사실을 날짜순으로 일기처럼 기록한 서적입니다. 1392년 조선 왕조를 세운 태조 때부터 제25대 임금이었던 철종(1849~1863년) 때까지 472년간을 매일매일 기록한 역사서입니다. 이러한 역사서 편찬 방식을 편년체라고 합니다. 《실록》은 전체가 1,893권 888책이라는 어마어마한 분량이지요. 각 시기의 임금에 맞추어 《태조실록》, 《세종실록》이라고 부르기도 합니다.

이러한 《실록》이 물론 조선시대에만 있었던 것은 아닙니다. 중국, 일본, 월남에도 있었습니다. 중국 명나라와 청나라의 《실록》인 《명실록(2,964권)》과 《청실록(4,404권)》은 분량면에서 《조선왕조실록》

보다 많았는데, 원본은 없어지고 사본만 남아 있다고 합니다. 우리 《실록》은 현재 유네스코에서 지정한 '세계기록유산(Memory of the World)'에 등재되어 국제적인 인정을 받고 있습니다.

《실록》은 왜 만들었나요?

그러면 《실록》을 만든 이유는 무엇일까요. 전제군주 시절에 《실록》이 나왔다는 것은 참으로 의미가 큽니다. 이성무(2000)는 이렇게 주장합니다. "왕의 언행을 기록하여 역사로 남기면 왕을 후대의 평가에 묶어둘 수 있다. 후대의 평가에 왕을 묶는다는 것, 그것은 현재의 권력 남용을 견제하는 것이 된다."

현대 민주주의 국가에서 언론이 정부(행정, 사법, 입법)를 비판·감시하는 역할을 하는 것처럼, 조선 왕조에서는 《실록》의 간행 자체가 절대 권력자인 임금의 전횡을 막는 기능을 했던 것입니다. 《실록》 간행을 위한 사관의 기록은 오늘날 언론과 달리 임금도 볼 수 없었기에, 무언의 감시자로서 더 큰 압박감을 주었을 것으로 생각됩니다.

그러나 《실록》이 공정하게 기록되기는 쉽지 않았습니다. 왜냐하면, 《실록》은 왕이 죽은 직후에 후계 왕에 의하여 기록되는 당대의 역사서이기 때문입니다. 공정성의 문제점은 《실록》 편찬 과정을 살펴보면 그대로 드러납니다.

《실록》은 어떻게 편찬했나요?

《실록》을 편찬하기 위해서는 그 왕이 재위하는 동안의 일들을 매일 기록해 두는 준비 작업이 필요했습니다. 이 일을 담당한 관리를 사관이라고 불렀습니다. 사관은 전원이 춘추관 소속이었지만, 각자 다른 부서와 겸직해서 근무했습니다. 즉, 의정부, 홍문관, 시강원, 사헌부, 사간원, 6조 등 주요 관서의 관원들이 춘추관 관원을 겸임한 것입니다. 이 사관은 전임사관과 겸임사관으로 구분됩니다. 전임사관은 평상시에 항상 왕의 옆을 지키고 앉아서 국정에 관한 모든 일을 기록했습니다. 이 기록을 '사초(史草)'라고 합니다. 겸임사관은 관련 부서에서 일어난 사건이나 업무처리 내용을 기록하여 춘추관으로 보내는 일을 맡았습니다. 전임사관은 이 기록들을 기초로 하여 역사 서술의 기본이 되는 '시정기'를 만들었습니다.

또한, 전임사관은 자신의 기록 중에 역사적 평가가 필요한 내용이나 비밀에 속하는 사항이 있는 사초는 춘추관으로 바로 보내지 않고, 자신의 집에 보관해두었다가 《실록》을 편찬할 때 제출했습니다. 이것을 가장사초(家藏史草)라고 했지요.

왕이 죽으면 곧바로 《실록》 편찬에 들어가는데, 이를 위해서 임시 관청인 실록청을 설치하게 됩니다. 실록청의 총책임자는 영의정, 우의정, 좌우정의 3정승 중에서 한 명이 맡게 됩니다. 직함은 '총재관'이라고 했습니다. 그 밑으로 대제학 등 문장에 뛰어난 관료들로 하여금 《실록》 편찬을 담당하게 하는데, 《실록》 원고의 초고부터 완성에 이르기까지 3단계 과정을 거칩니다.

우선, 사관들이 춘추관에 보낸 기록이나 시정기 또는 가장사초 등을 토대로 《실록》의 원고를 작성하는데 이것을 '초초(初草)'라고 합니다. 1단계이지요.

이 초초를 바로 윗 단계에 있는 관료들이 수정·보완하여 만들어 낸 원고가 중초(中草)입니다. 2단계이지요.

이 중초를 총재관 등이 감수하여 완성된 원고를 만들어냅니다. 마지막 3단계입니다. 이것을 활자로 찍어내면 《실록》이 탄생하는 것입니다.

《실록》 편찬이 끝나면, 시정기, 초초, 중초 등은 모두 없애 버립니다. 이것을 '세초'라고 하는데, 그 방법은 흐르는 물에 빨아서 글자를 전부 지워 버리고, 남은 종이는 재생하여 사용했습니다. 《실록》 외에 모든 자료를 없애 버린 것은 이 자료들이 나중에 누설되는 것을 방지하기 위해서였습니다.

연산군처럼 쫓겨난 왕의 《실록》도 있나요?

있습니다. 다만, 연산군처럼 왕으로 있다가 쫓겨난 경우는 《실록》이라 하지 않고 일기(日記)라고 불렀습니다. 예를 들면, 《연산군 일기》, 《광해군 일기》라고 했지요. 서술 방식이나 내용은 같은데도 이름만 달리 한 것입니다. 조선시대에 쫓겨난 왕은 노산군(단종), 연산군, 광해군 세 명이지요. 그런데, 노산군은 죽고 나서 한참 후인 숙종 때 다시 왕으로 지위를 회복하여 단종이라 했기 때문에, 숙종 이후는 《단종실록》이라고 불렀습니다. 책명을 바꾼 것이지요.

노산군_영월군 영모전에 모셔진 단종 어진(단종의 조각을 목각으로 새겼다가 단종의 목상이 훼손되자 그림으로 그렸다.–1926년 이모본)

《실록》을 고치기도 했나요?

《실록》을 만드는 데는 당대의 정치·행정에 깊숙이 관여했던 관료들이 주도하였기 때문에, 그 편찬 과정에서 사관의 기록을 고치라는 요구가 종종 터져 나왔습니다. 《실록》 편찬의 책임자들은 사관들이 써온 사초의 내용 중 자신에 관한 기록이 마음에 들지 않으면, 고칠 것을 요구하였습니다. 최근에도 《친일인명사전》이 발간되자 관여된 유족들이 항의하는 것과 같은 일이겠지요. 그러나 현대와 달리, 조선시대에 《실록》 편찬은 국가사업이었기 때문에, 사초를 고칠 경우 사관은 큰 형별에 처해졌습니다. 사형이었지요. 사초의 내용을 다른 사람에게 누설해도 마찬가지 형벌을 받았습니다.

관례를 참조하기 위해서 《실록》을 봐야 할 경우도 해당 부분만을 따로 보는 것이 용인되었을 뿐입니다. 사초가 발단이 되어 대대적인 유혈 숙청이 일어난 적이 있지요. 무오사화(戊午士禍 또는 戊午史禍)입니다. 연산군 때 《성종실록》을 편찬하는 과정에서 사초가 발단이 되어 대대적인 유혈 숙청이 일어난 사건을 말합니다. 사건 전말은 이렇습니다.

《실록》 편찬에 참여한 훈구파 이극돈은 신진 사림의 사관 김일손이 제출한 사초를 점검하다가, 김종직이 자신을 비판한 상소가 들어 있어 빼줄 것을 요구합니다. 그러나 김일손이 거절합니다. 이 과정에서 훈구파들은 김일손이 제출한 사초를 더 자세히 점검하다가 김종직의 '조의제문(弔義帝文)'이 실려 있음을 발견합니다. '조의제문'은 세조의 단종 폐위를 우회적으로 빗대고 세조의 왕위 찬탈을 비판한 글입니다. 이때 훈구파 유자광은 조의제문이 세조를 비방한 글이므로 김종직은 대역무도한 행위를 했고, 이를 사초에 실은 김일손 역시 반역 행위를 했다고 연산군에게 참소합니다. 이리하여 사초를 보게 된 연산군은 이를 빌미로 김일손을 비롯한 신진 사림들을 죽이거나 유배를 보냈습니다. 이 사건 이후 사초의 열람 금지가 관례로 굳어지게 되었다고 합니다.

사초가 아닌 《실록》의 개정은 조선 초기에 있었습니다. 즉, 《태조실록》, 《정종실록》, 《태종실록》은 세 차례나 개정되었습니다. 이러한 개정은 조선 왕조의 정당성과 연관되어 있었기 때문인데, 처음 《실록》 원본은 파기해버려 현재 전하는 것은 3차 수정본뿐이라고 합니다. 《실록》다운 《실록》이라고 할 수 없겠지요. 역성혁명과 함께 왕자 사이에 권력 다툼을 벌였던 조선 초기에는 역사의식보다 정권의 정당성 강조가 더 앞섰다고 봐야 할 것입니다.

조선 후기에 와서도 완성된 《실록》 자체를 고친 적이 몇 번 있습니다. 당파 간의 권력 교체와 관계가 됩니다. 어느 당파가 새롭게 권력을 잡으면, 상대 당파가 편찬한 《실록》을 불신하고 자신의 당파에 유리하게 《실록》을 고치자는 것이지요. 그런데, 이때 이미 편찬된 《실록》은 그대로 두고, 별도의 개정판 《실록》을 하나 더 만들었습니다. 이렇게 해서 같은 왕대에 2종의 《실록》이 생겨납니다. 구체적으로 《선조실록》과 《선조수정실록》, 《현종실록》과 《현종개수실록》, 《경종실록》과 《경종수정실록》입니다. 여기에서 《수정실록》이라 한 것은 개정 범위가 크지 않은 경우입니다. 반면에 《개수실록》은 원래의 《실록》을 전면적으로 부인하고 새로 편찬한 《실록》으로서 새로운 기사도 추가하고 사론도 고친 경우입니다.

오늘날도 정권이 바뀌면 역사 교과서를 무리하게 개정하고 있습니다. 현대는 저작권법이 엄연히 살아 있어, 저자가 수정을 원하지 않으면 할 수 없는데도, 정부가 교과서 발간 지침을 근거로 출판사로 하여금 내용을 수정하게 한 것이 바로 최근의 일입니다.

《실록》은 어떻게 보관했나요?

정부는 《실록》을 제대로 보관하고자 많은 노력을 기울였습니다.

사실상 《실록》은 읽히기 위한 책이 아니라 보관하기 위한 책이었습니다. 관료들이 임금까지도 보지 못하게 했으니까요.

조선 정부는 《실록》을 편찬하고 난 다음, 안전하게 보관하기 위해서 사고(史庫)를 따로 마련하였습니다. 그래서 《실록》 편찬의 주무 부서인 춘추관 이외에 충주, 전주, 성주의 사고에 각 1부씩 보관하였습니다. 모두 4부를 만들었는데, 《태조, 정종, 태종 실록》은 활자를 이용하지 않고 필사한 것입니다. 그 이후는 활자로 인쇄하였지요.

그런데 임진왜란 때 전주사고에 있던 《실록》 외에 모두 불에 타 버리고 말았습니다. 당시 깊숙한 지역에 위치한 해인사에 있던 팔만대장경은 의병들이 지켜냈지만, 《실록》은 왜군의 침략 앞에 속수무책이었지요. 다행히 전주사고에 있던 《실록》이 있어, 임진왜란 이후 다시 《실록》을 만들어 춘추관에 1부를 보관하고, 깊은 산속인 강화도 마니산, 경상도 봉화의 태백산, 평안도 영변의 묘향산, 강원도 평창의 오대산 등에 사고를 설치하고 각각 1부씩을 보관했습니다. 그러나 이후 이괄의 반란이 일어나서 춘추관에 있던 《실록》은 없어졌고, 묘향산 보관분은 전라도 무주의 적상산으로 옮겼습니다. 마니산 보관본도 병자호란 때 크게 훼손되었는데, 보수하고 나중에 정족산성으로 옮겨놓았습니다. 인조 이후의 《실록》은 정족산, 적상산, 태백산, 오대산의 사고에 보관하였고 이후에도 이 네 군데 사고에 보관하게 하여 조선조 말기까지 계속되었습니다.

이 《실록》 발간을 위해서 매일 국정의 제반 사항을 기록했고, 완성 후에도 끝까지 보존하고자 했던 조선인들의 역사의식은 정말 인정해야 할 것입니다. 그것은 국가적 대사가 있을 때마다 참조해야 할 원칙과 관례를 확인하기 위한 자료였으니, 당연한 일이기도 합니다. 이들의 역사의식은 오늘과 비교할 때 참으로 우리를 부끄럽게 합니다.

해방 이후 국가적으로 커다란 발전을 이루었고, 경이적인 경제성장을 이루어 놓고도 민족의 자부심이 부족한 큰 이유는 기록의 부재에서 나오는 것이 아닐까 생각해 봅니다. 기록이란 역사를 확인하는 것인데, 우리의 국가 기록이 없으니, 역사를 알 길이 없고 심지어 역사에 대한 무관심으로 일관하게 되는 것이 아닐까요? 이제는 《친일인명사전》 발간처럼 구체적인 기록을 보여 주어도 아니라고 우기는 사회가 되었습니다.

《실록》이 유네스코 기록유산이 되었다고 자랑하기 이전에, 현대 우리 정부의 기록이 없음을 부끄러워해야 합니다. 국가 기록이 없으니 후세 역사가가 현재 역사를 쓸 때, 다시 야사(野史)나 외국 문헌 또는 신문, 잡지 등의 2차 자료에 의존할 수밖에 없게 됩니다.

1990년대 말엽 외환위기가 닥쳐서 전 국민이 고통을 당했지만, 그 책임이 누구에게 있는지, 언제 어떤 정책을 써서 어떻게 된 것인지, 기록이 없으니 알 길이 없습니다. 당시 경제정책 담당자들을 대상으로 경제위기의 책임을 묻는 재판이 장기간 진행되었어도 국가 기록이 제대로 되어 있지 않았으니, 밝혀진 것은 아무것도 없었습니다. 책임질 사람도 물론 없었지요. 역사의 실종이 아닐 수 없습니다.

《실록》은 어디에 가서 보나요?

현재 《실록》 원본은 서울대 규장각과 국가기록원에서 보관하고 있습니다. 그리고 영인본은 국립중앙도서관에서 볼 수 있습니다. 국사편찬위원회에서는 1955년부터 1958년까지 4년 동안 태백산 사고에 있던 《실록》을 $\frac{1}{8}$ 크기로 축소하여 국배판 양장 48책으로 《조선왕조실록》이라는 이름으로 영인하여 국내외에 배포한 바 있습니다. 세종대왕기념사업회와 민족문화추진회에서는 1968년부터 1993년까지 25년간에 걸쳐 국배판으로 《조선왕조실록(번역본)》 413책을 간행했는데, 여기에 번역본의 색인까지 합치면 437책이나 됩니다. 번역본 《조선왕조실록》은 1995년 서울시스템에서 3장의 CD-ROM으로 발행하여 판매도 하였습니다.

규장각_창덕궁 후원 부용지
주변에 세워진 모습

현재 《실록》은 홈페이지가 잘 만들어져 있어, 인터넷으로 누구나 읽고 검색할 수 있게 되었습니다. 굳이 도서관을 찾아갈 필요 없이 집에서 컴퓨터를 통해 볼 수 있게 된 것입니다. 포털 사이트에서 검색어 '조선왕조실록'을 치면 《실록》의 방대한 내용이 모두 나옵니다. 날짜순이나 왕대별로 읽어 나갈 수도 있고, 검색어를 쳐서 알고 싶은 사항들을 발췌해서 확인해도 됩니다. 《실록》을 즐겨 찾아보며, 조선시대 우리 선조들이 지녔던 확고한 역사의식을 지금 이 시대에도 회복했으면 합니다.

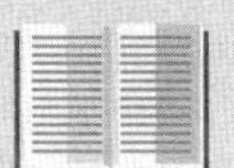

제3장

개화기

개화기의 출판

개화기는 어떤 시대였나요?

개화기는 한국 사회에서 변혁의 시기였습니다. 보통 1876년 개항 이후부터 1910년 한일합방 이전까지의 기간으로 보는데, 전제군주가 주축이 된 봉건적 사회질서가 근대적 사회질서로 바뀌어가던 시기를 말합니다. 때로는 구한말로 부르기도 합니다. 정치적인 개혁의 분위기 속에서 1884년 개화파가 주동하여 갑신정변이 일어났지만 실패하였고, 1894년 갑오경장을 계기로 정부 체제를 개혁하여 근대적인 체제를 갖추게 됩니다.

개화기에는 그동안 양반에게만 허용되었던

배제학당_모습

서울 구 러시아 공사관_일부

학교의 입학 허가가 귀천을 구별하지 않고 전 국민에게로 확대되었습니다. 이에 따라 1883년 최초의 근대적 사립학교인 '원산학사'가 원산에 설립되었고, 1885년 배재학당을 비롯하여 많은 학교가 창립되었습니다. 배재학당의 후신인 배재학교는 지금도 존재하고 있으니 그 역사가 백년이 훨씬 지났습니다. 교육이 전 국민을 대상으로 이루어지게 됨으로써 출판문화도 크게 확산될 수 있는 기틀이 마련되기 시작하였습니다.

그러나 당시 조선은 중국(청나라), 러시아, 일본, 미국 등 세계 열강의 각축장이 되어 국가의 존립 자체가 위태로운 지경에 있었습니다. 일본이나 중국 등 외국 군대가 궁궐 안으로까지 진입하는 상황에서 정부의 각료나 권력자들은 국가의 장래에 대한 비전을 상실한 채, 친미, 친러, 친청, 친일파 등으로 갈라져 권력 유지에만 급급한 실정이었지요. 당시 불안한 정경을 가장 잘 나타낸 사건은 명성황

러시아 공사관_1900년경

후 시해사건과 아관파천입니다.

일본 군대는 친러파로 돌아선 명성황후와 그 세력들을 제거하고자 궁궐에 난입하여 급기야 황후를 살해하였지요. 이런 분위기에서 극도의 불안에 빠진 고종이 궁녀의 가마를 타고 몰래 궁궐을 빠져 나와 아관(俄館), 즉 러시아 공사관으로 피신한 사건이 아관파천입니다. 이것은 일국의 국왕이 자신의 신변 안전을 도모하고 일본의 위협을 피하기 위하여 러시아 공사관으로 스스로 감금 당하러 간 사건인데, 잠시 머문 것이 아니라 1896년 2월부터 다음 해 2월까지 무려 1년간 계속됩니다. 고종이 1년 후에 환궁한 것도 유림들의 상소 운동, 상점 철시 계획, 독립협회의 요구 등 여론의 압력 때문이었지요. 그로부터 48년이 지난 1945년부터 3년간 북한 지역은 소련 군정 체제로 들어간 바 있으니, 러시아와의 악연은 길었다고 봐야겠습니다.

외세에 의존해야 하는 상황은 지금도 그리 크게 달라지지 않았습니다. 구체적으로 살펴보면, 한반도의 핵폭탄 제조와 같은 중차대한 문제의 해결도 당사자인 남한과 북한이 아니라, 미국, 중국, 러시아, 일본과 같은 열강의 영향력 속에서 해법을 찾고 있는 실정입니다. 구한말에 영향을 끼치던 네 나라도 그대로입니다. 그 네 나라와 남북을 합해서 6자회담도 했었지만, 우리는 사실상 주변부 신세이지요.

1890년대와 1900년대 청나라와 일본, 러시아와 일본이 한국에 대한 주도권을 다투며 한반도의 땅과 바다에서 벌인 전쟁을 우리는 기억해야 합니다. 앞의 아관파천으로 허를 찔렸다고 생각한 일본은 러시아를 주적으로 삼아 전쟁준비에 몰두했고, 그 결과 7년 후인

1904년 러일전쟁을 일으켰습니다. 일본은 그 이전에도 천황을 중심으로 전 국민이 단결하여 전쟁 준비로 치달으며 중국과 일전을 벌인 경험이 있습니다. 이른바 1894년의 청일전쟁이지요. 이때 일본은 어린이들 세계에서도 병정놀이가 유행하기 시작했다고 합니다. 당시 상황에서 미국이나 영국 등의 열강은 은근히 일본 편을 들었고, 두 전쟁 모두 일본이 승리하여 한국은 일본의 보호국으로 그리고 결국 일제의 식민지로 전락하게 되었지요.

구한말 민족의 선각자와 지식인들은 국난 극복을 위하여 국민 계몽에 적극 나섰습니다. 개화기의 국권회복운동은 물론이고, 일제하의 독립 운동 역시 그 방법으로 외교나 무력보다는 국민 계몽이 가장 크게 강조되었습니다. 그리고 계몽의 구체적인 방법으로 나온 것이 바로 교육과 출판입니다. 국난 극복의 방법으로 교육과 출판을 내세운 것은 한민족의 전통과도 직결되는 일이라 하겠습니다.

이러한 전통은 19세기에 한국에 왔던 서양인의 눈에 그대로 비치기도 했습니다. 1866년 프랑스가 불법적으로 강화도를 공격한 사건인 병인양요에 참가했던 프랑스 해군 장교 주베는 ‘작은 방에서 붓으로 글을 쓰고 있는 조선 선비’를 직접 목격한 장면을 스케치하여 1873년에 발행된 프랑스의 여행 전문 잡지 〈르투르 드 몽드(Le Tour de Monde, 세계 일주〉에 게재한 바 있습니다. 주베는 자신들이 침공 대상으로 삼았던 강화도 한 촌락의 초라한 집에서 학문에 열중하고 있는 조선 선비의 기개 있는 모습을 접하고 받은 충격을 이렇게 묘사합니다(백성현·이한우, 1999).

> 조선과 같은 먼 극동의 나라에서 우리가 경탄하지 않을 수 없는 것은 아주 가난한 사람들의 집에도 책이 있다는 사실이며, 이것은 선진국이라고 자부하고 있는 우리의 자존심마저 겸연쩍게 만든다. 조선 사회에서 문맹자들은 심한 천대를 받기 때문에 글을 배우려는 애착이 강하다. 프랑스에서도 조선에서와 같이 문맹자들을 가혹하게 멸시한다면, 경멸을 받게 될 사람이 허다할 것이다.

백성현·이한우(1999)는, 프랑스 군인이었던 주베의 놀라움은 관아의 커다란 창고에 보관되어 있는 방대한 양의 책과 종이를 보고 더욱 커졌다고 하면서, 당시 저명한 언어학자이자 역사학자인 존슨 박사의 말을 인용하여, 중국인이나 일본인과 비교되는 조선인의 특징을 이렇게 소개하고 있습니다.

> 조선인은 지식욕이 강하고 학자가 되는 것이 모든 사람들의 이상으로 되어 있다. 이에 반해 중국은 기질이 상업적이고 상인의 국가인 것 같고, 일본은 군국주의적이며 무사의 나라인 것 같다. 그러나 조선은 학문적이고 학자의 나라라는 인상을 준다.

개화기에 외국인이 밝혀낸 이러한 학문 중시의 사회적 분위기는 오늘날도 상당 부분 이어지고 있는 것으로 생각됩니다. 예를 들면 지금도 국회의원이나 지방의회의원이 된 사람들과 정부나 대기업의 고위직에 오른 사람들 중에 대학 또는 대학원에서 공부하여 학위를 따려는 이들이 많습니다. 비이성적일 정도로 과열 현상을 보이는 교육열도 같은 맥락에서 이해할 수 있습니다.

개화기 선각자들은 왜 책을 중시했나요?

우선, 개화기 선각자들은 서적을 국민 계몽의 가장 효과적인 수단이자 매개체로 인식했기 때문입니다. 개화사상을 국민들에게 전파하는 데 가장 유력한 도구 역시 신문·잡지와 서적의 보급이었습니다.

개화사상은 시기적으로 초기 개화사상과 후기 개화사상, 그리고 을사늑약 이후의 개화사상으로 나누어 다음과 같이 설명할 수 있습니다(신용하, 1999).

1874년부터 1884년 사이의 초기 개화사상은 정치적으로 입헌군주제를 수립하고자 했고, 완전한 자주 독립의 중요성을 역설했습니다. 또한, 신분제도의 폐지 및 능력에 따른 인재 등용을 주장했고, 근대 상공업을 건설하여 국가 경제를 일으키고, 자주 국가 존립을 위한 무력(武力)을 양성해야 한다고 강조했습니다. 아울러, 신지식과 과학기술을 교육해야 하고, 학문도 중국의 고전과 한자 공부에 치중할 것이 아니라, 조선의 역사와 문물을 연구하고 민중의 지혜를 개발하는 방향으로 나가야 한다고 주장했습니다.

이 초기 개화사상은 다음 몇 가지 면에서 조선시대의 실학과 사상적 연계를 맺고 있습니다(김영호, 1979).

우선 개화사상은 실학에서 강조하는 이용후생과 실사구시(實事求是)의 논리뿐만 아니라, 실학이 지닌 민족주의적 성격, 실학의 민권사상과 통상개국론 등이 계승·발전된 것입니다. 그리고 실학사상이 개화사상으로 발전하면서, 양반적인 실학에서 평민적인 실학으로 전환되었고, 실학의 상고적(尙古的)인 시간관이 미래지향적인 사관으로 변화했다고 볼 수 있습니다.

초기 개화파들이 주도한 갑신정변의 실패 후 개화사상은 1896~1898년 독립협회에 의하여 계승·발전되었습니다. 후기 개화사상이지요.

후기의 개화사상은 자유민권사상, 즉 민주주의사상이 체계적으로 정립되어 민족주의사상과 결합하였습니다. 그 특징으로는 첫째, 국민자유권사상으로서 국민의 생명과 재산의 자유권 및 언론·집회·결사의 자유권을 주장하고 발전시켰습니다. 둘째, 국민평등권사상으로서 신분제도 폐지 및 남녀평등 이론을 체계적으로 발전시켰습니다. 셋째, 국민주권사상입니다. 독립협회는 "백성이 나라의 주인이고 관리는 백성의 종이나 사환이다"라고 국민들을 계몽했는데, 이러한 주장은 19세기 말의 한국 국민과 관리들에게는 매우 충격적인 것이었지요. 넷째, 국민주권론에 기초하여 국민참정권사상을 체계적으로 정립하고 국민의 직접적인 참정을 제도화하자고 주장하였습니다.

1905년 을사늑약에 의하여 일제에게 국권을 빼앗기게 되는 시기에 개화사상은 국권 회복을 일차적으로 한 애국계몽사상과 운동으로 전환·전개되었습니다.

개화사상의 전파와 그 실현을 목표로 한 선각자들은 출판 사업에 큰 관심을 보였을 뿐만 아니라 서점 운영에도 깊이 관여하였습니다. 한국인이 경영했던 개화기의 서점들은 새로운 사상과 지식을 소개하고 전파한다는 사명감을 지니고 활동했습니다. 독립협회 회원으로 황성신문사 사장을 역임한 남궁억은 남궁준과 함께 유일서관을 경영하였고, 독립운동가 이승훈은 평양과 기타 여러 지역에서 태극서관을 경영하였습니다. 도산은 "책사(冊肆, 서점)도 학교다"라고 말하면서 서점의 중요성을 역설했는데, 당시로서는 민족 자긍사상의 보급 차원에서 서점을 중요시했음을 알 수 있습니다(백운관·부길만, 1997).

이러한 생각은 오늘날 중국에서도 발견되고 있습니다. 2010년 5월 중국 남경(南京)에서 중국편집학회 주최로 열렸던 국제출판학술회의에서 주제 발표를 맡았던 중국 봉황출판미디어그룹의 진해연(陣海燕) 총경리(總經理, 사장)는 이런 설명을 한 바 있습니다(논문 제목은 '인류와 출판').

> 중국인의 구어(口語)에서 '염서(念書, 책을 읽는다)'라는 단어는 '상학(上學, 학교 다닌다)'과 동의어가 되었다고 할 수 있다. 그것은 초기 10년간의 공부는 출판물에 의존해야 했기 때문이다. 근

大韓每日申報
대한ᄆᆡ일신보

대한ᄆᆡ일신보

본적으로 출판이 없으면 사회도 있을 수 없다. 당대 사회에서 책을 읽지 않으면 개인의 사회화가 완성될 수 없기 때문에, 출판이 없으면 사회가 형성되지 않는다는 논리가 생기게 된 것이다. …… 조화롭고 번영한 사회를 창조함에 있어서 출판커뮤니케이션의 역할은 그 어느 것으로도 대체할 수 없다.

이처럼 서적이 교육의 기본이며 출판이 사회 발전과 번영의 원동력으로 작용하고 있음은 개화기에나 지금이나 한국에서나 중국에서나 같은 생각임을 알 수 있습니다. 특히, 구한말 나라의 국운이 기울어 간다고 보았을 때, 선각자들은 서적이 국민정신을 좌우한다고 파악하였습니다.

> 서적이 부패하면 국민을 부패케 하고, 서적이 비열하면 국민을 비열하게 할 것이다. 서적이 무정신(無精神)이면 국민을 무정신으로 만들고, 서적이 무주지(無主旨)하면 국민을 무주지케 할 것이다(〈대한매일신보〉, 1909. 7. 9., 현대 맞춤법).

따라서 어떤 서적을 내느냐 하는 문제는 당시 출판인들의 중요한 관심사가 아닐 수 없었습니다.

개화기에는 어떤 종류의 책들이 출판되었나요?

개화기에 나온 서적들의 유형을 보면, 크게 교과서 및 참고서, 종교 서적, 그 외 일반 서적 등으로 구분할 수 있는데, 모두 국민 계몽과 직결되는 내용이 그 중심이 되고 있습니다. 우선, 일반 도서를 중심으로 개화기의 출판물을 살펴보기로 합니다.

개화기 서적들의 전반적인 출판 흐름을 파악하기 위해서는 당시 대표적인 신문인 〈황성신문〉과 〈대한매일신보〉에 나타난 서적 광고와 기사 등을 살피는 것이 효과적일 것입니다. 김봉희(1999)는 위

皇城新聞

論說

官報

황성신문_창간호

의 서적 광고와 기사에 대한 조사를 통하여 개화기에 총 532종의 서적이 발행·유통된 것으로 밝혀낸 바 있습니다. 그 종류를 살펴보면, 문학, 어학, 역사, 전기, 지리, 법률, 정치, 외교, 교육, 사회학, 농업, 물리, 화학, 군사학 등 매우 광범위합니다. 그 중에서도 역사서가 가장 비중이 큰 것으로 나옵니다. 이것은 물론 민족주의 정신에서 나온 것이지요. 당시 신채호, 박은식 등의 민족주의 사학자들은 언론을 통하여 우리 역사 연구의 중요성을 지속적으로 설파하였습니다.

개화기의 〈황성신문〉은 "초학 과정에서 우리의 역사서를 읽히지 아니하고 사략(史略) 통감(通鑑) 등 중국 서적을 습독(習讀)케 함은 일반 국민으로 하여금 다른 나라는 알고 우리나라는 알지 못하게 함이니, 망국의 원인이다"라고 주장한 바 있습니다(1908년 6월 3일). 100여 년 전 언론의 이러한 주장은 오늘의 우리에게도 해당되는 경고입니다. 조선시대 지식인들이 중화사상에 매몰되어 중국 역사만을 공부한 것처럼, 최근 한국은 미국 중심주의에 푹 빠져 우리 역사 연구를 소홀히 하고 있습니다.

그러나 개화기에 한국 역사서가 교과서로 다수 출판되었습니다. 갑오경장 이후 제일 처음 나온 교과서는 학부(學部) 편집국에서 펴낸 《조선 역사》입니다. 이 책은 국한문 혼용체로 된 편년체 역사서인데, 1895년 초등용으로 발행된 것입니다. 그 외에도 많은 역사서가 초·중등용 교과서나 일반 도서로 발행되었습니다.

또한, 한국 역사와 함께 외국 역사서도 많이 발행하였는데, 김봉희(1999)는 그 이유를 설명하고 있습니다.

> 신문화 유입과 함께 외국에 대해 알고자 하는 욕구가 상당히 반영된 것으로 보인다. 근대 문물을 수용하는 것에 앞서, 외국의 정치 상황과 역사 연구를 통해 새로운 서구 문물에 대한 이해를 넓혀 국민의 의식 개화에 기여하고자 했던 것이다. 그러나 이와 함께 당시 노골화되고 있던 일본의 침략 야욕에 대해 외국의 역사를 교훈 삼아 그 극복 방안을 모색하고자 한 데 더 큰 원인이 있었던 것으로 보인다.

개화기의 외국 역사서로 초기에 나온 것은 학부 편집국에서 낸 《태서신사(泰西新史, 1897)》입니다. 《태서신사》는 육당 최남선에게 많은 영향을 준 책으로 알려져 있습니다. 안춘근(1987)은 이 책의 내용이 신기한 서구 문물, 세계 역사, 최신 문명 등 그야말로 암흑 속에서 바깥 사정에 눈이 어둡던 민중에게 흥취(興趣) 가득한 내용일 뿐만 아니라, 표기 또한 순한문체와 순한글체의 2종을 동시에 출판하여 누구나 읽을 수 있게 하였기 때문에, 육당뿐만 아니라 널리 국민들에게 영향을 끼쳤다고 말합니다.

조금 먼저 일본에서 출판된 《서유견문(유길준, 1895)》도 내용상으로는 《태서신사》와 비슷한 데가 많아서 서구사정을 알려주었지만, 《서유견문》은 일본 출판물이자 서양식 장정으로 당시로서는 고가(高價)였으므로 대중보급에는 한계가 있었을 것입니다(안춘근, 1987).

이러한 역사서와 함께 국내와 외국의 지리 분야 서적도 많이 발행되었는데, 민중 계몽과 애국심을 심어주기 위함이었습니다. 즉, 국내 지리 서적은 우리의 국토에 대한 인식을 새롭게 환기시켰고, 외국 지리 서적은 중국에 국한된 시야를 넓혀 새로운 세계 질서를 자각할 수 있도록 해주었습니다. 이러한 시도는 지금도 요구되고 있습니다. 세계가 하나 되는 지구촌 시대임에도 불구하고 우리는 민족적 편견과 이데올로기적 닫힌 사고에서 탈피하지 못하고 있기 때문이지요.

사회과학분야에서는 법률 서적이 특히 많은 부분을 차지하고 있는데 이것은 제반 사회제도의 변동과정에서 국민의 법적 권리를 보장하기 위해서, 그리고 국민 스스로가 자신의 권리를 수호하려는 의지를 가지고 있었기 때문에 나타난 현상으로 생각됩니다(유상호, 1986).

개화기에 발행된 서적의 종류 중에서 문학 분야를 빼놓을 수 없습니다. 특히 신소설의 등장은 매우 중요하지요. 이인직의 《혈(血)

의 누(淚)》에서 비롯된 국한문체의 신소설은 한국문학사에 나타난 획기적인 변화였을 뿐만 아니라 사회적으로도 혁신을 불러 왔습니다. 즉, 개화기 신소설들의 내용은 애국심 고취에 그치지 않고 과거의 인습 타파, 자유주의 사상의 전파, 여권의식의 개발 등에 많은 영향을 끼쳤습니다.

역사 분야와 함께 강조된 것이 전기류 출판입니다. 전기류 서적은 나폴레옹, 잔다르크, 워싱톤 등 외국의 국가 영웅이나 건국 인물 등에 관한 번역서가 있고, 을지문덕, 강감찬, 이순신 등 민족의 위기를 구한 국내 인물 전기가 있습니다. 모두 국민의 애국심을 고취하고 자주 독립 사상을 조성하기 위한 출판물입니다. 또한, 어학 서적으로 국어, 국문법 관련 서적도 많이 나왔는데, 주로 교과서로 쓰였기 때문에 다음에 설명하고자 합니다.

그리고 실용 서적으로 농업 관련 서적의 출판도 중요한 비중을 차지합니다. 개화기 최초의 농업 서적은 《농정신편(農政新編)》인데, 안종수가 신사유람단의 일원으로 일본에 다녀 온 후에 각국의 농서를 자기 나름대로 정리한 것으로, 1885년 광인사에서 초간본을 간행하였고, 1905년 재간하였습니다. 그 외에 실용서로 박물학, 물리, 화학, 측량, 건축, 병학, 예·체능 분야 등에서 많은 서적들이 발행·유통된 바 있습니다.

오늘날과 같은 출판사는 언제부터 있었나요?

조선시대에 상업적인 목적으로 책을 발행한 곳은 출판사라기보다는 개인의 집이었습니다. 1576년 최초의 방각본을 찍은 것으로 알려진 곳도 '하한수 가(家)', 즉 하한수의 집으로 되어 있습니다. 그 후에도 전이채, 박치유 등이 방각본 출판 활동을 한 것으로 나와 있습니다. 개화기 때 많은 교과서를 발행한 인물로 '현채'를 들 수 있는데, 그가 발행한 책의 맨 뒷면 판권지에는 발행자 현채, 발매소 '현채가(玄采家)'라고 찍혀 있습니다. 그 외에도 많은 책들이 개인 이름으로 발행된 기록을 볼 수 있습니다.

그 외의 출판 주체로는 관판본을 인쇄했던 중앙 정부나 지방 정부, 불교 관련 서적을 낸 사찰, 자체 교육에 필요한 교재를 간행한 서원 등이 있습니다. 그리고 저자의 자손들이 문집을 펴내거나 문중에서 족보를 만들어내기도 했지요. 이 모든 출판 행위는 상업적인 목적에서 이루어진 것은 아닙니다.

오늘날과 같은 상업출판을 했던 근대적 출판사는 광인사가 시초입니다. 즉, 광인사는 최초의 민간 출판사로서 1884년 합자회사로 설립되었습니다. 당시는 인쇄와 출판이 분리되어 있지 않았고, 출판사에서 서적 판매까지 맡기도 했습니다.

이 무렵 광인사 외에도 많은 출판사들이 나왔는데, 구체적으로 살피면 회동서관(1897년 설립), 국민교육회(1904년), 탑인사(1905년), 휘문관(1905년), 광문사(1906년), 광학서포(1906년), 광덕서관(1907년),

박문서관(1907년), 보성관(1907년), 신문관(1907년) 등이 있습니다. 그리고 기독교 계통의 출판사로는 배재학당과 연계된 삼문출판사(1889년 설립), 선교사 언더우드가 중심이 되어 세운 죠션셩교셔회(朝鮮聖敎書會, 1890년) 등을 들 수 있습니다.

개화기 출판사들이 서적을 발행하는 데 필요한 인쇄기와 활자들은 주로 일본을 통해서 들여온 것입니다. 15세기 중엽에 등장한 구텐베르크 활판인쇄술보다 200년 앞서 금속활자를 발명하여, 《직지》 등 불교 관련 서적을 찍어냈고 왕조가 바뀐 이후에도 정부 주도로 활발한 출판사업을 벌인 바 있는 한국이었지만, 16세기 말엽 임진왜란 중에 모든 활자와 인쇄기구 및 대다수 서적들이 약탈당하게 되어 엄청난 타격을 입게 됩니다. 임진왜란 후 인쇄사업의 재건을 위하여 그나마 인력과 재정이 다소 남아 있던 훈련도감에서 금속활자가 아니라 목활자를 주조하여 서적의 출판을 담당해야 하는 형편이었습니다. 게다가, 17세기 이후 통속소설이 본격적으로 유통되고 상업출판이 번성하기 시작했던 중국이나 일본과 달리, 한국에서는 패관소설의 수입이나 창작이 극도로 봉쇄당하는 가운데 일반 출판물에 대한 사회적 수요도 활발하게 일어나지 못하여, 민간의 출판산업은 개화기에 이르기까지 위축될 수밖에 없었습니다.

반면에 일본은 임진왜란 때 약탈해간 활자를 토대로 인쇄술을 발달시키기 시작했으며, 중국과 교역하고 서구의 문물을 받아들여 출판문화를 발전시킴으로써, 메이지시대(1868~1912년)에 이미 유수의 출판기업들이 나올 수 있었습니다. 구체적으로 살펴보면, 1869년 마루젠(丸善)이 등장하자 잇따라 산세이도(三省堂), 추오코론샤(中央公論社) 등이 출범했고, 1887년 하쿠분칸(博文館)이 창립되었으며, 이후 가와데쇼보(河出書房), 신초샤(新潮社), 겐큐사(研究社), 세이분도(誠文堂) 등 다수의 출판사들이 나와 현재에 이르기까지 왕성하게 활동하고 있습니다(문연주, 2010). 일본보다 앞서서 출판 기업을 육성한 유럽의 경우에도 영국의 롱맨(Longman Group Limited, 1724년 서점으로 시작), 브리태니커(Encyclopaedia Britannica Publishing Inc., 1768년 창립), 독일의 베르텔스만(Bertelsmann Verlag, 1835년), 프랑스의 아셰트(Librairie Hachette, 1826년)와 같은 유력한 출판사들이 이미 오래 전에 창립되어 오늘까지 활동하며 전 세계적으로 영향력을 행사하고 있습니다.

교과서와 국민계몽

개화기 교과서도 지금처럼 종류가 많았나요?

예. 많았지요.

개화기 출판에서는 교과서가 국민 계몽에서 중요한 역할을 했을 뿐만 아니라 도서시장에서도 커다란 비중을 차지했습니다. 그 종류도 매우 다양하여 수백 종이 훨씬 넘을 것으로 추정하고 있습니다. 개화기 교과서의 종류에 대해서 정의성(1988년)은 여러 학자들의 조사·연구를 종합하여 200종을 제시하고 그 분야를 이렇게 구분한 바 있습니다.

대한제국시기(1897~1910년)에 나온 교과서 200종을 조사하였는데, 그 중에 가장 비중이 큰 것은 54종이 파악된 역사 교과서로서 전체의 27%나 됩니다. 역사 분야와 함께 지리 교과서도 27종이나 되어 합치면 81종으로 전체의 40.5%가 됩니다. 그 다음이 38종이 나온 순수과학 분야, 즉 수학, 이화학(理化學), 생물, 박물(博物) 등에 관한 교과서입니다. 이와 함께 위생, 생리, 농업, 가정 등 기술과학에 대한 교과서도 14종이 나와 합치면 과학 분야가 52종으로 26%가 됩니다. 그리고 상업, 경제, 정치, 교육, 법률 등의 사회과학 분야도 34종으로 17%를 차지합니다. 반면에 국어, 한문, 일어 등을 합한 어학 분야는 28종, 수신·윤리 교과서는 5종에 불과했습니다.

역사 교과서가 가장 큰 비중을 차지한 것은 시대적 현실에 비추어 역사의식, 민족의식의 고취가 당시 교육의 가장 중요한 목표였기 때문일 것입니다. 활발한 지리 교과서 출판 역시 역사 교과서와 같은 맥락에서 조국과 국토에 대한 애호와 함께, 개항 이후 외국 사정을 알게 해야 한다는 자각이 커진 결과일 것입니다.

개화기 교과서의 내용은 오늘날 교과서와 비슷했나요?

개화기 교과서의 내용은 과목이나 저자에 따라 다양하게 나타나기 때문에, 오늘날 교과서와 비교하기에는 무리가 있습니다. 물론 문명개화를 위한 근대의 학교교육과 과학기술을 강조하고 있기 때문에, 현대 교과서와 상통하는 내용이 많이 있지만, 시대적 한계 때문에 상당 부분이 오늘날 교과서의 내용과는 다르게 나타날 수 밖에 없을 것입니다.

개화기 교과서의 내용적 특성을 파악하기 위해서는 우선 개화기 이전 조선시대의 교과서와 비교할 필요가 있습니다. 즉, 서당, 향교, 서원, 성균관 등 조선시대 교육기관의 교재와 대비시키는 것이 좋겠지요. 그 교재들은 각 교육기관마다 차이가 있지만, 다음의 세 단계로 설명할 수 있습니다(이승구 외, 2001).

첫째 단계의 교재는 한자를 익히기 위한 문자 교육용 교재입니다. 즉, 천자문(千字文), 유합(類合), 훈몽자회(訓蒙字會) 등을 말합니다.

둘째 단계의 교재는 유학 경전에 대한 본격적인 학습에 들어가기 위하여 한문 문장 학습을 시켜 주는 책들입니다. 즉, 계몽편(啓蒙編), 동몽선습(童蒙先習), 통감절요(通鑑節要), 명심보감(明心寶鑑), 격몽요결(擊蒙要訣), 사략(史略), 삼강행실도(三綱行實圖) 등 많이 있습니다.

셋째 단계의 교재는 과거 시험 준비를 위한 책들입니다. 즉, 소학(小學), 사서삼경(四書三經), 주자의 유학 경전 해석을 모은 주자대전(朱子大典), 중국의 역사서인 자치통감(自治通鑑) 등을 말합니다.

그러나 개화기 교과서는 과거 시험 대비 교재가 아니라, 개화교육을 위한 매체로서 앞에서 설명한 대로, 다양한 교과목에 걸쳐 있습니다. 당시 개화 교육의 방침은 1895년 고종이 발표한 교육입국조칙에 나와 있는데, 간추려 보면 다음과 같습니다.

첫째, 교육은 국가 보전의 근본이다.

둘째, 허명과 실용을 분별해야 하며, 세계 정세를 알지 못하면, 문장이 고금을 능가해도 쓸모없는 인간이 된다.

셋째, 인격을 길러 내는 덕양(德養), 즉 덕육(德育)이 필요하고, 몸이 튼튼해야 건전한 생각과 정신을 가질 수 있으니, 체양(體養), 즉 체육(體育)이 필요하며, 슬기로워야 일을 해내고 남과 더불어 살 수 있기에 그에 필요한 지양(智養), 즉 지육(智育)이 필요하다. 이 세 가지가 교육의 강령이다.

위의 내용 중에서 '셋째'에 언급한 덕양, 체양, 지양은 지·덕·체의 함양이라는 현대의 교육 방침과 같습니다. 다만 그 순서에서 '덕'과 '체'를 앞세운 것이 제일 먼저 '지'를 강조하는 오늘날의 교육 방침과 다릅니다. 이와 같은 개화기 교육 강령을 접하게 되니, 암기 위주의 왜곡된 지식 추구에 매몰되어, '덕'과 '체'가 사라진 오늘의 교육 실태를 새삼 비판적으로 바라보게 됩니다.

당시 교과서 중에서 국어, 수신, 국사 과목을 중심으로 그 내용을 오늘날 교과서와 비교해 보고자 합니다.

먼저 국어 교과서의 경우, 개화기 이전에는 한자·한문 교육이었기 때문에, 오늘날과 같은 국민의 언어·문자 교육은 이루어지지 않았습니다. 1894년 갑오개혁 이후 설립된 신식학교에서 국어를 정규 교과로 등장시키게 됨에 따라, 국어의식이 높아지면서 나온 것이 바로 개화기 국어과 교과서입니다. 이러한 개화기 국어교과서는 모순과 갈등에 가득찼던 시대적 상황을 극복해 보려는 민족적 의지와 자주독립, 그리고 주권 수호의 시대적 사명의식이 강하게 반영되어 있으며, 현대의 국어 교과서에도 적지 않은 영향을 주고 있습니다(장상호, 1981).

그러나 이 시기의 국어과 교육은 독서와 작문, 습자와 서예 중심이었는데, 장상호(1981)에 의하면, 독자적인 독립 교과로서 종합된 영역을 확보하지 못하고, 국문을 가르치는 것은 강독을 위주로 하는 독본 교육 정도였으며, 실상은 한문 습득에 전력하였고, 일본 학제의 모방이었다고 합니다. 이리하여 민족 역사상 미흡하나마 의도적인 국어교육은 시작되었지만 일본인의 참여하에 근대 국어교육이 출발하였으므로 자주적인 국어교육이 이루어지지 못할 숙명을 지니고 있었다는 것입니다.

개화기에 제일 처음 나온 국어 교과서로 《국민소학독본》을 꼽고 있습니다. 《국민소학독본》은 총 41과의 단원으로 구성되어 있는데, 윤리, 지리, 역사, 전기, 과학 및 기술, 상업 등 다양한 내용들이 담겨 있어 통합교과적인 성격을 띠고 있습니다.

윤치부(2002)는 《국민소학독본》의 특징을 이렇게 말하고 있습니다.

첫째, 한문중심교육기의 교재들이 교과가 분과되지 않은 통합적인 교재들인데 반해, 이 책은 최초의 초등 국어 교과서로서 편찬된 교재입니다. 《국민소학독본》은 최초의 국한문혼용의 교과서로서 한문 중심적 문자 체계에서 한글의 중요성이 부각되고 있음을 보여줍니다.

둘째, 《국민소학독본》이라는 책의 제목이 암시하듯이 근대적 개념의 '국민'이라는 말을 머리에 붙였습니다. 이종국(1991)의 주장처럼, 우리의 전통적인 정치도(政治道)로 볼 때 '국민'이라는 말이 전혀 생소한 것은 아니지만, 군주에 대한 백성의 종속관을 개화시대

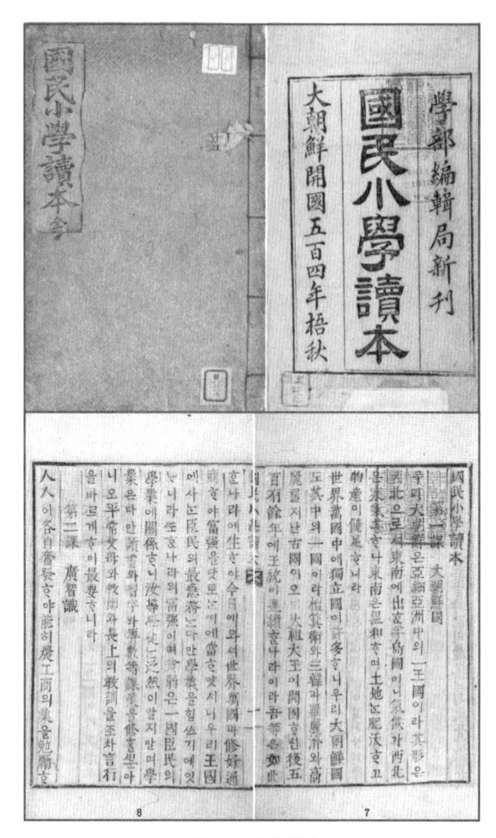
國民小學讀本 全

學部編輯局新刊
國民小學讀本
大朝鮮開國五百四年梧秋

國民小學讀本
第一課 大朝鮮國

第二課 廣智識

국민소학독본

에 맞게 표현하여 절대 군주제를 신봉하던 국체존엄의 의미에서 서서히 벗어나고 있는 모습을 보여 주고 있습니다.

셋째, 아직도 이 책은 전통적 읽기 위주의 독본 교과서에서 벗어나지 못하고 있습니다. 즉, 말하기·듣기·쓰기의 역할은 고려되지 않고, 읽기를 통한 주입식 방법에 머물고 있습니다.

넷째, 이 교과서는 다양한 주제를 다룬 통합교과서적 내용을 다루고 있는데, 이것은 바람직한 학생상의 구현과 통하는 것으로 근대적 지식이 바로 이러한 다방면의 지식을 수용함에서 나오고 있다는 사실을 강조하고 있습니다.

이처럼 《국민소학독본》은 형식면에서는 우리의 전통적인 교과서 방식인 강독을 위한 자료로서의 국어 교과서의 모습을 보여주고, 내용면에서는 근대적 지식들을 담아 계몽적 성격의 종합교과서로서의 모습을 지닙니다. 따라서 《국민소학독본》의 특징은 전통적인 교과서에서 현대적인 교과서로 넘어가는 과도기적인 성격의 교과서라고 할 수 있을 것입니다.

이러한 개화기 초등용 국어 교과서는 현재의 중등용 국어교과서보다 수준이 더 높고 어려운 용어가 많이 나옵니다. 지금 중학생들이 배우는 국어 교과서는 《국어》와 《생활국어》 두 가지로 되어 있습니다. 두 책 모두 언어 능력, 즉 말을 하고 글을 쓰고 생각하는 능력을 키워나가는 것을 목표로 하고 있습니다. 교과서 내용을 구체적으로 살펴보면 《국어(1학년 1학기, 천재교육)》는 시와 노래, 읽기 방법, 현대인과 옛날 사람이 쓴 수필, 신문 기사, 체험 수기, 품사 설명, 고전 및 현대 문학작품, 조선왕조실록 기사, 영화 시나리오 등 다양한 읽기 자료들을 제시해 주고 있어, 개화기 교과서와 다른 모습을 보여줍니다. 그리고 문학에 상당히 많은 비중을 두고 있음을 보게 됩니다. 다른 국어 교과서도 이와 비슷한 내용으로 되어 있습니다.

다음은 국사 교과서를 살펴봅시다. 개화기 국사 교과서는 정부

교육 담당 부서인 학부에서 편찬한 교과서와 민간인이 저술·편찬한 교과서가 있는데, 그 종류가 지금보다 더 다양합니다.

김여칠(1985)에 의하면 1895년부터 1910년까지 발행된 국사 교과서는 22종이 됩니다. 학부에서 편찬·발행한 것으로는 《조선역사(1895)》, 《조선역대사략(1895)》, 《동국역대사략(1899)》 등이 있고, 민간인이 편찬한 것으로는 현채의 《보통교과 동국역사(1899)》, 김택영의 《역사집략(1905)》, 유근의 《초등본국역사(1908)》 등이 있습니다. 그리고 독립협회에서 발간한 《대동역사(최경환 편, 1905)》와 《대동역사략(대한국민교육회 편, 1906)》이 있고, 흥사단에서 엮은 《초등본국약사(동문관)》가 있습니다(조미옥, 1990).

특이한 교과서로는 저자가 외국인(Hulbert)과 한국인(오성근)이 공동으로 되어 있는 《대한력ᄉᆞ(상)(1908)》이 있습니다. 이 책의 표지에 'Hulbert series NO.1'이라고 되어 있는데, 서문을 보면 헐버트가 오성근에게 한글로 한국 역사서를 쓰게 하여 펴낸 것임을 알 수 있습니다. 당시 국사 교과서가 우리나라 역사를 다루면서도 한문 또는 국한문 혼용으로 되어 있는데, 이 책은 한글로 쓰인 드문 역사서로서 의미가 있습니다.

개화기 대부분의 역사서는 오늘날과 달리 과거의 역사 서술 방식인 편년체로 쓰였고 왕조사에 치우쳐 있으며, 정치와 군사 면에 편중된 인물 중심의 서술을 보여줍니다. 삼국시대의 역사 서술도 신라사 중심으로 되어 있습니다. 그리고 근대 이후의 서술에 큰 비중을 두고 있는 현재의 국사 교과서와 달리, 개화기 교과서들은 대체로 고대사에 많은 비중을 두고 있습니다.

그러나 개화기 국사 교과서는 민족을 강조하며 애국심을 고취시켜주는 매개체였습니다. 이러한 교과서를 통한 국사 교육은 세계사 교육과 병행하며 개화사상의 전파에 중요한 역할을 담당했지요. 말하자면, “개화기의 국사 교육은 민족정신과 민족의식을 환기시켜 주체성을 확립하는 데 있었고, 외국 역사 교육은 선진 문화를 이해하고 세계 대세를 파악하여 난국을 타개하는 지식과 지혜를 얻고자 하는 데 있었습니다. 이러한 역사관은 역사를 정치적 귀감으로 삼는 교훈적 역사로 이해되고 있으며, 한편으로 역사를 민족적 과제 해결을 위한 수단으로 파악하고 있었던 것이라 하겠습니다(김여칠, 1985).”

그러나 국사 교육은 1905년 을사늑약 이후 일제의 탄압이 극심해지면서 위축되었고, 1908년 일제의 교과용 도서 검정 규칙이 공포되면서 일제의 식민지 교육 준비 과정으로 전락하고 말았습니다(조미옥, 1990).

한편 개화기는 김택영의 《역사집략》 같은 교과서가 보여주듯이, 중국 중심의 역사관을 극복하고 자주의식과 독립 정신을 배양하고자 하였습니다. 또한 학부 발행의 《동국역대사략》은 단군에서 고종까지를 다룬 편년체 통사인데, 연도 표기를 중국식에 국한시키지 않고 서기, 일본 연호 등을 함께 기록하여 시야를 넓혀 주었습니다. 현재 중학생들이 쓰는 국사 교과서(편찬자 : 국사편찬위원회 국정도서편찬위원회)에는 부록으로 ‘국사 연표’가 붙어 있는데, 연도는 서기 한 가지로만 나와 있습니다. 구한말 의식이 중국 일변도였다면 지금은 서구 일변도입니다. 그러고 보니 국사 책인데도 단기 연호는 찾을 수가 없습니다. 일본이 서기 연호와 함께 일왕 연호를 일상적으로 사용하는 것과도 차이가 납니다. 우리가 일본처럼 이중 연호를 쓸 필요는 없지만, 국사 교과서를 통해 역사 지식으로 단기 연호를 알려줄 필요는 있겠지요.

지금 교과서는 그 동안 축적된 역사학계의 성과를 바탕으로 나온 것이고, 통일신라와 발해를 대등한 비중으로 다루고 있고, 근대 이후는 개화와 자주운동, 주권수호운동, 독립운동, 정부수립, 민주화운동과 통일 노력 등으로 적극적이고 발전적으로 그리고 있어, 애국심을 고취시켰던 매체로서의 개화기 국사 교과서의 맥을 이어가는 것으로 보입니다. 이것은 중학교 《국사》 교과서의 '머리말'에서도 확인됩니다. "우리의 역사를 사랑할 뿐만 아니라, 오늘의 역사적 과제인 조국의 통일과 민족의 번영, 그리고 세계 속의 새로운 한국 건설에 이바지하는 일꾼이 되도록 노력해야 할 것이다."

오늘날 국사 교과서의 문제점은 그 내용보다도 국사 교육 방식에 있지 않나 생각됩니다. 현재 국사 과목이 필수에서 제외된 것도 문제지만, 필수 과목으로 채택이 된들 사건과 연도 외우기 위주의 입시 교육 방식으로는 학생들의 흥미와 관심을 떨어뜨릴 뿐이겠지요. 일제하 독립운동의 계열이 많아 암기할 거리가 숱하게 나오자, 학생들 입에서 "차라리 독립운동이 없었으면 좋겠어요" 하는 푸념이 나오는 실정이라고 합니다. 그 소리를 듣고 자신이 직접 역사 교재를 저술한 선생님이 책의 '머리말'에서 들려준 이야기입니다(김육훈, 2010).

> 국사 교과서를 통하여 어린 학생들에게 민족 정신과 민족 의식을 고취시켜야 하는 것은 개화기보다도 오늘날 우리에게 더 절실한 과제라는 생각이 듭니다.

다음은 수신 교과서를 살펴봅시다.

조선시대 수신은 유학의 근본인 '수신제가치국평천하(修身齊家治國平天下)'의 첫 번째 관문으로서 선비가 지켜야 할 가장 중요한 규범이었습니다. 그러나 시대의 변화에 따라 현대는 그와 같은 유교적 규범 의식이 희박해졌기 때문에, 관련 교과목도 없는 셈입니다. 대학에서 필수이던 윤리 과목도 사라진 지 오래입니다. 고등학교의 윤리 교과서도 윤리 문제를 철학적으로 설명하는 데 주안점을 두고 있습니다. 그런데 개화기란 시기적으로 조선시대와 현대의 가운데에 놓여 있기 때문에, 수신 교과서의 내용에서도 과도기적 양상이 나타납니다.

개화기 '중등 수신교과서'의 내용 구성을 보면 수신제가치국평천하의 순으로 되어 있는데 나 자신과 가정의 문제인 '수신제가'까지는 삼강오륜에 기초한 전통적인 것이고, '치국평천하'에 해당하는 사회·국가·국제 관계는 서양식 근대 사회 개념으로 구성되어 있음을 알 수 있습니다. 따라서, 이 교과서는 최초의 서구적인 국가 사회 개념이 포함되어 있다는 점에서 특기할 만합니다(이해명, 1988). 이것은 다른 수신 교과서도 유사하게 되어 있습니다.

그런데, 여성의 경우 《초등여학독본》과 《녀ᄌ독본》 같은 국어 교과서에서도 수신을 강조하는 내용이 나오는데, 삼강오륜에 기초를 둔 전통적인 부녀 교육 또는 현모양처를 강조하는 내용을 담고 있습니다. 이것은 이미 앞 시기에 《박씨부인전》 같은 소설을 통하여 여성의 활동을 크게 부각시키며 국가의 위기를 극복하는 여성상을 그려 낸 것과도 대비되는 일입니다. 그러고 보면 개화기에 교과서를 저술한 선각자들의 여성의식이 조선시대 작가와 여성 독자들에 비해서도 뒤떨어짐을 느끼게 됩니다.

1895년 고종이 교육입국조칙을 발표하며 교육이 국가보존의 근본이라고 했지만, 여성 교육은 구시대적 관념을 벗어나지 못하고 있었던 셈입니다. 1868년 메이지유신을 단행한 일본 정부는 세계 각국과 어깨를 나란히 하기 위해서는 널리 국민교육을 해야 한다는 것을 깨닫고, 그 시책의 일환으로 1871년 서양 문명 시찰단이 떠날 때 많은 해외 유학생을 보냈습니다. 그런데, 이 유학생 가운데는 겨우 8세인 여자 어린이 쓰다 우메코(津田梅子)도 끼여 있었는데, 쓰다는 돌아와서 일본 여성의 고등교육에 크게 공헌했다고 합니다(김희영, 2009).

쓰다 우메코

조선시대 여성용 교과서를 보면서, 결

국 우리는 유교적인 경직된 여성관으로 인하여 근대화가 늦어진 것이 아닐까 하고 생각하게 됩니다.

개화기에 학교에서 사용된 최초의 교과서는 무엇이었나요?

이 질문에 답하려면 개화기 최초의 학교에 대하여 알아야겠습니다. 보통 개화기 근대 학교는 기독교 선교사들이 이 땅에 들어와 처음 세운 것으로 알려져 있는데, 그렇지 않습니다. 한국 최초의 근대 학교는 원산학사(元山學舍)입니다. 즉, 원산학사는 1885년 아펜젤러가 세운 배재학당보다 2년 앞서 1883년 개항장 원산에 지방민들이 새로운 정세변화에 대응하기 위하여 자발적으로 세운 학교입니다.

이러한 사실을 밝혀낸 신용하(1974)는 그 설립과정을 이렇게 설명합니다.

> 1880년 개항이 된 원산의 지방민들은 원산 개항장에서의 일본상인의 침투를 직접 체험하고 이에 대한 근본적인 대응책을 세워야 함을 절감했습니다. 그 대책이란 열강의 도전에 대응할 수 있는 신지식을 가진 인재의 양성, 곧 세계정세의 변화와 새로운 국제관계와 열강의 침략정책을 알고 과학기술과 병술을 알며 새로운 사

회제도와 사상을 아는 인재를 기르는 일이라고 생각했습니다.

원산 지방민들은 개항이 되자 자발적으로 종래의 서당을 개량하여 자제들을 교육하고 있다가 1883년 1월에 새로 부임한 덕원부사 정현석에게 자기들이 학교 설립 기금을 모을 테니 새로운 근대학교를 설립하여 마을의 총명한 어린 자제들을 뽑아 신지식을 교육하여 줄 것을 요청하였고, 이에 온건 개화파 관료인 정현석이 적극 나섬으로써 우리나라 최초의 근대학교가 설립된 것입니다.

원산학사는 문예반, 무예반이 함께 있었는데, 문예반은 경의(經義)를, 무예반은 병서를 가르쳤습니다. 문무의 공통 과목으로 산수, 물리, 각종의 기기(機器)와 농업, 양잠, 채광(採鑛) 등에 이르기까지 실용 학문을 가르치도록 하였습니다.

이때 교과서는 구체적으로 《기기도설(機器圖說)》, 《일본외국어학》, 《법리문(法理文)》, 《만국공법》, 《농정신편》 등이었습니다. 말하자면 개화기 최초의 교과서라 할 수 있지요. 이 중에 《만국공법》과 《농정신편》은 1882년 지석영이 올린 '개화에 관한 상소'에서 국민 계몽을 위한 신서적으로 지목된 바 있습니다. 특히, 《농정신편》은 1881년 신사유람단의 일원으로 일본을 시찰하고 온 안종수가 각국 농서를 참고하여 저술한 것으로 우리나라 최초의 근대적인 농업 기술 서적이라 할 수 있는데, 원산학사에서는 보급용 필사본으로 사용하였고, 1885년 광인사에서 연활자본으로 출판하였다고 합니다(이종국, 1991).

개화기에 교과서는 어디에서 발행했나요?

교과서 발행은 우리나라에서 정부 수립 이후 교육부에서 관장해 왔습니다. 즉, 국가 시책과 관련되는 일부 교과서를 직접 편찬·발행하기도 하고, 민간 출판사로 하여금 교과서를 발행할 수 있도록 인정해 주기도 합니다. 그래서 국사 및 국어와 같은 일부 교과서에는 지금도 교육과학기술부가 저작권자라고 적혀 있습니다. 그런데 그 교과서에 저작자, 즉 저작권의 일차적인 소유권을 갖는 집필진 명단이 따로 있고, 게다가 인세 등을 받는 저작재산권을 교육과학기술부가 행사하는 것도 아니므로 '저작권자'라고 하는 것은 적절하지 않습니다. 그리고 다른 교과서의 표지에는 각 지역 교육감의 '인정' 표시가 찍혀 있습니다. 이처럼 교육 당국이 교과서 발행에 절대적 영향력을 행사하고 있는데, 이러한 제도가 개화기에 시작되었습니다. 즉, 1894년 갑오개혁 이후 오늘날 교육부에 해당하는 '학부'가 생긴 이래 교과서를 직접 편찬·발행할 뿐만 아니라 검정하고 인가하는 업무를 맡았습니다.

여기에서 개화기의 정부 교육 정책에 직접적인 영향을 미치게 되는 갑오개혁에 대하여 잠시 살펴볼 필요가 있습니다(강만길, 1997).

갑오개혁의 직접적 배경은, 안으로는 갑오농민군의 개혁 요구에 있었고 밖으로는 일본의 이른바 내정개혁 강요에 있었습니다. 물론 일본 측의 강요는 조선의 행정 및 사회경제 체제를 일본의 침략에 알맞게 개편하고 청나라와 이권(利權) 경쟁에서 유리한 위치를 얻기 위한 것이었지요. 이에 반해 갑오농민군의 요구는 문호개방 이전부터 줄기차게 이어져 온 민중의 개혁의지가 집약되고 강화된 것이었습니다.

갑오개혁은 멀리는 실학자와 민란 농민, 가깝게는 개화당과 갑오농민군 등이 계속 주장해온 낡은 조선왕조적 지배체제에 대한 근본적 개혁 요구가 밑받침되어 이루어진 개혁이었습니다. 그러나 그 과정에서 침략 목적을 가진 일본의 힘이 작용함으로써 근대 민족국가 수립으로 연결되는 개혁이 되지 못하고 오히려 청일전쟁에 이긴 일본의 한반도 침략을 본격화하는 데 도움을 주는 제도적 개혁의 성격이 강해졌습니다. 어쨌든 갑오개혁은 '조공 책봉제-군주제-신분제'에 바탕을 둔 왕조 체제를 대신할 새로운 국가 체제를 지향하였습니다. 1895년 왕이 종묘에서 실천을 다짐한 '홍범 14조'는 그 대강을 잘 보여 주는데 주요 내용은 이렇습니다(김육훈, 2010).

첫째, 청에 대한 의존을 끊고 대외 주권을 확립한다. 즉, 중국 연호를 폐지하고 '대조선국'으로 국호를 개칭한다.

둘째, 왕권을 제한하고 내각이 주요 정책을 결정한다. 즉, 왕실 사무와 정부 사무를 분리하고 왕실의 정치 참여를 금지한다.

셋째, 신분제를 폐지하고 신교육을 장려한다. 또한 한글 사용을 확대하고 신문 발간을 추진한다.

이러한 갑오개혁 속에서 정부 편제로 학부가 생겨 교육정책 전반을 담당하면서 교과서 관련 업무도 관장하게 된 것입니다. 정규 학교교육에서 사용되는 교과서는 1895년부터 간행되기 시작하였는데, 이 해에 학부에서는 《국민소학독본》과 《소학독본》을 간행하고, 학부 관제에 교과서 업무를 규정·공포하였으나, 교과서 편찬 경비가 없어 일본으로부터 차관을 들여 왔습니다. 이에 따라 우리의 교과서 발행에 일본인 관리가 참여하게 되었고 그의 주도 아래 수신, 국어, 일본어, 한문, 이과, 도화의 6과목 교재개발을 하기 시작함으로써, 일본의 한국 침략의 단초를 열어 주게 되었습니다(이승구 외, 2001).

그런데 학부의 교과서 편찬 발행 업무가 일본인의 식민지 교육을 뒷받침하는 쪽으로 변해가자 사회단체와 민간인들은 스스로 교과서를 편찬·발행하는 데 힘을 기울여, 앞에서 살펴본 대로 국민을 계몽하며 독립 정신을 고취하는 많은 종류의 교과서들이 나오게 되었습니다.

이와 같은 교과서 발행에 주도적으로 나선 곳은 민간학회, 교육회, 시민단체의 동지회, 개인 저술인 등이었는데, 이런 항일 단체는 1895~1908년까지 70여 개 단체가 결성되어 활동하고 있었습니다(이승구 외, 2001). 이런 상황에서 1905년 을사늑약 이후 성립된 친일 내각은 교과서의 편찬, 발행, 사용을 억제하고 금지시켰습니다. 즉, 1908년 8월 '교과용 도서 검정규정'을 공포하여 민족의식을 고취하는 민간 교재 교과서에 엄격한 통제를 가했고, 1909년 2월에는 출판법(出版法)을 공포하여 출판물에 대한 규제를 강화했습니다. 즉, 사전 원고 검열과 사후 판매 금지 제도를 도입하여 출판 탄압을 한 것입니다.

교과서의 경우, 1909년 5월부터 12월 사이에만 정부(학부)로부터 발매(發賣) 및 사용 금지 처분을 받은 교과서는 무려 39종이나 됩니다. 그 39종은 국어, 수신, 독본, 역사, 상업, 지리, 경제, 작문 등 다양한 분야에 걸쳐 있고, 심지어 일본어 학습 교과서도 포함되어 있습니다. 그리고 민간에서 교과서를 만들어 정부에 검정을 신청하여도 절반 이상이 인가를 받지 못한 실정이었습니다. 당시 학부에서는 한·일 친교 저해, 애국심 및 배일사상 고취, 사회주의, 풍속 괴란 등을 하는 기사가 없어야 한다는 등의 교과서 검정 기준을 '교과용 도서 검정규정'에서 제시한 바 있습니다. 그리고 실제 검정 결과 후 결점이 많은 사항을 발표했는데, 정치적 방면에 대한 내용을 일부 소개하면 다음과 같습니다.

- 정면으로 나라의 현 상태를 통론(痛論)한 것
- 격렬한 문자를 써 자주독립을 설(說)한 것
- 외국의 사례를 인용하여 우리나라의 장래를 비분한 문자로 경고한 것
- 최근의 국사(國史)를 서술하여 한일국교를 저해한 것
- 고유한 언어, 풍속, 습관을 유지하고 배외사상을 창도한 것
- 대언장담(大言壯談)으로 그릇된 애국심을 고취한 것

결국 선각자들의 모든 개화 노력은 물론 독립정신과 애국심 고취는 불가하다는 것입니다. 이러한 기준은 친일 위주의 검인정 태도

였음을 알 수 있고, 심지어 자주독립 사상을 고취한다는 것이 국시(國是)에 위배되는 오류인 양 제약을 가하고 있는 것은 당시의 내각 구성이 친일파에 의하여 이루어졌고, 학부의 교과서 편찬이 일본인 참여관의 수중(手中)에서 좌우되었다는 것을 여실히 보여주는 것입니다(강윤호, 1973).

개화기 교과서의 글자는 모두 한글이었나요?

그렇지 않습니다. 한문으로만 되어 있는 교과서도 있었습니다. 예를 들면, 국사 교과서 중에서 《역사집략》과 같은 중요한 교과서도 순한문으로 되어 있습니다. 그리고 국한문 혼용체라고 해서 한글과 한자를 섞어서 쓴 교과서가 대부분이었습니다. 초등학생용 독본책도 오늘날 볼 때 어려운 한자로 가득 차 있습니다. 《국민소학독본》의 첫 장은 이렇게 나와 있습니다.

〈第一課 大朝鮮國〉

우리大朝鮮은 亞細亞洲中의 一王國이라 其形은
西北으로셔 東南에 出훈 半島國이니 氣候가
西北은 寒氣甚ᄒᆞ나 東南은 溫和ᄒᆞ며 土地ᄂᆞᆫ
肥沃ᄒᆞ고 物產이 饒足ᄒᆞ니라.
世界萬國中에 獨立國이 許多ᄒᆞ니 우리 大朝鮮國도

其中의 一國이라…….

이렇게 한문투인 것은 이미 서당 공부를 했던 사람들이 많았기 때문에, 당시에는 이해 가능한 수준이었을 것이라고 합니다. 국한문 혼용체이지만 이보다 다소 쉽게 쓴 교과서도 있습니다. 《신정심상소학》 권1의 제1과 '학교'의 첫 장을 펼쳐 봅니다.

學校ᄂᆞᆫ 사ᄅᆞᆷ을 教育ᄒᆞ야 成就ᄒᆞᄂᆞᆫ데니
譬컨ᄃᆡ 各様 모종을 기르ᄂᆞᆫ 모판이요.
ᄯᅩ 學校ᄂᆞᆫ 사ᄅᆞᆷ의 마음을 아ᄅᆞᆷ답게 ᄒᆞᄂᆞᆫ데니
生徒ᄂᆞᆫ 白絲인가 장ᄎᆞᆺ 조흔빗스로
染色되ᄋᆞᆸᄂᆞ이다.

물론 초등학생이 더 쉽게 이해할 수 있도록 본문이 한글로만 된 교과서도 많이 있습니다.

ᄎᆡᆨ샹우에 노인 것은 ᄎᆡᆨ이니
저 ᄎᆡᆨ은 우리가 날마다
공부ᄒᆞᄂᆞᆫ ᄎᆡᆨ이올시다.

이것은 《신찬초등소학(권1)》의 한 페이지를 가로쓰기로 고쳐서 당시 표기법대로 보여준 것입니다. 이처럼 한글은 순국문이나 국한문

혼용체의 방식으로 정규 학교의 교과서 글자로 활용되고 있음을 알 수 있습니다.

한글은 1443년 창제되었지만, 반포되지도 못한 채 주변의 반대 속에서 국가의 공용어가 되지 못했습니다. 정부는 갑오개혁에 와서 처음으로 국문, 즉 한글을 공식 문서에 사용할 수 있도록 하였습니다. 1894년 7월 우선 외국의 나라 이름, 땅 이름, 사람 이름을 유럽 문자로 써오던 것을 한글로 번역하여 쓰게 하였고, 같은 해 11월 고종은 칙령을 내려, 정부가 반포하는 법률과 칙령은 모두 한글을 본(本)으로 삼되 한문을 한글에 붙이거나, 국한문을 혼용할 수 있게 했습니다. 이것은 한글이 국가의 공용어로 인정받는 데 창제 후 451년이 걸렸음을 의미합니다. 훈민정음을 창제한 세종 이후 22명이나 되는 임금이 들어선 다음의 기간입니다.

그러나 10년이 지나도록 실제 정부 공문서에서 칙령에 따라 원칙대로 한글만으로 쓰는 경우는 극히 드물었습니다. 오히려 순한문으로 공문을 만드는 경우가 많았습니다. 그래서 1908년 2월 내각에서는 공문서에 국한문을 쓰도록 했습니다(이응호, 1994). 교과서 역시 국한문을 쓴 것은 당시의 추세였다고 생각됩니다.

그런데, 당시 사정은 친일내각이 들어서서 일본어가 우리 교육 속으로 집요하게 침투하고 있었습니다. 일제는 한일합방 이전에 이미 일본어 독본 교과서를 만들어 보급하였고, 한국을 일본화시키는 동화정책을 썼습니다. 동시에 한국인에게 열등감을 심어주는 작업을 집요하게 벌였습니다. 식민 지배를 위해서 열등의식을 불어 넣는 일은 제국주의 국가의 전형적인 수법이었지요. 그래서 일본은 고대에 한국을 정벌한 적이 있다는 식으로 역사를 왜곡하고 근대 일본인과 조선인을 문명인과 야만인으로 대비시키며, 조선인 스스로 열등의식을 갖도록 획책하였습니다. 이러한 시도는 《보통학교수신서》와 같은 교과서를 통하여 어린이들에게까지 뻗쳤습니다. 즉, 《보통학교수신서》에 등장하는 인물들을 보면 천황을 정점으로 각자 충실한 황국신민으로서의 역할과 책임을 다하도록 편성하면서도, 조선인은 일본인의 보조역할에 머물게 하였으며 조선인과 일본인을 차별적으로 기술함으로써 조선인의 열등의식을 조장하고 있었습니다. 이와 같은 차별교육의 상흔은 오랫동안 조선인의 비하의식으로 남아 스스로를 비하하는 열등의식으로까지 이어지는데 《보통학교수신서》가 일정한 역할을 했음을 박제홍(2008)은 밝힌 바 있습니다.

아울러, 조선인을 일본 정신으로 무장시키기 위하여, 《신정심상소학(1897)》과 같은 초등학생용 교과서에 일본 병사를 찬양하는 모습, 일본 위인 이야기 따위를 삽입했습니다. 또한, 을사늑약 이후에 낸 《국어독본》 같은 교과서에는 '통감부'를 설명하는 별도의 장을 만들고 "러일전쟁 후에 일본이 아국(我國)과 협의하여, 통감이라 칭하는 대관을 두었다. 통감은 한국 정치를 개선하고 교육을 보급하고 농상공업을 발달케 하여 한국인민의 안녕 행복을 꾀한다"는 내용을 넣을 정도로 일본 침략을 합리화하는 친일성향을 확실히 드러냈습니다(최윤미, 2009).

이와 함께 일본 정신의 주입을 위하여 집요하게 추진한 것이 일본어 교육입니다. 우에다 카즈토시는 '일본어는 일본인의 정신적 혈액'이라고 주장하며 '언어내셔널리즘'을 주창했는데, 이는 언어를 교육을 통하여 보급시켜 갈 가능성을 지니고 있다는 점에서 '제국주의의 팽창'에 적합한 관념이었지요(코모리 요이치, 2005). 이것의 가장 성공적인 사례가 타이완과 조선에서의 일본어 교육이었다고 할 수 있습니다. 타이완에서는 이미 1898년 타이완 공립학교 규칙을 통해 구어로서의 일본어를 가르치는 '국어과'가 설치되어 일본어 교육이 폭넓게 진행되고 있었습니다. 한국에서도 강압적인 일본어 교육 분위기가 급속히 확산되면서 모든 교과서를 일본어로 만들고자 획책하고 있다는 소문이 돌기도 했습니다. 이때 〈대한매일신보〉에는 이러한 소문의 진위를 학부 대신이었던 이완용에게 따져 물은 기사가 나옵니다. 당시 이완용은 이것을 부정했지요. 그러나 불과 수십 년 후 한글만이 아니라 우리 언어 자체를 없애고 일본어만 쓰도록 강요하였지요.

민족과 언어의 문제는 개화기만이 아니라 오늘의 문제이기도 합니다. 현행 교과서나 교육 방식, 나아가 각종 인재 선발에서 국어보다 영어에 훨씬 더 큰 비중을 두는 것이 우리의 실정입니다. 하긴 한글이 공용어가 된 역사도 이제 100년이 지났다고 하지만, 중간에 일제강점기와 미군정기를 거쳤기 때문에, 그 역사는 더 짧아졌습니다. 그러나 민족 언어에 대한 인식 부족은 역사가 짧아서라기보다 생각이 얕고 짧기 때문이겠지요.

번역과 근대적 각성

번역은 언어의 교환을 통하여 문화와 문화를 이어주는 매개 역할을 합니다. 또한, 번역은 김화영(1999)의 표현처럼, 형식적인 언어 개념에서 벗어나 텍스트의 언어와 그 다양한 구성 요소들을 문화적 맥락과 관계된 사실로 인식하게 해줍니다. 한국 역사에서 번역은 서양 문물을 받아들이며 근대의 시동을 거는 작업이었습니다.

서구문물이 주로 일본을 통해서 들어왔기 때문에, 개화기의 번역 작업에서도 일본어가 중심이 될 수밖에 없었습니다. 역사적으로 동아시아에서 문화와 지식의 흐름은 중국에서 한국을 거쳐 일본으로 가는 것이었지요. 언어, 즉 한자의 전파도 마찬가지였습니다. 그래서 지금도 한·중·일 삼국이 한자 또는 한자에서 나온 어휘들을 사용하고 있습니다. 일본의 경우 그들이 고유 문자로 만들어 사용하는 가나(カナ) 읽기도 한국식 한자 표기에서 따온 것입니다. 예를 들면, '가타카나(カタカナ)'라 할 때 일본어 カ(가)는 加(가)에서, タ(다)는 多(다)에서, ナ(나)는 奈(나)에서 한 부분을 취하여 만든 것입니다. 그러니까

글자 모양은 중국 것인데, 읽는 것은 한국식 발음이지요. 한자 문화가 중·한·일의 순서로 흘러간 것임을 보여주는 단적인 사례입니다.

그러나 19세기 말엽, 한국의 개화기에 해당되는 시기부터 일본에서 만들어낸 한자 어휘들이 한국과 중국으로 거꾸로 흐르게 됩니다. 이것은 19세기에 서구문물을 먼저 받아들인 일본이 동아시아에 없던 사물의 명칭이나 개념들을 일본식 한자어로 번역하면서 생겨난 현상입니다. 이 번역 한자어는 19세기와 20세기 초에 일본에서 수입되어 현재까지 사용되고 있습니다. 유미진(2005)은 일본에서 메이지시대(明治時代, 1868~1911년) 전후에 생성·정착된 번역어, 즉 번역 한자어의 유래를 다음 3종류로 분류해서 설명합니다.

첫째, 서양서적의 중국어 번역본이나 중국의 영어사전에서 직접 차용한 어휘입니다. 중국 고전어(古典語)이지만 일본의 문헌보다 먼저 중국에서 사용한 번역어로서 의미가 확립된 한자어를 말합니다.

예 국회(國會), 공사(公使), 교사(教師), 교통(交通), 권리(權利), 내각(內閣), 무역(貿易), 박사(博士), 서양(西洋), 수출(輸出), 신문(新聞), 연필(鉛筆), 우주(宇宙), 행위(行爲).

둘째, 중국의 고전어이지만 번역어로서 의미가 새롭게 전용(轉用)된 어휘들입니다. 중국 전적에 전거가 있지만 외래개념을 번역하기 위해 일본어에서 먼저 번역어로 적용하여 성립·정착된 한자어를 말합니다.

예 가정(家庭), 가치(價值), 경찰(警察), 궁리(窮理), 규칙(規則), 기관

(機關), 문명(文明), 문화(文化), 사상(思想), 사회(社會), 세계(世界), 시간(時間), 시민(市民), 연설(演說), 위생(衛生), 인지(印紙), 정체(政體), 정치(政治), 조직(組織), 진보(進步), 통신(通信), 통일(統一), 학과(學科), 학문(學問), 행복(幸福).

셋째, 일본인이 독자적으로 창출한 어휘입니다. 난학(蘭學) 관련 번역서, 일본의 영어사전, 메이지시대에 나온 영학(英學) 관련 번역서 등에서 번역어로 채용된 한자어입니다.

예 가격(價格), 거리(距離), 공기(空氣), 공업(工業), 공화국(共和國), 광고(廣告), 광선(光線), 국회의원(國會議員), 군가(軍歌), 군함(軍艦), 기선(汽船), 대학교(大學校), 문명개화(文明開化), 물질(物質), 미술(美術), 반도(半島), 소학교(小學校), 승객(乘客), 시계(時計), 식민지(植民地), 우편(郵便), 원소(元素), 육상(陸上), 육해군(陸海軍), 임무(任務), 중량(重量), 학부(學部), 회사(會社).

위의 번역어들은 일부 단어들만 소개한 것에 불과하지만, 일본식 번역어가 현대 한국어에 얼마나 깊숙이 그리고 광범위하게 영향을 끼치고 있는지 알 수 있습니다.

그런데, 문제는 일본을 통해서 일본 번역어를 사용할 뿐만 아니라, 서양 서적을 일본어를 통해서 번역하게 되었다는 사실입니다. 즉, 중역을 말하지요. 이희재(2010)의 지적처럼, 같은 번역이라도 일본이 일찍부터 영국, 독일, 프랑스, 러시아의 책을 직접 번역하는 직거래 방식으로 제 문화의 틀을 세웠다면 한국은 일본이라는 중간상을 거쳐서 서양 문화를 간접적으로 받아들였습니다. 그는 일본을 통한 한국의 서양 문화 수용을 '기원의 은폐'라고 부르고 있습니다. 그리하여 한국은 '민주주의' 같은 근대 어휘는 말할 것도 없거니와 정치, 경제, 교육, 사법 제도의 틀까지도 대부분 일본을 따르게 되었다는 것입니다.

출판 분야에서 일본의 영향은 개화기에 그치지 않고 현재까지도 그대로 이어지고 있습니다. 한국에서 1년 동안 발행되는 신간 종수 중에서 30% 정도가 번역서인데 일본 서적의 번역이 가장 큰 비중을 차지하고 있습니다. 그 다음이 미국 서적입니다.

개화기에는 어떤 종류의 책들이 번역되었나요?

개화기에는 참으로 다양한 책들이 번역되었습니다. 김봉희(1999)는 개화기 서적의 종류를 수신, 국어, 문학, 전기, 어학, 한문, 한국 역사, 외국 역사, 한국 지리, 외국 지리, 법률서, 정치·외교·행정, 상업·경제, 교육학, 사회학·인류학, 산술·수학, 농업, 물리·화학, 박물학(박물학, 동·식물학, 보건·의학), 측량·건축, 병학, 예체능, 종교서 등 총 23개 주제로 분류한 바 있는데, 번역서의 경우도 그대로 적용할 수 있습니다. 이는 번역서의 종류가 그만큼 광범위하다는 것을 말합니다. 고샐리영(2009)은 이런 분류에 따라 개화기에 나온 번역서 190여 종을 분석한 바 있습니다. 그의 분석에 따라 비중이 큰 종류부터 살펴봅시다.

첫째, 역사서나 위인전 등 인문학 서적의 번역이 제일 많았습니다. 이 책들은 주로 특정 국가의 흥망성쇠 및 영웅담을 주제로 하였습니다. 세계사 교과서와 같은 일반 개론서를 제외하면 동서양을 가리지 않고 일반적으로 전사(戰史)와 같이 열강 국가와 대립하거나 저항하고 국가를 발전시킨 과정에 대해 서술하는 경우가 많았습니다. 《미국 독립사》, 《월남망국사》, 《비율빈전사(戰史)》, 《이태리건국삼걸전》 등이 대표적인 예입니다. 타국의 고난과 극복·좌절, 혹은 국가적 빈곤과 위기 상황을 극복하거나 국가를 발전시킨 영웅을 그려내 독자들을 교육시키고 애국심을 고취시키려는 목적에서 나온 것이라 할 수 있습니다.

둘째, 문학서의 비중이 컸습니다. 조선의 지식이나 문화가 외국의 새로운 지식과 서로 융화되거나 병존하는 양상이 문학 서적의 번역에서 잘 나타나고 있습니다. 최초의 번역 문학은 '아라비안나이트'를 옮긴 《유옥역전》과 존 번연의 《천로역정》입니다. 이후 다양한 서구 작품들이 번역되어 들어오기 시작했지요. 예를 들면, 빌헬름 텔의 영웅담을 그린 《서토건국지(瑞土建國誌)》, '엄마 찾아 삼만리'를 번역한 《이태리소년(伊太利少年)》, 《걸리버 유람기》, 《15소호걸(十五小豪傑)》의 제목으로 소개된 '15소년 표류기', 쥘 베른(Jules Verne)의 '인도 왕비의 5억 프랑'을 번안한 《철세계(鐵世界)》, '로빈슨 크루소'를 번역한 《절세기담라빈손표류기(絕世奇談羅貧孫漂流記)》 등이 있습니다. 그러고 보면 문학 작품들도 종교소설, 영웅소설, 모험소설 등 다양하게 번역·출판되었음을 알 수 있습니다.

셋째, 종교 서적들이 많이 번역되었는데, 순한글로 나온 기독교 서적들이 주목할 만합니다. 여기에 대해서는 뒤에서 다루고자 합니다.

넷째, 자연과학 번역서가 다양하게 나왔습니다. 자연과학 분야에서도 서구의 서적을 번역함으로써 근대 자연과학의 관점과 지식을 소개하고 있습니다. 자연과학 번역서의 주요한 서술기법은 객관적이거나 인과적으로 사실을 충실히 기록하는 것이었습니다. 이를 위해 관찰·연구 대상을 일정한 기준에 따라 부문별로 나누어 분석하는 방법으로 대상의 정체성과 정의를 뚜렷하게 하고 있습니다. 자연과학 번역서의 예를 들면, 《물리학교과서》, 《생리학》, 《신식광물학》, 《박물학》, 《동물학》 등입니다.

다섯째, 지리학 분야의 번역서를 들 수 있습니다. 개화기의 지리서들은 실학 등의 정통 학문이나 서구 철학이 서구 지리학의 방법론과 결합된 새로운 형태를 띠고 있습니다. 이것은 중화주의로 대표되는 유교적인 세계관을 반영하고 있는 전통적 지리학 서적과는 관점과 내용이 달라졌음을 의미합니다. 즉, 과거의 유교적 지리학은 세계에 존재하는 나라들의 정확한 모양새나 특징을 묘사하는 것보다는 지명의 연혁, 자연 환경, 문화와 풍속과 같은 인문학적 기술에 치중했습니다. 이것은 중국 중심의 세계관을 반영하는 것이었지요. 그러나 개화기의 지리 번역서는 전통 체계와는 전혀 다른 서구의 지식 체계를 도입해 조선 사회에 소개했다고 할 수 있겠습니다. 또한 지역도 아시아의 경계를 넘어서 유럽, 아메리카, 아프리카, 오세아니아 등 5대륙에 대한 지식을 모두 포함하게 되었습니다. 《만국지리(萬國地

理)》, 《중등만국지지(中等萬國地誌)》 등이 대표적인 예입니다.

그 외에 농업, 의학, 교육, 수신, 정치, 법률 등에 관한 서적들도 다수 번역되었습니다.

누가 번역했나요?

개화기의 서적 번역 역시 개화사상을 전파한 선각자들이 맡았습니다. 구체적으로 뛰어난 번역 업적을 남긴 인물로는 현채, 어용선, 신채호, 최남선 등을 들 수 있습니다. 한 분씩 살펴봅시다.

서적 번역에서 가장 뛰어난 업적을 남긴 현채(1856~1925년)는 17세에 이미 역과에 급제한 인물로 중국어와 일본어에 능통했습니다. 외무아문 주사, 관립 외국어학교 부교관, 학부 위원, 사립한성법학교 교장, 일한도서 인쇄회사 부사장 등을 역임하고 자가 출판사로 '현채가(玄采家)'를 설립하여 많은 개화 서적들을 출판한 인물입니다. 번역한 책으로는 러시아 역사를 축약한 《아국약사(俄國略史)》, 《대한지지》, 중국이 일본에게 패망한 이유를 설명한 《중동전기(中東戰記)》, 《식물학》, 《동서양역사》, 프랑스 혁명을 다룬 《법란서신사(法蘭西新史)》, 《보법전기(普法戰記)》, 《개정 이과 교과서》 등 참으로 다양합니다. 그리고 《보통교과 동국역사》, 《만국사기》, 《중등교과 동국사략》, 메이지시대의 일본 역사를 다룬 《일본사기》, 《동서양역사》, 로마와 이탈리아 역사를 다룬 《나마사부의태리사(羅馬史附意太利史)》, 《월남망국사》 등도 번역하였는데, 모두 불온서적이라 하여 인가를 받지 못하거나 발매 금지되었습니다(이종국, 2010).

어용선은 사학자로서 대한제국과 일제강점기 초기에 관료를 지냈는데, 《파란말년전사(波蘭末年戰史)》를 번역하였습니다.

독립운동가 민족주의 사학자인 신채호는 《이태리건국삼걸전(伊太利建國三傑傳)》을 번역했습니다. 이 책은 중국의 변법개혁가 양계초가 펴낸 《의대리건국삼걸전(意大利建國三傑傳)》을 국한문 혼용체로 번역한 것입니다.

신채호_사진

개화기의 대표적인 선구자로서 문학, 역사, 출판 분야에서 큰 업적을 남긴 최남선은 종합 잡지 《소년》과 《청춘》을 창간하고 두 잡지를 통하여 다니엘 디포의 《로빈슨 크루소》, 스위프트의 《걸리버 여행기》, 톨스토이의 《부활》, 빅토르 위고의 《레미제라블》, 세르반테스의 《돈키호테》, 밀턴의 《실낙원》 등을 번역하였습니다.

최남선_1920년 7월 20일자 동아일보에 실린 초상

그 외에 로스, 게일, 언더우드 같은 기독교 선교사들은 신약성서, 천로역정, 교리서 등을 순한글로 번역함으로써 한글 보급에도 크게 기여한 바 있습니다.

개화기 선각자들이 번역에 힘쓴 이유는 무엇인가요?

개화기 선각자들이 번역에 힘쓴 이유는 선진국의 문물을 받아들여 국가를 발전시키고자 했기 때문입니다. 이것은 조선보다 앞서서 문호를 개방한 일본의 경우도 마찬가지였지요. 일본 정부는 메이지 유신(1868년) 직후부터 서양식 근대화를 배우기 위해 노력했는데, 그 방법은 다음 네 가지로 말할 수 있습니다(김욱동, 2010).

첫째, 외국인 교사를 초빙하여 서양 문물을 직접 가르치게 했습니다. 둘째, 일본 유학생들을 선진 외국에 보내어 그들의 학문을 배우게 하였습니다. 셋째, 서양 문물을 직접 눈으로 보고 익힐 수 있도록 사찰단을 외국에 파견하였습니다. 넷째, 외국의 중요한 문헌을 폭넓게 수집하여 일본어로 번역하기 시작하였습니다.

그런데, 김욱동(2010)은 한국에서 서구식 근대화를 이룩할 수 있는 유일한 길은 네 번째 방법, 즉 서구 문헌을 한국어로 번역하는 것밖에 없었다고 파악하며, 이렇게 주장합니다.

> 번역이야말로 외국인을 초빙하거나 자국의 학생들이나 시찰단을 외국에 보내는 것보다 훨씬 쉬운 방법이었다. 비용이 그렇게 많이 들지 않을 뿐만 아니라 시간적으로도 많이 투자할 필요가 없기 때문이다. 실제로 일본에서도 메이지유신을 성공적으로 이끈 것은 외국인 교사 초빙이나 유학생과 시찰단의 파견보다도 오히려 번역이었다. 일본에서 매슈 페리 제독이 이끄는 미국의 동인도 함대가 우

라가(浦賀)에 내항한 1853년부터 러일전쟁이 일어난 1904년에 이르기까지 반세기 동안 서구 문헌을 집중적으로 번역하였다. 그리고 이러한 번역이 일본 근대화라는 기관차를 움직이는 동력이 되었다.

한국의 개화 선각자들 역시 근대화의 수단으로 번역을 매우 중시했습니다. 또한, 근대식 교육을 실시하기 위해서 우선 서양 교과서를 한국어로 번역해야 한다고 주장했습니다. 말하자면 서구식 학교 건물이 교육제도의 하드웨어에 해당한다면 번역한 서양 교과서는 소프트웨어에 해당하는 셈입니다(김욱동, 2010).

개화기의 번역 활동은 정치적·사회적 목적을 띠고 애국심과 독립 의식을 고취시키기 위해 행해졌습니다. 따라서, 앞에서 본 것처럼, 역사서, 위인전기 등에 대한 서적의 번역이 많았습니다. 또한 개화기 번역이 일차적으로 국민교화에 있었기 때문에, 선택한 외국 텍스트의 내용이 중시될 뿐이고, 원문 번역인지 중역인지 가리는 것은 대수롭게 여기지 않았다고 합니다(Theresa Hyun, 1992). 또한, 김봉희(1999)에 의하면, 번역서의 일부는 외국 서적의 잘못된 내용을 고증 없이 그대로 옮기는 데 그쳐 많은 폐단이 야기되기도 했다고 합니다.

최남선이 주도한 문학작품 번역에서도 사회 계몽에 관한 교훈과 정보의 전달을 미학이나 문체론보다 더 중요하게 여겼습니다. 교훈이 아니라 언어 자체 또는 미학으로서의 문체론을 중시한 것은 개화기 이후 서구의 상징주의 시를 우리말로 옮긴 김억의 번역시집 《오뇌의 무도》가 출간된 이후일 것입니다. 테레사 현(Theresa

Hyun)은 《오뇌의 무도》를 이렇게 평합니다.

> 번역시집으로는 한국 최초이며 또한 새로운 시의 형태를 창조하는 데 선구자적 역할을 담당했다. 《오뇌의 무도》는 개화기의 문학 수준보다는 훨씬 발전한 것이며, 한국 현대시의 형성과 발달에 새로운 길을 열어 주었다. 당시에 김억과 같은 시인이자 번역가들은 새로운 시적 운율을 생성하고, 자신들이 번역에서 얻은 경험을 바탕으로 개인 감정의 문학적 표현에 관심을 기울였다. 이들 초기 혁신가들은 1920년대와 1930년대의 문학적 상황에 새로운 장을 열어주었던 것이다. 이 1920년대와 1930년대는 문학 체계 내에서 번역이 중심적인 위치를 차지했다고 볼 수 있는 때이기도 하다(Theresa Hyun, 1992).

결국, 김억은 문학을 애국과 계몽적 차원에서 벗어나, 순수한 목적 그대로 하나의 예술품으로 감상하는 데 기여했고, 상징주의 시를 도입하면서 전통 시가의 정형율격이라는 규범적 틀에서 벗어나 자유시 형태로 번역함으로써, 한국 근대 자유시 형성에 기여했다고 볼 수 있습니다(김준희, 2007). 물론 이러한 번역관은 개화기 선각자들의 생각과는 많은 차이가 있는 것이지요.

한편 개화기에 일본의 영향력이 커지면서 그 이전까지 중국과 한자를 통하여 서구세계의 문화를 받아들이던 것이 일본과 일본어로 바뀌게 되었습니다. 조선의 지식인과 엘리트들에게 한자는 외국어가 아니라 공용어로 인식되었습니다. 정부는 1894년 갑오개혁 때 국가 공용어를 한자가 아니라 한글로 한다고 공표했지만, 20세기 초엽까지도 한글은 지식인이나 정부 차원에서 별로 사용되지 못했습니다. 그러다가 일본의 영향권 속에 들어가게 되면서 공용어는 한자도 한글도 아닌 일본어가 되고 말았지요.

그런데, 일본에서는 18세기에 소라이라는 학자가 중국어는 외국어라는 놀라운 선언을 했다고 합니다. "우리가 읽고 있는 《논어》, 《맹자》라는 것은 외국어로 쓰여 있다. 우리는 옛날부터 번역해서 읽고 있을 뿐이다." 이것은 소라이가 일본어가 있고 네덜란드어가 있고 중국어가 있다고 하는 것, 결국 다(多)언어적인 세계(또는 문화의 다원성)를 의식하고 있었던 것으로 볼 수 있습니다(마루야마 마사오·가토 슈이치 편, 2000).

이러한 주장에 대하여 좀 더 살펴봅시다(마루야마 마사오·가토 슈이치 편, 2000; 이근희, 2001).

일본에서는 18세기에 기독교 관련 서적을 제외한 양서 수입이 허용되었습니다. 이 때문에 난학(蘭學)이 부흥하기 시작하였고, 번역문화가 지적·사상적 영역에서 커다란 비중을 차지하게 됩니다. 이 시기에, 소라이는 다(多)언어적인 세계를 인식하고, 일본인이 중국의 고전을 읽을 때 그것이 자신들의 언어와는 다른 언어로 쓰인 것을 단지 번역문으로 읽고 있다는 것을 자각하기만 한다면, 중국인보다 중국의 언어나 문화에 대하여 더 깊이 알 수 있다고 주장했습니다. 이것은 중국인 자신은 할 수 없는 비교라는 방법과 의식을 외국어 사용자인 일본인은 할 수 있다는 주장입니다. 번역이라는 개념에 대한 인식이 전혀 없던 당시로서는 번역에 대한 의미와 방법론을 제시한 획기적인 발상이라고 할 수 있겠습니다.

어느 나라 서적들이 많이 번역되었나요?

번역의 목적이 서구의 선진 문물을 받아들이기 위한 것이었기 때문에, 선진국의 서적들이 많이 번역되었습니다. 그러나 고샐리영(2009)은 번역 대상 국가나 원전에 등장하는 국가는 상당히 다양하게 나타났다는 사실을 조사해낸 바 있습니다. 동양 서적과 서양 서적으로 나누어 그 조사 결과를 간략하게 소개할까 합니다.

동양 서적의 경우, 청나라, 일본, 베트남, 필리핀 등지의 서적을 번역하거나 해당 국가에 대한 지식을 번역하였습니다. 이에는 중역(重譯) 활동이 개입되기도 했습니다. 가령 역사서인 《월남망국사》의 경우, 원전은 베트남 것인데, 중국의 양계초가 번역한 것을 각각 현채, 주시경, 리상익이 중역하여 3개나 되는 번역본이 나왔습니다. 필리핀의 역사를 다룬 《비율빈전사》는 일본에서 출판하여 중국에서 번역된 것을 한국어로 다시 옮기는 과정을 거쳐 나왔습니다. 그러나 대부분의 중역은 일본에서 번역된 것을 가져온 것이지요. 물론 중역이 아닌 경우 일본 서적의 비중이 가장 컸습니다. 양잠학 교과서, 수학 교과서, 법률서 등 실용적이며 근대적인 지식 혹은 서양식 과학 지식을 담은 서적들은 주로 일본 서적을 번역한 것들이었습니다.

서양 서적의 경우, 원전의 출판 국가는 미국, 프랑스, 독일, 영국 등이지만, 원전의 배경으로 등장하는 국가들은 이보다 더 다양합니다. 이것은 원저자가 타국에 대한 책을 썼기 때문에 일어난 현상인데, 역사서, 문학서 등 인문학 서적에서 두드러집니다. 결과적으로 서적의 배경이 되는 나라들은 미국, 프랑스, 독일(프러시아), 영국, 폴란드, 헝가리, 러시아, 이탈리아(로마), 마케도니아, 이집트, 터키 등지로 다양하게 나타났습니다. 예를 들면, 이집트 역사를 다룬 《애급근세사》, 터키 역사를 쓴 《토이기사(土二機史)》, 이탈리아 독립 이야기를 쓴 《의대리독립사(意大利獨立史)》 등이 있습니다.

번역 국가의 인물로 살펴볼 경우, 일본의 개화 사상가 후쿠자와 유키치가 한국 개화파 지식인들에게 가장 많은 영향을 준 것으로 알려져 있습니다. 그는 서양에서 들어온 개념을 표현하기 위하여 많은 언어를 새로이 만들었으며, 어려운 한자 형식의 번역을 보다 자국어의 형식으로 바꾸어 놓는 기반을 다진 인물입니다(이근희, 2001). 그런데 고샐리영(2009)은 중국의 사상가 양계초의 영향을 강조하고 있습니다. 즉, 개화파 지식인들이 양계초로부터 사회진화론과 같은 근대사상을 받아들여 《월남망국사》, 《이태리삼걸전》, 《중국혼》 등의 서적들을 번역해냈다는 것입니다. 개화파 선각자들이 중국 근대화의 지도급 인사인 양계초를 통하여 다양한 근대사상을 받아들였다는 것은 한국의 지식인들에게 중국은 여전히 지식의 보급로로 인식되었음을 의미합니다.

한글 성서

본격적인 기독교의 전래는 1885년 선교사 아펜젤러(H. G. Appenzeller, 1858~1902년)와 언더우드(H. G. Underwood, 1859~1916년)가 한국 땅을 밟은 이후가 됩니다. 당시 겨우 27세와 26세에 불과했던 두 선교사가 개화기 한국 사회에 끼친 영향은 매우 컸습니다. 그들은 외국인에게 위험지역으로 인식되던 조선 땅에서 전국을 순회하며 복음을 전파했고 곳곳에 교회를 세웠습니다. 또한, 배재학당, 이화학당, 연희전문(연세대 전신) 등의 학교를 세우며 교육에 힘썼고, 〈그리스도신문〉, 〈죠션크리스도인회보〉 같은 신문을 만들

언더우드_동상

었으며, 인쇄시설을 갖춘 출판사를 설립하여 전도문서를 발행하는 데 그치지 않고 〈독립신문〉과 같은 민족계몽지를 인쇄하기도 했습니다.

그런데, 이들의 업적 중에 가장 중요한 일은 한글 보급이었다고 생각합니다. 선교사들이 우리나라에 와서 제일 힘쓴 일이 한국어를 배우는 일이었습니다. 그러나 선교사들이 한국어를 배우기는 녹록치 않았습니다. 여선교사 스크랜튼의 회고에 잘 나타나 있습니다(윤병조, 1998).

> 우리가 할 수 있는 일은 있는 힘을 다하여 한국인들의 인심을 사는 것과 한국어를 익히는 일밖에 없다고 생각하였다. 그러나 이것은 당시 불가능한 일이었다. 부녀자들이 사는 집에 우리가 가까이 가기만 하면 그들은 문을 닫고 병풍 뒤에 숨어버렸고, 아이들은 소리를 지르며 울면서 달아났다. 이러한 상황에서 어떻게 한국어를 빨리 배울 수 있었겠는가? 책도 없고 교사다운 교사도 없었고, 간단한 단어로만 겨우 통역이 가능했었던 상황이었다. 명사를 배워 그런 대로 지낼 수는 있었지만 동사를 사용할 때는 손짓 발짓으로 겨우 전달하였는데, 우습다기보다는 땀을 빼는 일이었다.

그러나 그들의 한국어 학습 의욕은 우리의 상상을 초월합니다. 언더우드는 문서 선교의 중요성을 깨닫고 한국어를 열심히 배워 1년 후 우리말로 설교할 수 있게 되었고, 외국인을 위한 사전 편찬 작업을 벌여 1890년 《한영자전(韓英字典)》을 한국 최초로 간행하였습니다. 한국에 온 지 불과 5년 만에 한국어 사전이 나온 것은 그 열성과 함께 강렬한 욕구가 있었기 때문일 것입니다. 초기 선교사들의 그 갈망을 아펜젤러는 이렇게 표현한 바 있습니다(윤병조, 1998).

> 처음으로 외국어와 부딪혀 씨름하면서 길을 알 수 없는 언어의 밀림에 갑자기 빠진 모든 개척 선교사들은, 아마도 사전을 편찬하고자 하는 욕망을 느꼈을 것이다. 그들이 처음으로 공책이나 묵은 편지의 뒷장이나 소매, 종이 등 무엇이든 가까이 있는 평평한 바닥에다 단어장을 만들기 시작했을 때, "아, 사전만 있다면 얼마나 좋겠는가" 하는 것이 그들의 갈망이었다. 문법의 규칙이나 시제, 혹은 관용구 등을 찾아내면서 그들은 마치 자기가 콜럼버스나 아르키메데스가 된 것 같은 느낌을 흔히 가졌다.

당시 선교사들이 참고할 수 있었던 사전은 리델(F. C. Ridel)이 펴낸 《한불자전(韓佛字典, 1880)》, 로스(J. Ross)가 펴낸 《한국어 입문서(Corean Primer, 1877)》 정도였다고 합니다. 빈약한 자료이지만 이를 토대로 만든 언더우드의 《한영자전》이 요코하마 인쇄소에서 간행된 것이지요. 이후 선교사 게일(J. S. Gale)이 한국어 문법서인 《Korean Grammatical Forms(1893)》와 《한영대자전(1897)》을 펴냈습니다.

한글 성서는 언제 나왔나요?

문서 선교에서 가장 중요한 것은 성서의 번역이었습니다. 당시는 갑오개혁(1894년) 전이니 한국의 공용어는 한문이었습니다. 여기에서 특기할 사항은 선교사들이 성서 번역을 위하여 채택한 언어가 한문이 아니라 한글이었다는 사실입니다. 조선왕조실록의 언어가 한문인 것처럼, 모든 공문서는 한문으로 되어 있었지요. 지식인들도 한글을 사용하지 않았습니다. 이처럼 정부와 지식인층으로부터 400년 이상 철저히 외면당하던 한글이 개화기 선교사들에 의하여 성서의 언어로 등장하게 된 것입니다. 이것은 한국출판문화사에서 볼 때 획기적인 사건입니다.

조선시대에 소설을 통하여 일부 부녀자층에게 익숙해졌던 한글이 개화기에 들어와 성서를 통하여 전 국민에게 본격적으로 보급되기 시작했습니다. 이것은 독일어가 종교개혁가 마르틴 루터의 성서 번역을 통하여 격조 높은 국민언어로 자리 잡았고, 영어가 영국왕 제임스 1세의 《흠정역 성서》 발간을 통하여 전 계층의 언어로 확산된

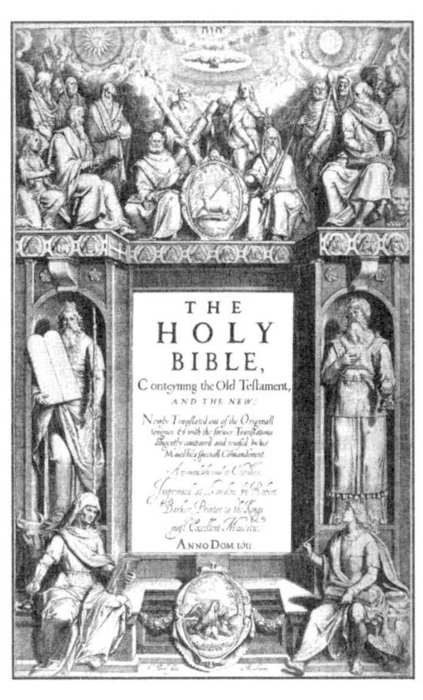

흠정역 성서_초판 표지

사실에 비견될 수 있는 사건이라고 할 수 있습니다.

《흠정역 성서》의 발행과 더불어 "영국은 한 책의 민족이 되었고, 그 책은 성경이었다"고 영국 역사가 그린(J. R. Green)은 선언한 바 있습니다. 한국의 경우, 한글 성서의 보급은 우리 글자가 본격적으로 한국 역사와 민족 문화 속으로 그리고 한국인들의 일상생활 속으로 들어오게 되었음을 의미합니다. 말하자면 성서의 한글 번역은 이미 학문을 숭상하던 '책의 민족'에게 고유 언어를 살려내게 해 준 것입니다. 그런데 흥미롭게도, 최초의 선교사들이 한국에 입국할 때 이미 그들의 손에 한글로 된 번역 성서가 들려 있었습니다. 이것은 세계 기독교 선교 역사에 유례가 없는 일이었는데, 한국 선교에서 커다란 효과를 발휘합니다.

당시 조선은 기독교 포교가 금지되어 있어, 선교사들은 목회자가 아니라 교사 자격으로 한국에 왔습니다. 이 선교사들은 개화된 서양문물을 가르치는 교사로서, 한글 성서를 매우 유용한 교재로 활용할 수 있었습니다.

그 한글 성서는 쪽복음인데, 1884년 이수정이 일본에서 번역한 《신약마가젼복음셔언히》입니다. 즉, 선교사 아펜젤러와 언더우드는 한국에 오기 전 일본에 들러 이수정의 마가복음을 받아서 온 것입니다. 이수정은 어윤중(魚允中), 김홍집(金弘集), 민영익(閔泳翊) 등 초기의 온건개혁파들과 교제를 나누던 양반 학자로 알려져 있는데, 임오군란 때 민비를 구출한 공으로 정4품 선략(宣略)장군직을 하사받은 바 있습니다. 그리고 고종의 배려에 의해 1882년 수신사 박영효의 비공식 수행원 자격으로 일본 유학길에 오르게 되었습니다.

선진국의 문명을 배우기 위하여 일본에 온 이수정은 일본인 농학자 츠다센(津田仙)을 만나 기독교를 받아들이게 되었고, 한문 신약전서를 언해본 성서로 옮긴 것입니다. 언해본이란 한문을 언문(諺文, 한글)으로 풀이한 책을 말하는데, 문장에서 우리말을 한자와 혼용하고 한자 옆에 한글로 음을 달되 헬라어 원어 발음을 우리말로 적어 넣은 것입니다. 예를 들면 다음과 같습니다.

> 신 ᄌᆞ예슈쓰 크리슈도스복 음 예 언 ᄌᆞ 긔 록
> 神의子耶蘇基督의福音이니그처음이라預言者의記錄ᄒᆞᆫ바(마가복음 1 : 1–2)

이수정은 한반도에 복음의 빛을 전하기 위하여 우리말 성경 번역의 개척자로서의 역할을 다했고 한국 선교의 터전을 마련한 인물로 평가받고 있습니다.

이 무렵 중국 만주에서도 선교사 로스의 주도로 성서 번역이 이루어졌습니다. 이 선교사 로스에 대하여 간략하게 소개할까 합니다(부길만, 2010. 10. 7).

로스는 중국에 선교사로 왔다가 1873년 만주에서 한국 상인들을 만난 후 선교의 미개척지인 한국 선교를 결심합니다. 그리고 근본적인 선교 대책의 하나로 한국어를 배워 그들과 함께 성경 번역을 하려고 한국인 선생을 찾아 나섰습니다. 때마침, 장사차 압록강을 건너가던 중 배가 전복되어 장사물품을 모두 잃어버려 절박한 상황에 처하게 된 의주 청년 이응찬을 만나, 개인 교사로 삼고 한국어를 집중적으로 배우며 그와 함께 성경 번역 사업을 시작했습니다. 그리고 동향 의주에서 찾아온 청년 백홍준, 이성하, 김진기 등도 이 번역사업에 동참하게 되었고, 동료 선교사 매킨타이어도 합류했습니다. 또한, 만주에 홍삼 장사차 왔던 서상륜은 장티푸스에 걸려 사경을 헤매다 매킨타이어의 주선으로 서양 의사에게 치료받아 살아난 후, 번역 원고의 교정과 인쇄 작업에서 중요한 역할을 했습니다. 이후 서상륜은 서울에까지 가서 기독교를 전파하고 언더우드와 함께 새문안교회를 설립하게 됩니다. 경제정의실천연합을 창립한 서경석 목사가 바로 이 가문의 후예입니다.

한편, 로스는 한국어를 열성적으로 배워 3년 후인 1877년에는 앞에서 말한 한국어 교본을 저술할 정도로 한국어 실력이 놀랍게 향상되었습니다. 성경 번역작업도 박차가 가해져, 첫 번째 작업으로 1882년 《예수셩교누가복음젼셔》를 번역·간행했으니, 낱권 성서로는 한국 최초가 됩니다. 그리고 1887년 신약 전체에 해당하는 합본 《예수셩교젼셔》가 심양의 문광셔원에서 활판본으로 나오게 됩니다. 이것이 바로 한국 최초의 신약성서입니다. 이 성서 번역은 의주 청년들이 중심이 되었기 때문에 의주 사투리가 성경 본문에 많이 배어 있습니다. 그래도 우리말 고유어를 찾아 순한글로 번역한 것으로 그 의의가 크다고 말할 수 있습니다.

한글 성서의 보급은 우리나라에 어떤 영향을 끼쳤나요?

한국에 온 선교사들은 일본과 만주에서 나온 위의 두 성서를 초기에 사용했지만, 계속 사용하는 것은 부적절하다고 판단했습니다. 이수정의 언해본 성서는 한글성서로는 어렵게 느껴지고, 로스 역 신약성서 역시 의주 방언이 많이 섞여 있어, 보편적으로 사용하기 어렵다고 본 것입니다.

이에 따라 선교사들을 중심으로 다양한 성서 번역작업이 진행됩니다. 예를 들면, 아펜젤러의 《마태복음》, 《마가복음》, 《고린도젼셔》, 언더우드의 《누가복음》, 《요한복음》, 게일의 《요한복음》, 《ᄉᆞ도힝젼》, 스크랜튼의 《로마인셔》, 《히브리인셔》 등입니다.

그 후 성서번역위원회가 조직되어 공동으로 체계적인 번역작업이 이루어졌고 1906년 3월 마침내 한국 최초의 공인역본 《신약성경》이 나오게 됩니다. 당시에는 외판원처럼 돌아다니며 성경을 팔고 전도하는 권서(勸書)들이 있어서, 한글 성경이 전국 방방곡곡으로 전해졌습니다. 한글 성경은 쪽복음이 출간되던 때부터 그 수요가 가히 폭발적이었습니다. 당시 신문인 〈대한크리스도인회보〉에는 "예수를 믿는 사람의 양식은 성경이온대 한문을 모르는 사람은 남녀 간에 국문으로 번역한 성경 내려 보내시기를 배고픈 자의 밥과 목마른 자의 물과 같이 기다린다(1898. 9. 21.)"고 하는 독자의 호소가 실릴 정도였지요. 성경의 발행부수도 크게 늘어났습니다. 한 예로 대영성서

공회(BFBS) 한국지부의 연도별 성서 반포 통계를 보면, 1900년 3만 8,006부이던 것이 급속하게 증가하여 1905년 9만 8,498부, 1910년 66만 6,178부를 기록하게 되었습니다(이만열, 1987).

교회에서는 성경을 읽히기 위하여 글을 모르는 사람들에게 한글 교육을 하였습니다. 그 결과, 복음 전파와 함께 한글 보급이 급속도로 늘어나며, 개화기 조선사회에 큰 변혁을 가져오게 됩니다.

서정웅(2003)은 그 영향을 이렇게 설명합니다.

첫째, 국어학과 국문학의 발달에 대한 공헌입니다. 이덕주는 "성서 문체라는 독특한 언어 문체를 창출해 냈다"고 보았고, 김병철은 언문일치를 이루어냈다고 파악했습니다. 그의 주장을 좀 더 들어봅시다.

> 우리 조상들은 오랫동안 입으로는 국어를 말하면서도 글로는 한문을 쓰는 기형적인 언어생활을 했다. 그러나 성서의 한글 번역은 이러한 언어생활을 청산케 하고 한글에 의한 언문일치를 과감하게 촉진시켰다. 그리고 성서의 순한글 번역에 의해서 자극을 받고서 개화기 이후에 등장한 신소설과 신문들은 순한글로 그 문체를 채용했다. 결국, 신소설의 언문일치 문체를 길러낸 산모는 어디까지나 한글 성서였다(김병철, 1975).

둘째, 성경 번역을 통해 기독교라는 외래 종교가 우리나라에 뿌리를 내리게 되었습니다. 이는 기독교 토착화의 기초적인 과정이 성경 번역을 통해 이루어졌음을 의미합니다. 또한, 번역된 우리말 성경을 사용하여 배우는 성경공부모임, 곧 사경회(査經會)는 교회 부흥의 불길을 일으키게 해주었다는 평가를 받고 있습니다. 즉, 1907년을 전후한 한국 초대교회의 부흥운동은 결국 성서번역, 성서읽기, 사경회의 열심을 통해서 불붙여졌다는 것이지요(이만열, 1987).

셋째, 양반·상민의 차별이 엄연히 존재하던 사회 속에서 만민평등사상이 교회 안에서 실천되는 사회적 변화를 실현시켰습니다.

넷째, 성경 번역이 우리나라 여성들의 계몽과 지위 향상에 크게 기여했습니다.

다섯째, 우리나라의 걸출한 개신교 지도자들이 한글 성서와 전도책자 등을 읽음으로써 신앙의 길을 택하게 되었습니다.

선교사들이 성서를 한글로 번역한 이유는 무엇인가요?

선교사들이 성서를 당시 공용어이자 지식인의 문자인 한문이 아니라 한글로 번역한 이유는 크게 두 가지입니다. 첫째, 서민 대중을 중심으로 전도하기 위함이었고, 둘째, 한글의 우수성을 발견했기 때문입니다.

첫째, 대다수 민중, 특히 무식한 서민 대중에게 복음을 전파하기 위함이었습니다.

이것은 누구나 성경을 읽을 수 있어야 한다고 생각한 인문주의

사상가 에라스무스나 마르틴 루터의 성서 번역 정신과 일치합니다. 에라스무스는 자신의 성서관을 이렇게 표현합니다. “평신도들이 성경을 읽는다고 해서 그리스도께서 화를 내실까요? 저는 농사꾼은 물론이고 대장장이와 석공들, 심지어 창녀나 포주, 터키인들도 성경을 읽을 수 있도록 허용해야 한다고 봅니다.”

루터는 이를 바탕으로 앞에서 보았듯이, ‘미천한 사람들에게 묻고 이들이 어떻게 말하는지 이들의 입을 보고난 후에’ 성서를 번역해야 한다고 주장했습니다.

한국에서 ‘미천한 사람들’의 언어는 바로 한글이었습니다. 그래서 의주 방언으로 성서가 번역된 것도 흠이 아닐 수 있습니다. 현대에도 제주도 방언으로 된 성서가 나온 바 있습니다. 《제주방언성경 마가복음》인데, 지역적인 배려에서, 고연령층으로서 학교 교육을 받지 못한 제주도 토착민들을 위해 《공동번역성서》를 제주 방언으로 옮긴 것인데, 예를 들면 이렇습니다(서정웅, 2003).

〈제주방언성경 마가복음 10 : 28〉

그때 베드로가 나산 “보시다시피 저희는 하근 걸 ᄇᆞ리고 주님을 ᄄᆞ라쑤덴” 말ᄒᆞ였쑤다.

〈공동번역 성경〉

그때 베드로가 나서서 “보시다시피 저희는 모든 것을 버리고 주님을 따랐습니다”하고 말하였다.

그러나 오늘날 우리가 쓰는 성서의 문체는 개화기 성서의 근본 정신을 반영한 것 같지 않습니다. 봉건시대인 16세기 초반에 루터가 성서를 미천한 사람들의 언어로 번역해야 한다고 주장한 것은, 한국의 성서번역 역사와 견주어 볼 때, 놀라운 식견이 아닐 수 없습니다. 즉, 한국어 성서로는 1971년에 와서야 비로소 일반 독자들이 쉽게 이해할 수 있는 《공동번역 성서》가 출판되었습니다. 그 이전까지 성서의 한국어 번역은 조선조 말기 지식인들에게 어울리는 말투와 권위적인 문체를 벗어나지 못하고 있었습니다(부길만, 2008).

그러나 개신교와 가톨릭이 세계 최초로 이루어낸 성과물인 공동번역 성서는 현재 일반 교회에서 사용되지 않고 있습니다. 그 이유가 여러 가지 있지만 쉬워서 안 된다는 것입니다. 개화기에 살았다면, 쉬운 한글이 아니라 어려운 한문 성서를 사용해야 한다고 주장했겠지요. 일례로 '사람의 아들(Son of God)'을 왜 꼭 '인자(人子)'로 번역해야 하고, 문장의 끝어미를 "하였습니다"가 아니라 "하였느니라"로 써야 하는지 이해가 안 됩니다.

둘째, 선교사들이 우리 지식인들이 간과했던 한글의 우수성을 발견했기 때문입니다.

그 우수성은 배우기 쉽고 간단하며 과학적일 뿐만 아니라 아름다운 소리글자라는 점입니다. 외래 종교인 기독교가 들어와 민족 글자인 한글을 발견해냈다는 것은 한국인으로서 행운이 아닐 수 없습니다.

그런데, 언어와 성서의 결합은 어느 나라에서나 아름다운 성과를 보여주고 있습니다. 예를 들면 독일의 경우, 루터는 성경 번역을 통하여 독일어를 언어적·문학적으로 차원을 높였다는 평가를 받고 있습니다. 김성영(2005)에 의하면, 성경은 번역하는 곳마다 그 언어가 빛을 발하고 성서의 문학적 향기가 발산되고 있다고 봅니다. 아울러, 그는 "성경은 그 양식에서도 탁월한 문학의 형태를 다양하게 지니고 있기 때문에 이러한 성서의 문학적 가치를 제대로 표현하려면 번역되는 그 대상 언어도 그만큼 갈고 닦아져야 하며 최대한 문학적인 표현기법을 발휘해야 한다. 이러한 과정에 자연히 해당 언어는 언어적으로나 문학적으로 큰 진보를 이루지 않을 수 없다"고 주장합니다. 한글 역시 번역어가 되면서 더욱 체계화되고 다듬어지게 되었습니다. 이것을 담당한 주체는 로스, 언더우드 같은 초창기 외국인 선교사들과 주시경, 이윤재 같은 우리 국어학자들이었습니다.

한글학자 최현배(1962)는 성서의 한글 번역을 통하여 한글과 기독교는 서로 섬기고 돕는 공덕을 베풀었다고 하며 이렇게 설명합니다.

우선, 한글이 기독교에 준 공덕입니다.

첫째, 한국에는 배우기와 쓰기에 매우 쉽고 편한 훌륭한 한글이 있었기 때문에 기독교 전파에 큰 편리를 주었습니다. 우리 국민 중에 글을 모르는 하층계급에서는 기독교를 믿는 것이 곧 글을 깨치는 것이 되기 때문에, 이중 삼중의 이익을 누리게 되어 더욱 흥미를 가지고 기독교 전도에 귀를 기울이게 되었습니다.

둘째, 우리 겨레에게는 원래 유일신으로서의 하느님에 대한 경외

존중의 사상이 있었고, 또 그에 따라 당연히 기독교의 신을 '하느님'이란 말로 부르게 되었기 때문에, 기독교 전파에 큰 편익을 주었습니다. 다시 말하면 기독교가 이방인의 종교로서 겨레 고유의 사상에 패려(悖戾)되는 일 없이, 매우 순조로우면서도 비교적 자연스럽게 스며들 수가 있었습니다.

다음은 기독교가 한글에 준 공덕입니다.

첫째, 한글을 민중 사이에 전파하였습니다. 공자, 맹자의 유교에 젖은 사람들이 우리의 글 한글은 언문이라 해서 멸시·천대하고 있을 때, 기독교는 한글만으로 된 성경을 가지고 들어왔습니다. 그리하여, 기독교 교리가 전파되는 곳에 반드시 한글이 전파되었고, 한글이 전파되는 곳에 그 교리가 전파되는 결과를 가져왔습니다.

둘째, 성경을 가르치고 설교를 하는 목사의 활동에 따라, 신도들은 사상 표현의 말씨를 배우며, 글을 읽고 쓰는 방법까지 깨치게 되었습니다. 더구나 성경이 때를 따라 고쳐 번역되고, 목사의 강설은 날로 향상되었습니다. 전도사, 목사들은 말 잘하는 사람으로 알려졌으며, 산간 벽촌의 신도들은 그 마을의 유식자로서, 말과 글의 지도자가 되었습니다. 여기에서 우리 배달말, 배달글이 기독교로 말미암아 발전하였습니다.

셋째, 한글에 대한 존중심을 일으키고 한글을 지키는 마음을 길렀습니다. 유교의 경전을 공부한 한학자들이 한자·한문에 대한 존숭의 마음을 가짐과 같이, 기독교의 성경을 공부한 대중이 한글에 대한 존숭의 생각을 품게 됨은 또한 자연스런 심리라 할 것입니다.

하느님의 말씀이 나타나 있는 한글 성경책이 귀중한 것으로 인식됨과 함께, 그 거룩한 내용을 나타낸 한글이 또한 귀중한 것으로 인식되었습니다. 수백 년 동안 언문·암클·규방문자니 하여 천대받던 한글이 이제 기독교의 교리를 적게 됨으로 말미암아, 일약 사서 삼경의 한자와 같은 지위를 얻게 된 것입니다.

넷째, 한글의 과학적 가치를 인정하였습니다. 게일을 비롯하여 여러 선교사들은 한글이 과학적이고 훌륭한 글자임을 역설했습니다. 그들의 연구는 한글의 가치를 널리 세계에 소개할 뿐 아니라, 완고한 한국의 한학자들에게도 이를 긍정하게 하였으며, 일반 민중에게 한글의 효용을 깨치게 했습니다.

다섯째, 우리의 말글을 널리 세계에 전파했습니다. 선교사들이 우리나라에서 발행하는 잡지에 발표된 그들의 한국에 관한 연구 논문은 한글을 널리 세계에 소개하였으며, 그들이 엮은 사전과 지은 말본 책들은 우리말을 세계에 소개하는 공덕을 쌓았습니다.

여섯째, '한글만 쓰기'의 기운을 조성하였습니다. 초창기 성경 번역이나 전도 책자가 모두 한글로만 되어 있어 한글전용의 선구적 역할을 하였습니다.

그러나 오늘날 기독교가 사회에서 큰 영향력을 발휘함과 동시에 많은 신자들이 있음에도 불구하고 외래어의 범람과 남용 속에서 한글과 한국어는 위축되고 더럽혀지고 있어, 우리를 부끄럽게 합니다.

기독교 전파와 애국계몽

성서 번역은 역사적으로 어떻게 이루어졌나요?

중요한 질문입니다. 성서 번역에 관하여 역사적으로 살펴볼 필요가 있습니다. 성서는 신앙의 대상과 내용에 대해 기록한 책이기 때문에, 성서의 번역은 기독교인에게는 중요하고도 조심스러운 문제일 것입니다. 그러나 실제로 성경 번역작업은 역사적으로 정치사회적 역학관계 속에서 이루어져 왔습니다. 성경의 원문은 히브리어와 코이네 그

히에로니무스

리스어로 되어 있지만, 유럽 기독교에서 천 년이 넘도록 사용된 성경의 언어는 라틴어였습니다. 다시 말하면 4세기에 히에로니무스가 라틴어로 번역된 불가타 성경만을 기독교 교리와 신앙의 근거로 삼아온 것입니다. 물론 이것은 라틴어가 로마제국의 언어였기 때문이었습니다. 당시에 영어, 독일어, 프랑스어 등 주변국의 언어는 전혀 인정받지 못했습니다. 심지어 종교 개혁이 일어난 16세기에도 라틴어가 아닌 영어로 성경을 번역하거나 읽을 경우 불경죄에 해당되어 화형에 처해졌습니다.

윌리엄 틴들

실제로 1526년 윌리엄 틴들은 독일에서 비밀리에 영어 신약성서를 간행하고 배편으로 영국에 보냈습니다. 이 책은 가격이 2~3실링 정도였지만, 읽거나 소지할 경우 화형을 각오해야 했다고 합니다. 그럼에도 불구하고 계속해서 구약성서를 번역·간행해냈습니다. 앞에서 보았듯이, 윌리엄 틴들은 1535년 네덜란드에서 체포되어 영국으로 끌려와 이듬해 화형을 당했습니다. 또한 1세기 전에 성경을 영어로 번역하고 옥스퍼드 교수직에서 쫓겨난 위클리프는 이때 유골이 파헤쳐지고 불에 태워졌습니다.

그러고 보면, 종교개혁가 루터가 라틴어가 아닌 독일어로 성경을 만든 것은 종교개혁의 또 다른 축이라 할 수 있습니다. 루터는 당시 교황청이 정본으로 삼는 라틴어 성경 자체가 번역서임을 천명하고 히브리어(구약)와 그리스어(신약)의 원전을 토대로 독일어 성경을 만들어 신자들에게 주고자 한 것입니다. 이것이 기독교의 본질에 더 접근한다고 본 것이지요. 루터는 1521년 4월 국외 추방 선고를 받게 되었고, 그 후 지역 통치자인 프리드리히의 보호로 바르트부르크 성에 피신한 상태에서 맹렬하게 성서 번역작업을 했습니다. 이렇게 해서 탄생한 독일어 《신약성서(1522)》와 《구약성서(1534)》는 신학적인 성과를 거두었을 뿐만 아니라, 근대 독일어의 기초를 닦아 놓은 위대한 언어학적 공로를 세운 것으로 평가받고 있습니다. 현대의 영어 산문을 개발했다고 칭송받는 윌리엄 틴들의 영어 번역 성경 역시 루터의 독일어 번역작업에서 직접 영향받은 것입니다.

한편, 영국은 윌리엄 틴들이 화형당할 무렵, 종교 상황이 크게 달라졌습니다. 즉, 국왕 헨리 8세가 스페인 공주 출신인 캐서린 왕비와의 이혼 허락 문제로 교황청과 갈등을 겪다가 로마 교회로부터 이탈하게 된 것입니다. 이 과정에서 합법적인 성서 번역의 필요성을 인식하기 시작했고, 그때부터 다양한 영어 성서가 나오게 됩니다. 예를 들면, 번역자의 이름을 딴 《틴들 성서》, 《매튜 성서(1537)》, 《태버너 성서(1539)》

국왕 헨리 8세_초상화

가 있고, '피의 여왕'이라고 불렸던 메리 여왕의 개신교 박해 때 캘빈이 있던 스위스 제네바로 피신한 학자들에 의해 번역된 《제네바 성서(1560)》, 주교들이 중심이 되어 작업한 《비숍 성서(1568)》 등이 있습니다. 이 중에서 가장 대중적인 인기를 모은 것은 최초로 장절을 구분하여 만든 《제네바 성서》였습니다. 《제네바 성서》는 영국의 청교도들이 북미 대륙으로 이주할 때 가지고 갔던 성서이며, 셰익스피어의 문장에 등장하는 대부분의 성서 구절도 《제네바 성서》에서 인용된 것이라고 합니다. 그런데, 1604년 영국 왕 제임스 1세는 국가적 사업으로 47명의 학자들이 참여하는 성서 번역을 추진했습니다. 이렇게 하여 앞의 번역 성서들 중에서 잘된 부문만을 가려 당대에 가장 뛰어난 성서로 만든 것이 바로 《흠정역 성서(The Authorized Version, King James Version of English Bible, 1611)》입니다. 이 흠정역 성서의 80% 정도는 틴들이 번역한 단어를 그대로 사용한 것이라는 연구 결과가 나온 바 있습니다. 이 흠정역 성서는 영국이 대제국으로 세력을 확대하면서 전 세계의 성서로 읽히게 됩니다. 우리나라 개화기에 선교사들이 사용하던 성

제임스 1세

서도 바로 이 흠정역에 기초를 둔 성서입니다.

유럽의 성경이 라틴어역에서 자국어 번역으로 진행되었다면 한국의 성경은 한문 성경을 토대로 번역이 시작되었습니다. 지난 번에 이야기한 이수정 역 성서, 로스 역 성서 모두 한문 성경에 기초를 둔 것입니다. 일본에서 행한 이수정의 번역작업은 처음에는 한문에 이두식 구결을 다는 방식이었지요. 토를 달아 끊어 읽기 좋게 해 준 것입니다. 그런 다음 언해본 성경을 만들었습니다. 국한문 혼용을 하면서 옆 줄에 한글로 한자 음을 달아주고 외국 글자는 한문으로 쓰고 헬라어 원음을 한글로 적어 놓은 것입니다. 그래서 예수는 한자로 '耶蘇'라 쓰고 옆에 헬라어 원음 '예슈쓰'라고 표기했고, 그리스도는 '基督'이라 쓰고 '크리슈도스', 요한은 '約翰'이라 쓰고 '요한네쓰', 예루살렘은 '耶路撒冷'으로 쓰고 '예루샬넴', 세례는 '洗禮'로 쓰고 '밥테슈마'로 적어 놓았습니다.

그 후 성서번역위원회에서 선교사들이 중심이 되어 작업하고 공인한 번역 성서는 순한글로 표기되어 있습니다. 서북지방 사투리는 모두 표준어로 바꾸어 놓았지요.

영국에서 틴들, 매튜, 태버너 등 개인들이 성서를 번역했듯이, 기독교 초기에 한국에도 로스, 이수정 등 개인들이 번역을 했습니다. 그러나 그 후 개인 번역으로 된 성서는 나오지 않았던 것 같습니다. 성서학자 안병무 교수가 은퇴 후 개인 번역성서를 내고자 원고를 준비했는데, 유언으로 발간하지 말라고 하여 출판되지 않았다는 이야기를 들은 바 있습니다. 그래도 성서 번역은 지금까지도 학자들

사이에 계속 논의되고 있습니다.

그런 중에 최근 특기할 만한 성서 번역이 한국인 성서학자에 의하여 일부 시도되었습니다. 조철수는 《예수평전》을 쓰면서 신약성서의 본문을 그리스어가 아닌 아람어를 통하여 새롭게 번역하는 시도를 했습니다. 그는 현재 신약성경의 원문은 그리스어로 쓰여 있는 것이 가장 오래된 사본이지만, 그리스어 신약성경의 일부는 번역본일 가능성이 높다고 주장합니다. 신약성경이 처음부터 그리스어로 기록된 것은 아니고, 초대 교회 사도들의 언어였던 히브리어나 아람어로 전해졌다가 수십 년이 지나며 그리스어나 시리아 아람어로 옮겨졌다고 보는 것이지요. 그런데, 히브리어와 아람어는 같은 언어 계열에 속하지만 그리스어는 전혀 다른 언어 체계이기 때문에, 히브리어 문법 체계와 비슷한 아람어 본문이 당시 언어 행위를 이해하는 데 더 적합하다고 파악합니다. 그래서 그는 아람어 본문과 히브리어 본문을 택하여 우리말로 옮겼습니다. 이것은 라틴어 성서가 아니라 그리스어 성서로 원전에 접근한 루터의 독일어 성서에서 한 걸음 더 나아가, 예수의 육성을 그대로 기록했을 아람어로 된 성서를 한국어로 번역함으로써 성서의 진리에 더 가까이 가려는 시도로 볼 수도 있겠습니다. 여기에서 현행 성서와 크게 달라지는 두 가지 번역을 소개할까 합니다(조철수, 2010).

첫째, 그는 흔히 알려진 오병이어 일화(떡 다섯 개와 물고기 두 마리로 오천 명을 먹였다는 마가복음 6장의 이야기)는 잘못된 번역으로 보고 있습니다. 다시 말해 오천 명이 아니라 다섯 천부장의 오역이라고 합니다. 천부장이란 천 명 단위 조직체의 장을 말합니다. "혹 백씩, 혹 오십씩 앉게 했다"는 성경 귀절도 백부장과 오십부장들이 자기 위치에 따라 착석하게 한 것이라고 번역합니다. 따라서, 그의 주장에 의하면 오병이어 일화는 몇 개의 떡으로 배고픈 사람들의 배를 충분히 채워주었다는 기적적인 사건을 이야기하는 것이 아닙니다. 이 일화는 특별한 만찬 의례를 목적으로 모여 생긴 사건을 전한 이야기인데, "떡(빵)을 먹은 이들이 다섯 천부장이었다"는 말은 백부장들과 오십부장들이 참석한 이 만찬 의례에서 그들 가운데 다섯 명의 천부장을 선출한 이야기라는 것입니다. 그리고 오병이어의 성만찬 이후 예수 공동체는 열두 제자와 다섯 천부장이 모이는 최고의회를 결성했다고 해석합니다. 이후, 예수의 가르침을 배우고 따르는 제자들이 많아졌고, 예수는 이들 가운데 일흔두 명을 선택하여 세상 전도 사업으로 여러 지방에 파견했다(누가복음 10장)고 합니다.

둘째, 주기도문에 나오는 "오늘날 우리에게 일용할 양식을 주옵시고(마태복음 6장 11절)"는 먹을거리를 요구하는 의미가 아니라고 합니다. 우선 본문을 "오늘 우리의 필요한 빵을 주십시오"라고 번역합니다. 즉, 주기도문에서 '양식'이라고 번역한 단어는 글자 그대로 '빵'인데, 초기 유대교 문헌에 따르면 '빵'은 하나님의 가르침, 즉 토라(모세오경, 계명)를 은유적으로 표현한 것입니다.

또한 '오늘'이라고 주목해서 말하는 것은 날마다 한 계명(말씀)씩 익혀 일 년 내내 죄를 짓지 않게 해달라는 의미입니다. '오늘 우리의 필요한 빵'은 오늘이 무슨 날인지 알고 그에 필요한 토라를 배우게 해달라는 의미가 됩니다.

이러한 해석을 듣고 보니, 그 동안 무심코 받아들인 먹을 것을 달라는 기도, 심한 경우 물질적 복을 기원하는 행위가 성서의 원래 의미나 예수의 가르침과 동떨어진 것임을 새삼 깨닫게 됩니다. 아울러, 마태복음에는 먹을거리와 관련된 예수의 직설적인 선언이 있음을 뒤늦게 발견하게 됩니다. "사람이 떡으로만 사는 것이 아니라 하나님의 입으로 나오는 모든 말씀으로 사는 것이다(4장 4절)". "목숨을 위하여 무엇을 먹을까 무엇을 마실까 몸을 위하여 무엇을 입을까 염려하지 말라(6장 25절)."

성서 번역과 관련하여 이야기가 길어졌습니다만, 조철수의 새로운 성서 번역을 받아들일 것이냐 하는 문제는 각자가 스스로 판단할 몫이겠지요. 다만 당시의 역사적 맥락에 대한 이해를 토대로 행한 그의 성서 번역은 책의 '머리말'에서 밝힌 대로 '인문학적 소양으로 성경을 읽음으로써 믿음과 세상사가 매우 밀접하게 연관되어 있음을 발견'하게 해줍니다.

개화기 기독교 서적은 어떤 종류가 있나요?

기독교 서적의 종류로는 앞에서 설명한 한글 성서 외에 전도책자, 단행본 신학서적, 기독교문학 서적 등을 들 수 있습니다.

전도책자는 기독교의 핵심 내용이나 성서 이야기를 알기 쉽게 요약한 얇은 책자를 말하는데, 기독교 교리서도 여기에 포함시킬 수 있습니다. 최초의 전도책자는 선교사 로스와 이성하, 백홍준 등 한국 청년들이 1883년 중국 만주에서 간행한 《예수셩교문답》과 《예수셩교요령》으로 알려졌습니다. 그 분량은 각각 20쪽 미만인데, 원본이 전해지지 않아 정확한 내용은 확인되지 않고 있습니다.

그 다음은 1885년 일본에서 나온 《랑ᄌᆞ회ᄀᆡ》를 들 수 있습니다. 신약성경 누가복음 15장에 나오는 이른바 '탕자의 비유'를 해설한 책자인데, 지은이가 미상이고 이수정이 순한글로 번역·간행했다고 합니다.

한국에서 나온 최초의 전도책자는 1889년 삼문출판사에서 발행한 《셩교촬요(聖敎撮要, 그리피스 존 지음, 아펜젤러 옮김)》입니다. 언더우드의 《졔셰론(濟世論)》과 《속죄지도(贖罪之道)》, 존스의 《미이미교회문답》 등도 같은 해, 같은 출판사에서 나왔습니다. 미이미교회란 감리교회를 말합니다.

이후에도 다양한 전도책자들이 출판되어 기독교 전파는 물론 국민계몽에 크게 기여했습니다. 전도책자 역시 성경처럼 순한글로 되어 있었기 때문에, 한글이 널리 보급되는 계기가 되었습니다.

당시 권서와 전도부인들은 지금의 서적외판원들처럼 한글 성경과 전도책자들을 들고 전국 방방곡곡을 다니며 그 책들을 설명하고 판매하는 일을 했습니다. 또한 책을 보급하기 위해서 문맹자들에게 한글을 가르쳐 주기도 했습니다.

다음으로는 단행본 신학서적을 살펴봅시다.

단행본이라고 따로 분류한 것은 전도책자와 구분하기 위해서입니다. 즉, 전도책자는 그 분량이 대부분 40쪽에도 미치지 못하는 팸플릿이었는데 20쪽 미만인 것들도 많았습니다. 이에 비해, 단행본은 50쪽이 넘고 일관된 주제를 다루고 있는 서적의 형태를 지녔습니다.

몇 가지만 예를 들면, 성경의 비유를 해설한 《증션비유요지(增選比喩要旨, 민찬호 편, 조선야소교서회, 1910)》, 《릐취예수(來取耶穌, W. L. Swallen, 대한예수교서회, 1907)》, 《의경문답(義經問答, W. Nast 지음, 올링거 옮김, 삼문출판사, 1893)》, 설교학 서적인 《강도 요령(講道要領, C. A. Clark 옮김, 대한예수교서회, 1910)》, 주일학교 교재인 《만국유년주일공과(조선야소교서회, 1910)》 등이 있습니다(김봉희, 1987).

이번에는 기독교문학 서적을 살펴볼 차례입니다.

존 러스킨

기독교와 문학 또는 종교와 문학의 관계는 참으로 밀접합니다. 학문이나 사상이 분화되기 이전에 종교와 문학은 사실상 하나였겠지요. 말하자면 같은 근원이라는 것입니다. 근대 이후에도 존 러스킨은 '미의 근원은 신의 속성'이라 했고, 캘빈은 "하나님이 문학과 예술의 형태로 예배를 받으신다"고 표현함으로써 그

상관성을 강조한 바 있습니다. 최근 우리 종교계가 세습이나 이권 다툼으로 사회의 지탄을 받는 것은 종교 속에서 아름다움이나 예술성을 잃어버렸기 때문이 아닐까요?

한국에서 개화기에 다양한 기독교문학 작품들이 나온 것은 오늘날 보아도 참으로 뜻깊은 일입니다. 김성영(2005)은 기독교문학이란 '기독교 신앙을 가진 작가가 성서에 의한 기독교적 삶을 소재로 하여 기독교 사상을 주제로 쓴 작품으로서 기독교의 진가를 문학적 감동으로 표현하되 문학 고유의 예술성을 추구한 창작 행위'라고 정의합니다.

개화기에 나온 기독교문학에는 소설과 시가가 있지만, 여기에서는 소설을 중심으로 알아보겠습니다. 김병학(2004)은 100편이 넘는 개화기 소설 중에서 기독교 정신이 나타난 소설로 13편을 고르고 이를 다시 여섯 부류(첫째, 영혼 구원, 둘째, 박애 정신, 셋째, 회개 정신, 넷째, 가정 구원, 다섯째, 평등사상, 여섯째, 현실 비판 및 풍자)로 구분하여 다음과 같이 설명합니다.

첫째, 영혼 구원으로는 기독교적 구원관을 제시한 《몽조(반아, 1907년 〈황성신문〉 연재)》, 영적 구원의 새로운 삶을 보여주는 《다정다한(백악춘사, 1907년 〈태극학보〉 연재)》, 변증법적 구원을 주제로 한 《셩산명경(최병헌, 1907년 〈신학월보〉 연재)》이 있습니다.

《몽조》는 전반부와 후반부로 나누어져 이야기가 전개됩니다. 전반부에서는 개화주의자인 주인공 한대흥이 사회 개량과 정치 개혁을 부르짖다가 개화의 꿈을 이루지 못하고 옥사하자, 그의 아내인

정씨 부인이 아들과 딸 둘을 어렵게 키우며 살아간다는 가정의 수난을 그리고 있습니다. 후반부에서는 정씨 부인이 전도부인에게 성경 누가복음서를 받아 읽은 후, 기독교에 귀의하는 내용입니다. 마지막 장은 작가의 개입으로 세상 사람들을 세 부류로 구분하여 설명합니다. 첫 번째, 부귀영화를 쫓아가며 행복하게 사는 사람, 두 번째, 이기적인 방법으로 재물을 모으는 사람, 세 번째, 이 세상의 풍조를 거슬러 사는 사람입니다. 주인공 한대홍 집안은 이 가운데 세 번째 경우에 해당됩니다. 세상적으로 볼 때 가정에 수난이 찾아왔지만, 기독교적인 믿음의 눈으로 볼 때는 구원을 받은 것입니다.

《다정다한》은 모두 7장으로 구성되어 있습니다. 주인공인 삼성 선생은 개혁 정신을 지닌 경무국장으로서 만민공동회를 해산시키라는 명령을 따르지 않아 목포 경무관으로 좌천됩니다. 그곳에서도 그는 억울하게 잡혀 있는 역부를 풀어주고 미신타파에 힘쓰는데, 어느날 갑자기 면직을 당합니다. 그 후 아동교육에 전념하고자 소학교를 건립하지만, 사립학교법을 어겼다는 이유로 당국에 체포되어 투옥됩니다. 옥중에서 《천로역정》을 읽고 기독교인이 되어 3년 후 감옥에서 무죄로 풀려난 이후, 자선사업을 하면서 전도에 열중하기로 작정합니다.

이 소설은 부패 관료들의 횡포가 극에 달하고 인간의 자유가 말살된 조선 후기에 부조리한 사회를 구제하고 선도하는 것은 '하나님을 믿는 기독교 정신'임을 역설하고 있습니다.

《셩산명경》은 대화체 소설의 형식을 취하고 있으나, 기독교 진리를 변증하는 신학서적에 가깝습니다. 유교, 불교, 선교(仙敎), 기독교의 각 대표자들이 등장하여 종교 토론을 전개한 끝에, 주인공 신천옹의 설득에 따라 모두 예수 믿기를 작정합니다. 주인공 신천옹은 처음부터 기독교의 복음주의 입장에서 투철한 믿음과 사상을 바탕으로 기독교의 토착화를 구현하려는 저자의 생각을 대변합니다. 이 작품은 동양 종교와 기독교와의 대화를 통하여 기독교의 토착화를 시도하였다는 점에서 그 의의가 큽니다. 심광섭(2003)은 《셩산명경》이 한국 신학사에서 서양의 슐라이어마허(F. D. E. Schleiermacher)의 《종교론(1799)》과 바르트(K. Barth)의 《로마서 강해(1918~1921년)》와 비견할 수 있는 중요한 저서라고 주장합니다. 즉, 슐라이어마허가 《종교론》에서 종교를 경멸하는 계몽된 교양인들에게 종교의 새로운 영역을 확보함으로써 종교의 자율을 제시하여 포스트계몽주의 시대에 기독교 신학의 근거를 마련했고, 바르트가 인간의 종교적 체험이 아닌 하느님의 말씀으로 기독교 신학의 새로운 길을 열어 갔다면, 탁사 최병헌은 서양과 전혀 다른 다종교적 상황, 특히 유교적 맥락 속에서 기독교 신앙의 정당성과 기독교의 시대적 당위성을 변호했다는 것입니다.

셩산명경_정동화화서재, 1901년 초판본 겉표지

둘째, 박애 정신으로는 기독교적 사랑의 실천을 보여주는 《고목화(이해조, 1907년 〈제국신문〉 연재)》, 기독교적 박애주의 구현을 주제로 한 《월하의 자백(백악춘사, 1907년 〈태극학보〉 13호 발표)》, 타자 구원의 아가페적 사랑을 다룬 《박연폭포(이상춘, 유일서관, 1913)》가 있습니다.

《고목화》는 2권(상·하)으로 구성되어 있습니다. 상권에서는 사회적 불안 요소라고 할 수 있는 '불한당'이 등장합니다. 주인공 권진사는 속리산 구경을 나갔다가 명화적패란 불한당에게 납치되어 그들의 두목으로 추대되나 이를 거절합니다. 위기에 처한 그는 납치되어 와 있는 20대 과부 청주집의 도움으로 무사히 탈출하여 가족과 상봉하고, 청주집 역시 부친 박부장에 의해 무사히 구출됩니다. 하권은 주인공이 조박사를 만난 후 기독교 신자가 되어 기독교의 사랑을 실천하는 내용입니다. 즉, 불한당 소굴을 찾아 원수를 갚으려고 했으나, 조박사의 설교에 감명되어 지금까지 강한 복수의 대상이던 불한당을 용서한다는 것입니다. 이 소설은 기독교 교리의 일방적 설교에서 벗어나, 기독교의 핵심인 '사랑'의 정신을 제시했다는 점에서 보다 성숙된 단계의 작품이라고 할 수 있습니다.

《월하의 자백》은 주인공인 한 노인의 고해성사를 통하여 그동안 답습되어 내려오던 관리들의 부패상을 폭로하는 독백 형식의 소설입니다. 이 소설에서는 기아와 폭정에 시달리는 피지배층인 백성들과 사치와 방탕으로 세월을 보내는 타락한 지배층 간의 두 가지 상반된 현실이 극명하게 드러납니다. 주인공은 지난날 양민을 괴롭혀 가며 일신상의 영화만을 꾀하던 인물이었는데, 기독교를 받아들이면서 자기 반성을 하게 됩니다. 그리고 모든 사람들을 위해 성령의

물이 채워지기를 바라는 축복의 기도를 올린 다음 자살하는 것으로 소설이 마무리됩니다. 이 소설은 그리스도가 인류의 죄를 대신하여 십자가를 짊어지고 죽었듯이, 주인공의 죽음을 통하여 인간의 타락과 구원에 대한 문제를 형상화시켰습니다. 비록 주인공의 자살과 같은 비도덕적이며 반종교적인 소재 때문에 기독교문학으로서 당위적인 면이 미약하지만 개괄적인 내용으로 볼 때는 기독교의 박애 정신을 보여주려 했다고 할 수 있습니다.

《박연폭포》에서는 주인공의 불행과 가족적인 비운이 모두 산적 또는 화적떼의 유괴와 방화, 살인에서 비롯됩니다. 그러나 마지막 부분에서는 칼과 성경을 통하여 흉포한 도적의 폭력과 기독교 사랑의 윤리를 대비시킵니다. 즉, 흉악한 도적의 두목을 잡지만 죽이지 아니하고 개과천선하도록 살려줌으로써 기독교의 사랑을 실천하고 있습니다. 이 소설은 개화기시대 상황을 고발하는 데 그치지 않고, 기독교 신앙에 기초한 생명존중 사상을 중시하여 인간의 가치를 옹호하는 휴머니즘 정신과 기독교의 아가페적 사랑을 문학적으로 형상화한 작품이라 할 수 있습니다.

셋째, 회개정신으로는 회개정신이 현실 삶에 어떻게 드러나는지 보여주는 《눈물(이상협, 1913~1914년 〈매일신보〉 연재)》, 회개와 기독교 귀의를 다룬 《부벽루(작자 미상, 보급서관, 1913)》가 있습니다.

《눈물(상·하)》은 장편이며, 신파극적 요소가 포함되어 실제 무대에서 상연되기도 하였습니다. 전반부에서는 국권의 상실에 따른 관료층의 무기력한 모습과 근대 산업 형성에 따른 자본주의 경제를 중요시하는 사회 현상이 부각되고 있습니다. 후반부에서는 부의 축적에 따른 인간의 도덕적 타락과 함께 기독교를 통하여 구원받는 삶을 보여줍니다.

주인공 조필환은 실업가의 딸인 서씨 부인과 결혼하여 사업을 이어 받고 행복하게 살아가던 중 기생 평양집의 유혹에 빠집니다. 그리고 아내에게 외간 남자와 통정했다는 누명을 씌워 조강지처를 쫓아냅니다. 안방을 차지한 평양집은 정부(情夫)인 장철수의 욕망에 편승하여 전처 아들을 쫓아내고 조필환마저 뒷방에 가두고 재물을 빼앗아 갑니다. 후반부에서 조필환은 고통 속에서 과거의 죄를 뉘우칩니다. 평양집 역시 장철수에게 버림받아 길가에 쓰러지는데, 이때 구세군 마야대좌를 만나 지난날의 잘못을 회개합니다.

이 소설 속에 나타난 다양한 눈물로는 조필환에게 억울한 누명을 쓰고 헤어지면서 흘린 서씨 부인의 눈물, 서씨 부인이 그의 아들과 재회할 때 흘리는 눈물, 그리고 조필환과 평양집이 뒤늦게 후회하면서 흘린 참회의 눈물 등이 있습니다.

《부벽루》는 주색에 빠진 주인공 최운영이 서울에 있는 집을 저당 잡히고 나중에는 자기 아내 김씨 부인까지 팔아넘기는 것으로 이야기가 시작됩니다. 그 후 기생 옥매를 데리고 평양에서 살았는데, 그녀가 병으로 죽게 되자, 부벽루에 올라가 인생무상을 깨닫고 참회합니다. 그리고 하나님의 소명 의식에 따라 변화된 삶을 살아갑니다. 한편, 색주가에 팔린 부인은 목사를 만나 구원을 받고 기독교 신자가 되었으며, 교회에서 회개한 남편과 반가운 모습으로 다시 만나게 됩니다.

작자는 《부벽루》에서 주인공 최운영의 체험을 통하여 어떠한 고난과 역경 속에서도 예수를 믿으면 마음의 평안을 얻고 구원을 받을 수 있다는 교훈을 줍니다. 또한, 작중 인물의 타락성을 통해 축첩에 관한 부정적인 인식, 조혼 제도의 폐습, 탐관오리의 부패상을 사실적으로 드러내어 타파함으로써 새로운 삶의 의지를 강조하고 있습니다.

넷째, 가정 구원으로는 모범적 가정상을 제시한 《고영규전(배위량 부인, 예수교서회, 1911)》, 새로운 부부 관계의 모범을 제시한 《부부의 모본(배위량 부인, 예수교서회, 1911)》이 있습니다.

《고영규전》은 남존여비사상이 팽배한 봉건주의적 가정 형태와는 달리 기독교의 남녀평등사상에 기인하는 모범적인 가정상을 제시합니다. 또한 당시 유교의 가부장적 사회에서 오는 '남아선호사상'과 한국인의 풍습에서 온 '미신숭배사상'과 그 폐단을 지적하고 있습니다. 이 소설의 지은이는 평양에서 숭실대학을 설립한 개화기 선교사 베어드(W. M. Baird, 한국명 배위량)의 부인으로 본명은 애니 로리 애덤스(Annie Laurie Adams)입니다. 25세 때인 1891년 한국에 와서 1916년 별세할 때까지 기독교 전파와 교육사업 그리고 저술에 힘을 쏟은 인물입니다. 《부부의 모본》을 지었고, 찬송가도 많이 번역하였는데, 현행 찬송가에 나와 있는 '멀리 멀리 갔더니' 등이 그녀의 번역입니다. 저자가 외국인이기 때문에 《고영규전》과 《부부의 모본》을 한국문학에 포함시킬 것인가에 대한 논의도 있지만, 순한글 표기에 작품 배경이 한국이고 등장인물이 모두 한국인이며 한국에서 출판된 작품이기 때문에 우리 문학으로 보아야 한다는 것이 일반적인 견해입니다.

김경완(1995)은 《고영규전》의 줄거리와 주제를 이렇게 설명합니다.

주인공 고영규는 인간의 존재 이유를 고민하며 성장하다가 길보배와 결혼합니다. 아내가 계속 딸만 낳자 가출하여 허랑방탕히 지내고 도박을 하다가 감옥에 갇힙니다. 감옥에서 전도자를 만나 예수 그리스도를 영접하고 새 사람이 됩니다. 길보배는 어려운 살림 속에서 귀신보다 힘이 있다는 예수를 믿고자 애씁니다. 아내가 보내준 돈으로 감옥에서 나온 고영규는 화목한 가정을 만들고 이웃에게 복음을 전합니다.

이 작품의 주제는 인생의 의미를 추구하던 인물이 헛되이 살다가 기독교적인 변화를 통해 화목한 가정을 이루고 행복한 삶을 영위하게 된다는 것입니다.

《부부의 모본》은 주인공 부부를 통해 기독교적 사랑과 인내에 기초한 가족 관계의 소중함을 제시하고 신앙적 삶의 실천을 모범적으로 제시함으로써 참 부부의 모습이 어떤 것인가를 보여주는 작품입니다. 이 소설의 줄거리와 주제는 다음과 같습니다(김경완, 1995).

주인공 박명실은 믿는 가정에서 자라며 장성하여 기독교적인 결혼관을 배웁니다. 양진주도 성경에 기초한 결혼관을 배우고 명실의 아내가 됩니다. 명실 부부의 사랑에 대한 시어머니의 시기가 있지만 명실이 변호합니다. 그러던 어느날 명실 내외와 모친은 옆

집의 부부가 다투다가 그 아내가 도망가는 것을 보게 됩니다. 이 때 명실의 모친은 아들이 하는 일이 옳다고 깨닫습니다. 그리고 끝부분에 지은이가 나와 혼인의 중요성을 강조하며 조선의 가정들이 낙원같이 되기를 바란다고 말합니다.

이 소설의 주제는 기독교 정신으로 결혼한 두 부부가 모친과의 갈등을 겪다가 해결하는 과정을 통해 기독교적 결혼관의 소중함을 보여 주는 데 있습니다.

다섯째, 평등사상으로는 인간 평등 의식을 고취한 《재봉춘》이 있습니다. 《재봉춘》은 작가 와타나베 카테이의 가정소설 '소후렌(想夫憐, 1904)'을 이상협이 번안하여 1912년 동양서원에서 발간한 작품입니다. 부연하면, 《재봉춘》은 메이지유신으로 인해 제도상으로는 없어진 신분제도를 둘러싼 일본 사회의 문제를 다룬 《소후렌》을 한일합방 직후에 한국 내의 문제로 포착하여 번안한 작품입니다(오화순, 2002). 이 두 소설은 한·일 양국에서 모두 인기를 끌어 연극으로 무대에서 상연되기도 했습니다.

무능한 양반과 현실에 영악한 천민을 등장시켜 신분에 의해 사람을 평가하는 봉건 제도를 비판하고 근대 사회의 평등의식을 고취하려 했던 소설인데, 줄거리는 다음과 같습니다.

주인공 백정 백성달은 양반 허부령에게 재색을 겸비한 무남독녀를 양딸로 줍니다. 허부령은 양딸을 다시 이판서의 아들 이참서에게 시집보냅니다. 이를 계기로 욕심 많은 허부령이 백성달과 양딸 허씨 부인에게 백정의 딸임을 폭로하겠다고 위협하여 돈뿐 아니라, 결혼 반지까지 빼앗아 갑니다. 게다가 주변사람들의 공작으로 이참서의 의심을 사서 허씨 부인은 시집에서 쫓겨나기에 이릅니다. 하지만, 결국에는 허부령이 후회하고 이참서를 찾아 사죄함으로써 허씨 부인이 다시 돌아와 행복한 가정을 이루고 삽니다.

《재봉춘》은 모든 인간이 하나님의 피조물로서 계급을 초월하여 평등한 존재임을 보여줌으로써, 기독교의 평등사상을 잘 반영하고 있는 작품입니다. 다시 말하면 신분 계층의 모순과 반봉건성의 문제를 기독교적 시각에서 진단하여 근대 사회의 인권 평등사상과 반상 의식의 타파를 고취하고 신 앞에 모든 인간이 평등하다는 의식을 심어주는 작품입니다.

여섯째, 현실 비판 및 풍자로는 기독교 윤리관으로 현실을 비판한 《금수회의록(안국선, 황성서적조합, 1908)》, 기독교인들의 각성을 촉구하는 《경세종(김필수, 광학서포, 1908)》이 있습니다.

《금수회의록》은 1905년 을사늑약 이후 일제의 국권 침탈이 노골적으로 진행된 와중에 외세의 침략에 대응할 만한 힘도 없이 가치관의 혼란 속에서 방황하는 양반관료의 부패상을 날카롭게 공격한 정치소설입니다. 이 소설은 '나'라는 일인칭 관찰자가 꿈속에서 인간을 논박하는 금수들의 회의장에 들어가서 살펴본 광경을 기록하는 형식을 취하고 있습니다. 내용을 살펴보면 다음과 같습니다.

회의장에서 첫 번째 연사인 까마귀가 나와 인간의 불효를 개탄하고 '효'를 주장합니다. 두 번째 연사인 여우는 위선과 간사함을 거론하며 일본제국주의를 비판하고 공명정대함을 내세웁니다. 세 번째 연사인 개구리는 사람들의 좁은 소견을 지적하고, 분수를 알라고 합니다. 네 번째 연사인 벌은 말과 생각이 다른 인간의 이중성을 꾸짖고 정직을 강조합니다. 다섯 번째 연사인 게는 인간은 남의 압제를 받아도 분노할 줄 모르는 창자 없는 존재라고 규탄하고 지조와 절개를 부르짖습니다. 여섯 번째 연사인 파리는 눈앞의 이익만 찾아 서로 싸우는 인간들을 공격하고 동포 간의 우애를 역설합니다. 일곱 번째 연사인 호랑이는 관리들의 탐욕과 포악성을 공박하고 의리를 말합니다. 마지막으로 원앙새가 등장하여 사람들의 음란함을 나무라고 부부 간의 화목을 호소합니다.

이 소설은 당시 사회의 현실과 풍습에 대해 논의하면서 그 판단 기준을 기독교적인 윤리와 도덕에 두고 있습니다. 다시 말하면 작자 자신이 기독교로 개종한 이후 기독교적인 가치관을 현실 인식의 기준이요, 도덕성 회복의 계기로 삼게 된 것입니다. 또한, 관찰자가 소설의 결말에 등장하여, 하나님의 사랑을 환기시키며, 인간들의 죄악과 잘못을 회개하라고 권면하고 있습니다.

《경세종》은 《금수회의록》과 마찬가지로, 동물들의 입을 빌어 인간 세상의 모순을 지적한 우화적인 소설로 인간과 사회에 대한 비판적인 내용을 기독교 정신으로 담아내어 개화기 때 우리 민족의 문제점을 사실적으로 드러내고 있습니다. 특히 이 작품에서는 창세기, 잠언, 이사야, 예레미야 등 성서의 내용을 그대로 인용하거나 비유적인 표현으로 기독교인들의 생활 전반에 나타난 잘못된 믿음을 비판하고, 나아가 성실하고 근면하며 용기 있는 삶, 신의, 절제, 청렴한 생활, 올바른 결혼관과 성생활 등을 기독교적 윤리관을 바탕으로 제시하고 있습니다. 따라서 이 작품은 종교적 우화성을 짙게 깔면서 당시 제국주의 침략으로 무력과 권세에 억눌린 민중들에게 반제국·반봉건 의식을 심어주고, 당시 세태를 강하게 비판하고 있으며, 기독교 교리를 통하여 윤리 문제를 치유할 수 있도록 그 대안을 제시하고 있습니다.

이 13편 외에 전성욱(2005)은 《쟁도불공설(爭道不恭說, 이승교, 〈야뢰〉, 1907. 6.)》을 중요한 개화기 기독교 소설로 꼽고 있습니다. 이 소설은 《성산명경》처럼 기독교를 변증하는 대화체 소설인데, 논쟁을 펼치는 인물들이 여성이라는 점이 특징입니다. 즉 유교의 도를 옹호하는 정부인과 전도부인으로 기독교적 만민평등사상을 지닌 구세자가 논쟁의 주체로 등장합니다. 그 논쟁의 내용과 작품의 의의를 살펴봅시다(전성욱, 2005).

정부인은 유학 경전에 근거하여 여성 교육의 무용성을 주장하면서 남편을 따르는 직분을 강조하지만, 구세자는 문왕의 성덕과 맹자의 성덕이 어머니의 교육에서 나왔음을 지적하면서 여성 교육의 정당성을 역설합니다. 더 나아가 구세자는 여성을 옛 습속에 묶어 규방에 가두어 두는 것은 국민의 반을 잃는 것이라 하며, 여성을 남성과 똑같은 국민의 구성원으로 인정하고 있습니다. 정부인과 구세자가 갖고 있는 여성관의 차이는 그들이 대변하고 있는 사상적 입장의 차이에서 비롯됩니다. 정부인은 위정척사파의 사상적 입장을 대변하고 구세자는 개화파의 사상적 입장을 대변합니다. 정부인은 공자의 도를 다시 융성하게 해서 인의(仁義)를 회복해야 함을 현실문제의 해결책으로 제시합니다. 하지만 구세자는 사악하고 헛된 우상과 미신의 무지몽매함을 척결해야 한다고 주장하면서 유일신 하나님, 즉 기독교를 계몽의 표준으로 내세웁니다.

《쟁도불공설》은 근대계몽기의 기독교가 갖고 있는 사회사적 의미를 잘 보여주는 작품인데, 기독교를 종교적으로 수용하기보다는 문명 개화의 수단으로 받아들이려 했던 개화지식인들의 입장이 잘 드러나 있다고 할 수 있습니다.

누가 기독교 서적을 썼나요?

개화기 기독교 서적의 필자들은 분야에 따라 다르게 나타나겠지요. 우선, 전도책자와 단행본 신학서적의 경우 선교사들의 비중이 가장 컸습니다. 최초의 한글 성서를 펴낸 중국 선교사 로스를 시작으로, 개신교 선교사로서 맨 처음 한국 땅을 밟은 아펜젤러와 언더우드, 중국에서 활동하다 온 선교사 올링거, 고종의 통역을 맡았던 감리교 선교사 존스, 《천로역정》을 번역한 게일, 평양신학교와 숭실학당을 설립한 마펫과 베어드 부부, 이화학당을 설립한 메리 스크랜튼과 그 아들 윌리엄 스크랜튼 등 참으로 많습니다.

이들은 저술은 물론 책의 편찬·간행까지 맡았으며 기독교 관련 신문과 잡지를 발행하기도 했습니다. 이들 중에서 가장 많은 업적을 남긴 인물로는 언더우드, 아펜젤러, 존스, 올링거 등을 꼽을 수 있습니다. 이들의 저술 업적을 인물별로 간략하게 살펴봅시다.

언더우드(H. G. Underwood, 1859~1916년)는 성서 번역 외에도 1897년 4월 순한글 세로쓰기 체재의 〈그리스도신문〉을 창간하여 선교뿐만 아니라 국민계몽에도 기여했습니다. 또한 그가 직접 저술 또는 번역한 전도책자들도 많습니다. 직접 쓴 전도책자로는 앞에서 언급한 《속죄지도》와 《졔셰론》 외에도 《권즁회기(勸衆悔改, 1891)》, 《권즁론(勸衆論, 1893)》, 《대주지명(大主之命, 1895)》 등이 있는데, 모두 삼문출판사에서 발간했습니다. 번역한 책자로는 《셩교촬리(聖教撮理, 그리피스 존, 조선야소교서회, 1890)》, 《샹뎨진리(그리피스 존, 삼문출판사, 1891)》 등이 있으며, 기독교 교리에 관한 문답서로 《령혼문답(靈魂問答, 삼문출판사, 1895)》 등이 있습니다.

언더우드가 목회와 교육사업, 신문발간, 성서번역위원회 조직 등으로 건강을 해칠 정도의 격무 속에서도 이처럼 왕성한 집필 활동을 해낸 것은 놀라운 일이 아닐 수 없습니다. 이것은 물론 그가 출판 활동을 선교의 핵심으로 파악했기 때문일 것입니다. 일찍이 언더우드는 "사람의 수중에 있는 성경이 가장 훌륭한 설교를 할 수 있다"고 말한 바 있습니다. 더욱이 저술 활동에서 당시 엘리트 언어인 한문을 버리고 천대받던 서민 언어인 한글을 사용한 것은 기독교 선교의 본질에 맞닿은 것임과 동시에 한국 문화의 진수를 이끌어낸 일이라 하겠습니다.

아펜젤러(H. G. Appenzeller, 1858~1902년)도 언더우드와 마찬가지로 기독교 전파와 함께 교육과 출판에 중점을 두고 활동했습니다. 성서번역위원회의 번역책임 및 예수교서회의 회장 등을 맡아 활동하는 한편, 1897년 2월에는 기독교 신문인 〈죠션크리스도인회보〉를 창간하였습니다. 이 신문은 한국 기독교 신문의 효시인데, 발행간격이 주간이고 순한글 세로쓰기로 되어 있습니다. 창간호에서 설립 목적을 교회의 긴요한 사항과 세계 각국의 유익한 정보를 전한다고 밝히고, "누구든지 개명에 진보코저 하거든 신문을 구독하라"고 권합니다. 이 신문은 현재까지도 기독교 신자들의 규범이 되고 있는 '술·담배 금지'를 주장하는 최초의 논설을 싣기도 했습니다. 계속해서 미신 타파, 아편 금지, 위생 개선 등 삶의 질을 높이기 위한 기사들을 많이 내놓았습니다. 그가 직접 저술한 전도책자로는 감리교 교리를 설명한 《미이미교회강례(美以美敎會綱例, 조선기독교서회, 1890)》, 《예수힝젹(언더우드 공저, 삼문출판사, 1891)》 등이 있고, 번역물로는 앞에서 언급한 《셩교촬요》, 《묘츅문답(F. Genaehr, 삼문출판사, 1895)》 등이 있습니다.

아펜젤러는 성서번역위원회 회의에 참석하기 위해 목포로 가던 중 군산 앞바다에서 해상조난 사고를 당하여 다른 일행을 구하려고 하다가 아깝게도 목숨을 잃었습니다.

존스(G. H. Jones, 1867~1919년)는 한글에 재능이 많아 문서 선교에서 많은 업적을 남긴 인물입니다. 1889년 전도책자인 《미이미교회문답》을 삼문출판사에서 펴냈고, 1892년 《찬미가》를 편찬했습니다. 《찬미가》는 존스가 여선교사 로드 와일러와 함께 엮은 소책자인데, 감리교에서 발행했습니다. 곡조 없이 번역된 가사만 수록했지만, 최초의 우리말 찬송가로서 그 의의가 큽니다. 그 이전에는 한문 찬송가를 사용해서 중국어나 한문의 우리말 발음으로 부르거나 아니면 선교사들을 따라 영어로 부를 수밖에 없었지요. 그리고 1895년 《초학언문》을 저술했습니다. 이 책은 선교사가 한글의 우수성을 발견하고 쉽게 깨우치도록 해주었으며 학교의 교재로 널리 쓰였습니다.

존스의 중요한 또다른 업적은 1900년 12월 한국 최초의 월간지인 〈신학월보〉를 창간하여 1910년 가을까지 발행한 일입니다. 이 잡지는 순한글로 된 신학 전문 잡지로서 한국 신학의 형성에 기여한 바가 컸습니다. 한국 최초의 신학자 최병헌도 이 잡지를 통하여 신학 논문을 발표하고 《셩산명경》의 바탕이 된 '셩산유람긔'를 연재할 수 있었습니다. 그 외에 〈신학월보〉의 필자로는 초창기 교회 선구자들뿐만 아니라 이승만, 박용만 등 개화기 민족운동을 벌인 인물들이 있습니다.

올링거(F. Ohlinger, 1845~1919년)는 미국 피츠버그에서 목회하다가 1870년 중국 선교사로 파송되어 활동하던 중, 청년 선교사 아펜젤러의 요청을 받고 1887년 한국에 와서 1893년까지 문서 선교에서 많은 업적을 남겼습니다. 1888년 한국 최초의 기독교 출판사인 삼문출판사를 배재학당 안에 설립하였고, 죠션셩교셔회의 초대

최병헌

길선주

회장을 맡았으며, 한국 최초의 잡지인 영문 월간지 〈The Korean Repository〉를 창간했습니다. 그가 쓴 전도책자로 《라병론》, 《구세교문답》 등이 있고, 번역책자로 《삼자경》 등이 있습니다.

선교사 외에 초창기 한국인 목회자들도 중요한 저술을 남겼습니다. 대표적인 인물로 목사 최병헌과 길선주를 소개합니다.

최병헌(1858~1927년)은 유학자 출신인데, 1888년 선교사 존스의 한국어 선생이 되고 아펜젤러의 주선으로 배재학당의 한문교사가 됩니다. 이 무렵 기독교 공부를 시작하여 35세에 세례를 받고 감리교의 권사가 되어 전도를 시작합니다. 이때부터 그의 해박한 한학 실력이 빛을 보게 되어, 성서번역위원회의 위원으로 활동하고 〈신학월보〉의 발행에도 참여합니다. 1902년부터 목사로서 목회를 시작하자 지식인과 양반계층의 전도에 큰 힘을 발휘하게 됩니다.

또한, 한국 최초의 토착 신학자답게 문필활동을 왕성하게 했습니다. 주요 저술로 앞에서 소개한 《셩산명경(정동황화서재, 1909》, 신학논문 《죄도리(〈신학월보〉, 1901)》, 단행본 《만종일련(조선야소교서회, 1922)》 등이 있습니다. 《죄도리》는 예수 그리스도를 믿으면 누구든지 구원을 받는다는 만인구원론을 주장하고 있습니다. 《만종일련》은 최병헌이 감리교신학대학 신학 잡지인 〈신학세계〉에 연재했던 논문 '종교변증론(1916~1920년)'을 묶은 책입니다. 앞의 《셩산명경》에서는 유·불·선(仙) 3교와 기독교를 비교하고 있으나, 《만종일련》에서는 세계 각국의 종교와 한국의 전통 종교는 물론 한국의 신흥종교까지 비교·비판하고 있습니다. 이 책이 다루고 있는 종교의 범위는 유·불·선 외에도 외국 종교로 이슬람교, 천리교, 라마교, 인도교, 옛이집트종교, 옛그리스종교, 백련교 등이 있고 국내 종교로는 태극교, 대종교, 천도교, 태을교 등 참으로 다양합니다(임종환, 1998).

최병헌은 《만종일련》에서 여러 종교의 진리성을 평가하는 기준으로 첫째 유신론, 둘째 내세론, 셋째 신앙의 관념을 내세워 기독교의 우월성과 완전성을 주장합니다. 즉, 어느 종교를 막론하고 이 세 가지 위대한 관념 중에 하나라도 결여된다면 완전한 종교가 되지 못한다는 것입니다(심광섭, 2003).

길선주(1869~1935년)는 종교적 기질을 타고난 인물로 어린 시절부터 유교, 불교 등을 공부하고 선도(仙道) 수행을 하여 20대에 이미 도인으로 소문이 날 정도였다고 합니다. 그러다가 친구의 권유로 기독교 서적을 읽고 기독교에 귀의합니다. 1903년 평양 장로회 신학교에 입학하여 성경 연구에 매진했고, 1905년 을사늑약 이후 매일 새벽 교회에 나가 구국 기도회를 주도했습니다. 이렇게 하여 세계에 유례가 없는 새벽기도회가 한국에서 만들어지게 됩니다. 또한, 길선주는 1907년 평양대부흥운동을 촉발시킨 유명한 부흥사였지만, 실명위기에 처할 정도로 책을 읽던 독서광이었습니다. 하긴 이때의 대부흥운동도 교인들이 모여서 성경공부를 하는 사경회 제도가 밑바탕이 된 것이라고 합니다. 또한 1919년 3·1운동 때 민족대표 33인의 하나로 참여하였다가 2년간의 옥고를 치르기도 했습니다. 그의 주요 저술로는 《해타론(1904)》, 《만사성취(1916)》, 《말세학(1926)》 등이 있습니다.

《해타론》은 신앙생활에서 게으름을 추방해야 한다는 주장을 담고 있는 전도책자인데, 소설 형식을 취하고 있습니다. 책제목의 '해타'란 성취국으로 가는 길을 막아서는 흉측한 짐승인데, 게으름을 상징적으로 표현한 것입니다. 《해타론》을 저술할 당시 길선주는 풍전등화의 위기에 처해 있는 민족이 보다 더 나은 세상으로 나아가기 위해서는 나라를 구성하고 있는 개인이 바로 서야 하고, 그래야 국가도 바로 설 수 있다고 믿었습니다(강태희, 2011). 이 《해타론》의 내용이 발전되어 나간 것이 《만사성취》입니다. 즉, 줄거리 중심의 《해타론》과 달리, 《만사성취》는 성서의 상세한 내용과 풍부한 예화들을 담고 있습니다. 또한 길선주는 우리 신학의 토착화에도 기여한 인물로 평가받고 있습니다. 그러한 시도는 이 두 저술에서도 보게 됩니다. 즉, 《해타론》에서는 해타의 해를 피해 성취국에 들어가는 사람은 성현군자이고 영웅열사이며 호걸들인데, 구체적으로 동중서, 이태백, 요임금, 순임금, 우임금, 공자, 주매신, 사도 바울, 그리고 성자 예수 등이라고 소개하고, 《만사성취》에서는 석가모니를 추가하여 성취국에 들어갔다고 묘사하며 토착종교에 대한 대화의 장(場)을 열어두고 있는 것입니다(강태희, 2011).

《말세학》은 그리스도의 재림을 강조하는 종말론을 내세우는 책입니다. 서유만(2005)은 길선주의 종말론 신앙 형성은 개인적으로는 17세 때 형과 원한관계에 있던 깡패에게 심한 폭행을 당한 경험으로 염세적인 사고를 갖게 된 것부터 시작하여 총독부가 서북지역의 기독교세력을 약화시키려고 꾸며낸 105인 사건(1911)에 맏아들이 연루되어 옥고를 치르다 고문 후유증으로 요절하는 슬픔과, 민족적으로는 3·1운동의 실패로 인하여 옥중생활에서 구체화된 것으로 봅니다. 즉, 개인적인 위기와 국가적인 역사 위기의 현실을 목격하면서 이 세상은 변혁되어 새로운 세상이 도래해야 한다는 말세신앙을 추구하게 되었다는 것입니다.

일제시기에 말세신앙을 강조한 길선주 등의 신앙부흥운동은 사회주의 계열이나 교회 내의 진보주의 청년그룹으로부터 몰역사적이고 비현실적인 것으로 비판을 받고 있었으나, 힘없는 다수 민중계층 교인들에게 암울한 현실을 극복할 수 있는 신앙적 활력소를 불어 넣었다고 할 수 있습니다(한국기독교역사연구소, 1995).

기독교문학 서적의 경우 필자군은 작가, 언론인, 교사, 목회자,

사업가, 민족운동가 등으로 다양하지만, 한국의 개화 선각자들이라는 공통점이 있습니다. 특기할 만한 필자로는 앞에서 설명한 외국인 저자 배위량 부인을 꼽을 수 있습니다.

개화기에 기독교 서적을 전문적으로 펴내는 출판사가 있었나요?

물론 있었습니다. 감리교에서 만든 삼문출판사, 장로교·감리교 연합으로 세운 죠션셩교셔회, 1907년경 안식교에서 세운 시조사, 1905년경 민준호가 설립한 동양서원, 1907년경 조직된 신민회(新民會)에서 운영하던 서점이자 출판사인 태극서관 등을 꼽을 수 있습니다. 이중 개화기에 많은 활동을 한 출판사인 삼문출판사와 죠션셩교셔회에 대하여 좀 더 설명할까 합니다.

삼문출판사는 앞에서 말했듯이, 감리교 선교사 올링거가 세운 출판사입니다. 설립 시기에 대해서는 여러 주장이 있는데, 준비는 1888년부터 하였고, 처음 출판은 1889년에 해내었으며, 1891년에 인쇄기, 활자, 제본기 등이 제대로 마련되어 본격적인 출판활동을 한 것으로 볼 수 있습니다(김봉희, 1987).

올링거는 중국 상해에서 인쇄기를 구입해 왔고 일본에서 연활자를 주조해왔다고 합니다. 이렇게 되어 삼문출판사에서 인쇄작업도 직접 할 수 있게 되었지요. 출판사 이름도 한글, 영어, 한문의 세

종류 활자를 구비했다고 해서 삼문출판사(三文出版社, Trilingual Press)로 불렸습니다. 이는 당시 우리나라 인쇄시설로는 으뜸가는 것으로 초기의 개선교에서 발간되는 인쇄물은 거의 모두 이 삼문출판사에서 인쇄했을 것으로 추정됩니다(김철영, 2005).

〈독립신문〉도 1896년부터는 이곳에서 인쇄해낼 정도로 당시 인쇄 물량은 엄청나게 많았습니다. 조선감리회연회록의 1898년 보고서에 의하면 1897년 6월부터 1898년 7월까지 기독교문서만 515만 7,195쪽을 인쇄해냈고, 1898년 8월부터 1889년 4월까지 역시 기독교문서만 721만 3,600쪽을 인쇄해냈습니다(김봉희, 1987).

1900년 출판사 이름을 한국감리교출판사로 바꾸어 1909년까지 활동한 것으로 알려졌습니다. 그동안 발행한 출판물의 종수도 많았고 참여한 필자층도 두텁게 나타났습니다. 앞에서 언급한 언더우드, 아펜젤러, 올링거, 존스 등의 출판물 외에도 다양한 저역자들의 저술이 출판목록에 들어 있습니다. 구체적으로 《크리스도쓰 셩교문답(로스 지음, M. F. 스크랜튼 옮김, 1890)》, 《졍답하ᄂᆞᆫ말(R. S. Hall, 1891)》, 《구셰진젼(J. K. 맥킨지 지음, 마펫 옮김, 1893)》, 《예수셰상구쥬(W. M. 맥길, 1893)》, 《텬로지귀(A. 저드슨 지음, W. M. 베어드 옮김, 1894)》, 《경셰론(W. L. 스왈른, 1896)》, 《복음요ᄉᆞ(C. Foster 지음, P. L. 기포드 옮김, 1896)》, 《감리회 문답(W. G. 크램 옮김, 1908)》 등입니다.

죠션셩교셔회는 장로교와 감리교의 선교사들이 뜻을 모아 1890년 세운 출판사로서 현존하는 가장 오래된 기독교 출판사입니다. 말하자면 현재까지 130년 동안 4천여 종의 단행본을 발행하면서 한국 기독교 출판을 이끌어 온 셈입니다. 이 출판사는 명칭이 여러 번 바뀝니다. 1897년 국호가 대한제국으로 바뀌자 죠션셩교셔회에서 대한셩교셔회로 되었고, 그 후 대한예수교서회, 조선야소교서회(朝鮮耶穌教書會), 조선기독교서회 등으로 불리다가 지금의 '대한기독교서회'로 정착되었습니다. 대한기독교서회는 오늘날도 장로교, 감리교, 성결교, 성공회, 구세군, 복음교회, 하나님성회, 침례교 등이 함께 참여하고 있어 초기의 연합 정신을 살려나가고 있습니다.

죠션셩교셔회에서는 맨 처음 언더우드가 번역한 전도책자 《셩교촬리》를 발간한 이래, 수많은 기독교 문서와 서적들을 펴냈습니다. 초창기 서적으로 친구 사이인 장씨와 원씨의 대화로 기독교 사상을 풀이해낸 《쟝원량우샹론(張袁兩友相論, W. 밀른 지음, S. A. 마펫 역, 1893)》은 당시 가장 많이 팔린 책이라고 합니다.

그 외에도 《셩서강목(모삼율, 1903)》, 《해타론(길선주, 1904)》, 《텬로지귀(W. M. 베어드 옮김, 1905)》, 《셩경문답(로스 지음, 스크랜튼 옮김, 1906)》, 《신구경요지문답(T. L. 무디 지음, J. R. 무스 옮김, 1908)》, 《진리편독삼자경(그리피스 존 지음, 마펫 옮김, 1908)》, 《증션비유요지(增選比喩要旨, 민찬호 편, 1910)》, 《예수ᄉ긔(耶穌史記, C. Critchett, 1910)》 등 많습니다.

대한기독교서회는 다양한 출판물의 발간을 통하여 복음 전파와 신학의 정립, 그리고 국민계몽과 출판문화 발전에 기여하며 긴 역사를 이어왔습니다. 시조사 역시 100년이 넘는 역사를 지닌 출판사입니다. 물론 지난 번에 살펴본 대로 18~19세기에 유수의 출판사들이 나와 경쟁적으로 등장하여 활발하게 출판사업을 벌인 일본이나 유럽의 경우와 비교할 때, 한국 출판사들의 역사는 일천하다고 할 수 있습니다. 금속활자 발명국이라는 우리의 자랑과 걸맞지 않는 일이지요. 이런 상황에서 긴 역사를 지닌 기독교 출판사가 존재한다는 사실은 그 의의가 매우 큽니다. 그것은 향후 100년이 넘는 출판사들이 다수 나올 것이라는 전망과 기대를 가질 수 있게 해주기 때문입니다. 또한, 죠션셩교셔회와 같은 출판사의 역사는 우리 출판계의 미래를 개척해나갈 수 있게 해주는 소중한 전통과 자산으로 작용할 수 있을 것이라고 생각합니다.

한국학 관련 외국인 저술

개화기에 외국인들은 한국을 어떻게 생각했나요?

개화기 외국인들의 한국에 대한 생각은 부정과 긍정의 두 측면으로 나누어 볼 수 있겠습니다. 부정적 측면은 첫째, 폐쇄된 나라, 둘째, 미개한 나라, 셋째, 더럽고 못사는 나라, 넷째, 관리들의 부패, 다섯째, 여성들의 열악한 인권 등을 말합니다. 긍정적 측면은 첫째, 좋은 기후와 아름다운 자연, 둘째, 친절함, 셋째, 명석한 두뇌와 예술적 소양, 넷째, 학문 숭상, 다섯째, 한글의 우수성 등을 꼽을 수 있습니다.

먼저 부정적 시각부터 살펴봅시다.

첫째, 폐쇄된 나라입니다. 굳게 닫혀 있었으니 제대로 생각거리조차 되지 않았지요. 당시 극동지역 이외의 외국인들은 대부분 한국이란 나라에 대하여 이름조차 들어보지 못했습니다. 간혹 일부 외국인들은 한국을 '옷을 벗고 살아도 되는 남양의 어느 나라' 또는

'말라리아와 모기들의 나라'로 알았고, 더러는 '황량하고 추운 곳'으로 인식했습니다.

하긴 한국에 대해서 무지한 상태는 1980년대까지도 마찬가지였다는 생각이 듭니다. 필자가 1984년 유럽에 갔을 때도 한국이란 나라의 존재를 확실히 알고 있는 외국인은 찾아보기 힘들었습니다. 1985년 한국인들이 그렇게 가깝게 여기는 미국에 가보았는데, 한국에 관해 제대로 된 정보를 지닌 미국인도 극히 드물었습니다.

한국을 조금 안다고 하는 사람이라고 해도, 전쟁의 후유증에서 벗어나지 못한 나라, 군사 독재가 없어지지 않은 나라 정도의 어두운 이미지가 그들이 생각하는 한국의 전부였습니다. 그래서 필자는 전쟁과 독재의 나라이기에 앞서, 오랜 문화 전통을 지닌 나라로 신간서적 발행 종수가 세계 8위권(1985년 유네스코 통계)을 기록하는 출판대국임을 외국인들에게 알려주곤 했습니다.

한국에 대한 외국인들의 무지는 조선 정부가 한 번도 해외로 눈을 돌린 적이 없고 더욱이 대원군 집권기(1863~1872년)에 철저한 쇄국정책으로 일관했기 때문이었겠지요. "유일하게 이루어진 외부와의 접촉은 매년 베이징 궁전으로 인삼을 포함한 각종 공물을 갖다 바치는 사신 행렬이 전부였다"는 말이 나올 정도였습니다(Charles Varat & Chaille-Long 지음, 성귀수 옮김, 2001).

외국인들에게 한국은 숨어 있는 나라, 은자의 나라였습니다. 이 말이 널리 퍼진 것은 미국 목사 그리피스(W. E. Griffis)가 1882년 《코리아 : 은자의 나라(Corea : The Hermit Nation)》라는 책을 출판한

때부터라고 합니다. 저자 그리피스는 미국 뉴저지주의 럿거스대학교를 졸업하고 일본에서 교육자이면서 영문잡지 발행인으로 5년 동안 활동하다가 미국으로 돌아가 신학을 공부하여 목사로 활동한 인물입니다. 친일적 성향이 강했던 그리피스는 일본에 관한 저술과 강연을 활발하게 벌여, 1926년 일본 정부로부터 훈장을 받기도 했습니다.

그런데, 그리피스는 조선을 방문한 적이 없습니다. 《코리아 : 은자의 나라》 저술도 기존에 서양인들이 낸 한국 관련 자료들을 참고하여 친일사관을 바탕으로 종합한 것에 불과합니다. 그래도 이 책이 서구세계에서 널리 알려지는 바람에, 조선은 '은둔의 나라'라는 인상이 국제적으로 굳어지게 되었다고 합니다.

조선시대의 은둔 정책은 넓게 보면 한국의 보통 사람들에게 1980년대까지 이어졌다고 볼 수 있습니다. 왜냐하면 1980년대 말엽까지 유학이나 공적 업무 또는 회사 출장 같은 특수 목적을 지니지 않은 보통 사람들은 해외를 나갈 수 있는 길이 막혀 있었기 때문입니다. 젊은 대학생들이 배낭을 메고 해외여행을 본격적으로 시작할 수 있게 된 1990년대 이후부터 정부의 은둔 정책이 없어졌다고 할 수 있겠지요. 또한 1988년 서울올림픽 개최를 통하여 코리아의 이름이 해외에 널리 퍼졌고 2002 월드컵 한·일 공동 개최 및 4강 진출이라는 쾌거를 통하여 음습했던 한국인의 열등의식도 젊은 열기 속에서 사라질 수 있었다고 생각합니다.

둘째, 미개한 나라의 이미지입니다. 개화기에 한국을 어렴풋이 아는 외국인들은 미개한 나라라고 주장했습니다. 이러한 인식은 종종 근대에 과학 문명을 먼저 발전시킨 서양인들이 동양인들에 대해 갖는 인종적 우월감과 결부되어 나타납니다.

당시 서양인들에게 동양은 식민화의 대상으로 파악되었지요. 여기에서 동양과 서양은 야만과 문명의 이분법으로 인식됩니다. 좀 더 설명하면, 동양은 그 역사가 정체되어 있고 수동적이며 근대에 이르지 못한 반면, 근대성을 이미 확립한 서양은 진보·발전하는 역사를 지니고 있다는 사고방식입니다. 또한 조선을 귀신 숭배 및 미신과 샤머니즘에 젖어 사는 나라로 인식합니다. 이것은 개화기에 기독교의 복음 전파를 위해 선교사를 파견하는 이유가 되기도 합니다. 한국에 온 일부 선교사들이 우리 모든 전통 문화를 미신적이고 열등한 것으로 오해하여 갈등이 일어나기도 했습니다.

서구만이 아니라, 한국으로부터 문화를 전수받은 일본도 한국을 미개한 나라로 멸시했습니다. 1890년대에 조선을 정탐했던 혼마 규스케(2008)는 "민족성이 혼돈을 숭상하며, 야만적이다. 썩은 달걀과 같아서 스스로 껍질을 깨고 나올 힘이 없고, 먹는 욕심이 강해서 양보하지 않는 것은 야만의 징후다"라고 비난했습니다. 일본에서 한국을 정벌해야 한다는 정한론과 비정한론이 대립하고 있었는데, 비정한론자가 내세운 근거는 너무 미개한 나라여서 일본이 정벌하면 서구 열강이 가치도 없는 나라를 정복했다고 비난할 것이기에 안 된다는 것이었습니다.

하긴 오페르트와 같은 일개 독일 상인이 왕릉(흥선 대원군 아버지 남연군의 묘)을 파헤친 것(1868년)이나, 미국 상선 셔먼호의 선원들이 대동강을 항해하며 평양에서 약탈을 자행한 사건(1866년) 등도 조선을 미개하고 힘없는 나라로 보았기 때문일 것입니다.

셋째, 더럽고 못사는 나라입니다. 이는 미개한 나라의 이미지와 결부되는 것이지만, 더럽고 비위생적인 한국인들의 당시 생활상이 외국인들에 의하여 적나라하게 묘사됩니다.

한국을 방문한 외국인들은 전염병이 돌 것 같은 불결한 환경, 오물이 넘쳐나는 거리, 좁고 고약한 냄새가 나는 여관, 득실거리는 벼룩과 이 등을 지적하고 있습니다. 심지어 외교관 알렌이 미국 가는 정부 사절단의 어깨에 이가 기어 다니는 것을 보며 잡으라고 지적했다는 기록이 나올 정도입니다(Mattie Wilcox Noble 지음, 손현선 옮김, 2010).

그런데, 더럽다고 본 기록에는 한국인 특유의 음식 냄새가 나는 김치와 젓갈류도 포함되어 있어, 외국인들의 몰이해와 편견도 들어 있다고 보아야겠지요.

넷째, 관리들의 부패입니다. 구한말 관리들의 부패는 이루 말할 수 없었습니다. 국고 횡령이 다반사로 이루어지고 관직은 거래되었으며, 백성들의 삶은 피폐할 대로 피폐해졌습니다. 외국인들은 조선 관리들을 '무자비한 강도', '약탈자', '허가받은 흡혈귀'라고 불렀습니다. 헐버트

헐버트

(H. B. Hulbert, 1906)는 "이 나라에는 참된 애국심이 존재하지 않는 것 같다. 능력 있는 조선인이 케케묵은 혈족이나 양반사회의 사악함과 연루되지 않는 경우가 거의 없다는 것이 너무나 절망적이다"라고 개탄했습니다.

비숍(I. B. Bisohp, 1897)은 지배계급의 최종적인 수탈 대상이 땅을 경작하는 농부라고 하면서 그 실정을 한탄스럽게 표현한 바 있습니다. "지방관과 양반들의 수탈로 인해 경작지가 해마다 감소하는 농부들이 부지기수로 있는데, 그들은 현재 겨우 하루 세 끼의 식사가 가능한 정도이다. 수탈당하는 것이 확실한 운명을 가진 계층이 최악의 무관심과 타성과 무기력의 늪으로 가라앉아야만 했다는 점은 슬픈 일이다."

부연하면, 비숍이 볼 때, 조선에 있는 모든 남자들에겐 가난이 최고의 보신책이며, 가족과 자신을 위해 음식과 옷을 필요 이상으로 소유한다는 것은 탐욕적이고 부패한 관리에게 자신이 노출된다는 것을 의미했습니다(김희영, 2007).

이처럼 관료의 부패 및 백성들의 빈곤과 무기력은 상호 악순환을 이루며 조선 사회를 절망으로 몰아갔습니다. 이것이 외국인들이 인식한 구한말의 시대상황이었습니다. 그런데, 바로 다음에 나올 조선 후기의 여성 문제는 이러한 인식을 더욱 비관적으로 만들어주었습니다.

다섯째, 여성들의 열악한 인권입니다. 조선조 후기 여성들의 인권은 아마 한국 역사상 최악이었을 것입니다. 고려시대 여성들은 말을 타고 달릴 정도로 활달했고, 신라시대는 여왕을 세 명이나 배출했습니다. 그러나 조선후기 여성들은 폐쇄적인 가부장적 사회제도 속에서 교육을 받지 못한 채, 집안에만 갇혀 숨어 있는 듯 살거나(양반가 여성들), 가사 노동에 시달려야 했습니다(평민 여성들). 1888년 의사로 한국을 찾아왔고 이듬해 선교사 언더우드와 결혼한 릴리어스 언더우드는 한국 여성들의 삶에 깊은 동정을 표시하며, "그들은 슬픔·절망·노역·질병·무지·애정결핍 등으로 시달려 그 눈은 생기를 잃은 채 멍하다고 느꼈다"고 술회했습니다. 그리고 이 나라에서 여성들은 자신의 이름조차 없고, 어머니가 돼도 '누구 부인' 또는 '누구 어머니'로 불린다고 말했습니다(L. H. Underwood, 1904). 하긴 '아무개의 엄마'로 불리는 호칭 문제는 오늘날도 크게 달라지지 않았습니다. 물론, 그 의미는 옛날과 달라져, 성인이 되고 직장인이 되어도 엄마에게 의존하는 마마보이가 많아지는 것이 요즘 세태이기도 합니다.

한편, 외국인들은 조선 여성들이 낯선 남자가 손을 만지면 자살을 생각할 정도로 갇혀 지내지만, 양반가의 남성들은 첩을 마음대로 둘 수 있는 것을 이해할 수 없었습니다. 이러한 한국 가정의 모습을 비숍은 냉소적으로 꼬집었습니다. "가정의 행복은 아내가 구할 수 있는 것이 아니다. 조선 사람은 집(house)은 있으나 가정(home)은 없다. 남편은 아내와 떨어져서 기거한다. 부부 사이에 우정과 같은 관계나 애정의 표현 같은 것은 없다. 남자의 즐거움은 여자 친구나 기생을 통해서 얻어진다. '우리는 아내와 결혼하지만 첩과 사랑을 나눈다'라고 이야기한 조선 양반의 표현으로 그들의 결혼 관계를 간략하게 요약할 수 있다(I. B. Bishop, 1897)."

물론 이러한 인용은 조선 후기에도 다양하게 존재했을 부부상을 도식화한 느낌이 없지 않으나, 개화기 외국인에 비친 여성들의 열악한 인권을 보여줍니다. 그런데 갑오개혁 이후에는 양반, 상민의 구별이 제도적으로 사라지고 여성들의 인권도 발달하기 시작했습니다. 기독교 계통의 여학교들이 세워지며 여성들도 근대교육을 받았고, '전도부인'이 되어 기독교를 전파하는 역할을 담당하면서 여성들의 사회 참여가 이루어지기도 했습니다.

한국에 관한 부정적인 인식을 다섯 가지로 정리해 보았는데, 여기에서 나오는 결론은 한국은 결국 망할 수밖에 없는 나라, 희망이 없는 나라라는 것이었습니다. 특히, 위정자의 무능과 관료들의 부패, 국민 대다수의 무지 속에서 한반도를 노리는 주변 열강들의 쟁탈전이 가속화하면서 조선은 국가 주권마저 빼앗기고 말았습니다. 이런 상황에서도 헐버트는 한국은 다시 일어설 것이라고 주장했습니다. 헐버트 외에도 한국에서 오래 살았던 외국인들은 이와 똑같은 주장을 폈습니다. 여기에 대해서는 뒤에서 다시 논의하겠습니다.

다음은 긍정적 시각을 살펴볼 차례입니다.

첫째, 좋은 기후와 아름다운 자연입니다. 전혀 미지의 땅을 밟은 서구인들은 한결같이 한국의 기후를 찬탄하고 있습니다. 맑고 푸른 하늘, 뚜렷한 4계절, 따뜻한 햇볕, 풍부한 강우량 등 유럽인이 보기에도 한국은 사람이 살기 좋고, 어린이들을 건강하게 키울 수 있는 기후 조건을 잘 갖춘 나라였습니다. 다만, 일본인은 한국의 남쪽은 기후가 도쿄와 비슷하지만, 이북 지역은 겨울에 한기가 심하다고 보았습니다(혼마 규스케, 1894).

한국에 온 미국 해군 군의관 우즈는 1884년 4월 13일의 일기에서, "부활절 아침이다. 따뜻하고 봄 같은 사랑스런 날이다. 하늘에는 폭신폭신한 구름이 약간 있을 뿐이다"라고 한국의 기후에 만족감을 나타냈습니다(김학준, 2010).

이러한 좋은 기후와 함께, 한국의 아름다운 자연은 외국인들의 감탄을 불러일으켰습니다. 이것은 오늘날도 마찬가지입니다. 한국의 자연은 4계절의 변화 속에서 보면 볼수록 사람을 끄는 매력이 있습니다. 그런데 외국인이 느끼는 한국에 대한 매력은 자연보다는 사람, 곧 한국인 속에서 더욱더 단단하게 형성됩니다. 바로 지금부터 이야기할 둘째 이하의 덕목들입니다.

둘째, 친절함입니다. 한국을 여러 번 방문했거나 장기체류 경험이 있는 외국인들은 한결같이 한국인들의 친절성을 칭찬합니다. 한국인들의 친절은 쇄국정책으로 생긴 외국인들의 편견을 깨뜨려 주었습니다. 길모어(G. W. Gilmore, 1892)의 이야기를 들어봅시다.

> 조선이 세계에 문호를 개방했을 때, 조선 사람들은 거칠고, 험상궂은 야만인으로 보이리라는 것이 많은 사람들의 예상이었다. 일본과 중국에서의 소문이 바로 그러한 인상을 주었다. 사람들은 야만 인종을 보는 것처럼 조선 사람을 바라보았다. 그러나 조선

> 사람들이 이제까지 묘사된 것과 다를 뿐 아니라, 반대로 일본과 인도를 포함한 동양 전체에서 가장 정중하고 친절하며 충직한 민족이라는 사실을 안 서구인들이 얼마나 놀랐을까?

릴리어스 언더우드 역시 한국인을 가리켜 '모든 동방 국가들 중에서도 가장 특이하고 흥미로운 나라에 유난히 매력적이며 사랑스러운 사람들'이라고 회고했습니다.

셋째, 명석한 두뇌와 예술적 소양입니다. 외국인들은 한국인의 친절함과 함께 명석한 두뇌를 체험하면서 한국을 새롭게 바라봅니다. 그들은 한국인들이 자유로운 정신과 예술가적 상상력을 타고났다고 보았습니다. 화가이자 인류학자인 영국인 새비지-랜도어(A. H. Savage-Landor, 1895)는 한국인의 뛰어난 두뇌를 다음과 같이 묘사했습니다.

> 나는 비범한 지성으로 단기간에 지식을 습득하는 그들에게 늘 압도당했다. 그들은 외국어를 매우 쉽게 익혔다. 그들은 무척 투지 있고 열성적으로 공부거리를 습득했다. 또한 그들은 놀라울 정도의 신속한 이해력과 함께 뛰어나게 현명한 추론 능력을 타고났다. 그러나 외모상으로는 그들의 진면목을 알 수 없다. 언뜻 봐서는 그들은 차라리 흐리멍덩하고 답답한 인상을 주었다. 조선 사람들은 훌륭한 기억력과 빼어난 예술적 소양을 가졌다.

비숍은 조선 사람들은 "정신적으로 많은 재능을 타고났는데 '영리하고 눈치 빠른' 재능을 가지고 있다. 외국인 교사들은 그들이 정신적인 치밀성과 빠른 인식 능력, 빠른 외국어 습득 능력을 가지고 있다고 증언한다"고 서술한 바 있습니다.

고종이 세운 교육기관인 육영공원(育英公院)에서 3년간 교사로 근무했던 미국인 목사 길모어(G. W. Gilmore)는 자신의 교육 경험을 바탕으로 한국인을 이렇게 평가했습니다. "조선 사람들의 지적 능력은 우수하다. 그러나 우리는 단순히 기억력만을 기르는 학습을 경계하지 않으면 안 된다는 사실을 깨달았다. 그런 식의 학습은 단지 문장에 의존해서 나중에 사용 가능하도록 하는 저장 작업에 불과하다. 그럼에도 불구하고 우리는 그들이 훌륭한 논리학자이고 총명한 수학자이며 재능에 따라서는 전도가 유망한 철학자임을 알았다."

길모어는 조선시대 한문 고전 암기 위주의 교육 방식을 비판하고 있는데, 이러한 방식은 21세기 현재의 학교 교육에서도 그대로 재현되고 있습니다. 또한 쿠랑(M. Courant, 1896)은 한국인들이 천부의 재능을 물려받았으나, 철저히 폐쇄된 환경 속에서 국외로 진출하지 못하고 사회 발전이 저지되었다고 안타까워했습니다.

넷째, 학문 숭상입니다. 외국인들은 학문 숭상의 정신은 두뇌의 명석함과 어울리며 찬란한 문화의 전통을 만들어왔다고 보았습니다. 쿠랑은 "조선인의 명석성은 아름다운 서적의 인쇄, 가장 간략한 자모의 완성, 세계 최초의 활자의 발명에서 보이는 바이며, 조선 사람은 또한 학문과 예술을 중국에서 수입하여 이를 발전시킨 후 일본에 전달하였다. 극동문화에 있어서 조선의 역할은 실로 커다란 것이었다"고 주장합니다.

한국인들의 학문 숭상의 정신은 책을 사랑하는 전통 속에서 면면히 이어져 온 것입니다. 쿠랑은 책의 사랑은 활자 발명에서뿐만 아니라 종이 제조에서도 탁월한 능력을 보였다고 증언합니다. "조선의 서적에 사용되는 종이는 어느 시대의 것을 막론하고 부드럽고 탄탄한 특성을 가지고 있어, 상당히 얇은 종이로 만든 고서들도 훌륭히 장구한 시일을 견디어온 것은, 사찰이나 유럽의 장서처에서 발견되는 고려조의 서적이 누런 빛이 조금도 없고, 좀에게도 도무지 먹히지 않은 것을 보아도 알 수가 있다."

학문 숭상의 정신은 또한 한국인의 스승에 대한 존경으로 나타납니다. 목사가 아니라 교사의 자격으로 입국한 아펜젤러와 언더우드 등의 선교사들은 한국인들이 젊은 자신들을 진심으로 공손하게 존경하는 태도를 보고 의아심을 가졌는데, 알고 보니 한국인의 스승에 대한 공경심 때문이었다고 술회한 바 있습니다. 그들은 성경이라는 책을 손에 들고 한국인들과 접촉했으니, 종교 전파자이기에 앞서 새로운 지식과 사상을 가르쳐주는 교사로서 존경을 받았던 것입니다.

다섯째, 한글의 우수성입니다. 외국인들은 한결같이 한글의 우수성에 감탄하고 있습니다. 일본인 정탐꾼 혼마 규스케까지도 한글은 "교묘한 것이 서양의 알파벳을 능가한다. 한국인들은 실로 이와 같이 교묘한 문자를 가지고, 왜 고생스럽게 일상의 서간문에까지 어려운 한문을 사용하는가?"라고 말할 정도였습니다.

당시 한글은 조선 정부의 공용어가 아니었습니다. 지식층은 한글 창제 때부터 구한말에 이르기까지 오로지 한문 쓰기만을 고집했습니다. 갑오개혁 이후인 1895년 1월 1일부터 〈관보〉에 국한문을 쓰기 시작했으나, 관료들은 여전히 한문 문서를 선호하여, 왕명이나 외교 문서 모두 한문 일변도였습니다. 관료가 아닌 양반 지식인들도 한글을 짐짓 모른 체하고 보려고 하지 않았습니다. 오히려 외국인이 세계 지리 교재(《ᄉᆞ민필지》)를 순한글로 쓰면서 서문에 "한글이 중국 글자에 비하여 요긴하건만, 사람들이 요긴한 줄을 알지 못하고 도리어 업신여기니 어찌 아깝지 않은가"하고 안타까워합니다(H. B. Hubert, 1899).

1890년대 중반부터 20여 년간 한국에서 선교사로 활동했던 무스(J. R. Moose, 1909)는 한글을 거부하던 양반을 전도했던 일화를 소개합니다.

> 주막집 주인은 그 양반에게 신약성경을 읽어보라고 했으나 그는 거절했다. 성경책이 자신같이 높은 신분인 양반이 읽는 한문이 아니라 한글로 인쇄되었기 때문이다. 그러나 이러한 허영은 한문으로 된 성경책을 주자 곧 충족되었다. 그는 다른 할 일도 없었으므로 그것이 무슨 책인지 알아보기 위해 덮어놓고 읽기 시작했다.

이와 같은 양반들의 한문 선호에도 불구하고 선교사들은 성경을 한글로 번역하고 순한글 전도책자를 만들어 선교에 나섰습니다. 선교사들은 한국어를 열심히 배워 우리말로 설교를 하고 한글 문서를 만들었으며, 더 나아가, 한국어 사전과 문법책을 직접 펴냈습니다. 몇 가지만 예를 들면, 한국 주재 프랑스 선교사들은 《한불자전(1880)》과 《조선어문법(Grammaire Coréenne, 1881)》을 편찬했고, 미국 선교사 언더우드는 1890년 《한영·영한자전》과 《한영문법》을, 캐나다 선교사 게일은 《한영자전(1897)》과 한국어 학습서 《ᄉᆞ과지남(辭課指南, 1894)》을 펴냈습니다. 특히, 선교사 게일은 우리 말과 한글 연구에 깊이 빠져들었는데, 전국 각 지역에서 쓰는 생생한 생활 언어를 채록하여 3만 5천여 어휘를 수록한 사전을 만들었을 뿐만 아니라, 한글 철자법을 연구하는 데까지 나아갔습니다. 이런 과정에서 그는 "한국 말과 한글 속에 하나님의 섭리가 있는 것을 보았다"고 주장했습니다(J. S. Gale, 1909).

한글은 게일이 주장했듯이, 이 세계에서 제일 간단한 글자이지만, 수백 년 동안 사용되지 않았고, 너무 쉬워서 멸시만 당했습니다. 그러나 한글은 개화기에 기독교의 전파와 함께 널리 보급되었고, 갑오개혁 이후 비로소 공용어가 되었습니다. 하지만 곧이어 닥친 일제강점기와 미군정 시기에 공용어의 자리는 한글이 아니라 일본어와 영어가 차지했습니다.

대한민국 정부가 수립된 1948년 다시 한글이 공용어가 되었으니, 이제 겨우 70년이 지났습니다. 정보화 시대에 한글은 세계에서 가장 과학적이고 효율적인 글자로서 그 힘을 발휘하고 있습니다. 개화기에 과학적인 사고방식을 지녔던 외국인들이 한글의 우수성을 인정하고 암울한 한국에서 커다란 가능성을 발견한 것은 자연스러운 귀결이었다는 생각이 듭니다.

한국에 관한 긍정적인 시각을 다섯 가지로 정리해 보았는데, 여기에서 외국인들은 한국 민족의 훌륭한 가능성과 희망을 보았습니다. 이것은 한국 생활을 경험해 본 외국인들이 공통적으로 갖게 된 생각이었습니다. 한국이 못 살고 한국인들이 게으른 것은 위정자의 무능과 관료들의 수탈로 국민들이 산업을 일으킬 동기를 박탈당했기 때문으로 본 것입니다.

비숍의 경우, 조선을 여행하며 생긴 조선인에 대한 부정적 인식은 러시아와 만주에 이주한 조선 사람들의 활력과 인내, 그리고 그들의 발전한 모습을 보고 난 후 바뀌었습니다. 나아가 비숍은 '조선 사회가 전망이 없는 전통적 요소들을 제거하고, 교육체계를 확립하며, 생산계층을 보호하고, 부정직한 관리를 처벌하며 새로운 국가가 건설될 때' 한국은 크게 발전할 것으로 전망했습니다(김희영, 2007).

프랑스의 민속학자 샤를 바라 역시 긍정적인 전망을 내놓았습니다. "왠지 이 코리아라는 나라는 그 발전도상에 있어서 머지않아 자신들의 이웃나라를 따라잡게 될 것이라는 막연한 생각이 들었다. 사실 따지고 보면 역사적으로 자신들이 가르쳐왔던 일본인들에게 비록 지금은 산업적으로나 예술적으로 뒤진 한국인들이지만, 윤리적인 우월함 덕분에 가까운 미래에 반드시 그들을 따라잡고 결국엔 저만치

따돌릴 수 있을 것이다(Charles Varat & Chaillé-Long, 2001).”

한국인의 발전 가능성을 적극적으로 주장한 외국인으로 헐버트를 빼놓을 수 없습니다. 1886년 ‘육영공원’이 창설될 때 교사로 온 헐버트는 한국문화에 깊이 빠져 들어, 세계 언론에 한글의 우수성과 우리 문화의 독창성을 알리는 글을 썼고, 자주 독립정신을 고취하기 위한 방안으로 한국 역사를 강조하였습니다. 그리고 을사늑약으로 외교권이 박탈되고 나라의 존립이 위협받는 한국의 모습을 전 세계에 알리기 위해 1906년 《대한제국의 멸망(The Passing of Korea)》을 영문으로 썼습니다. 그는 이 책에서 한국이 역사의 종말을 맞고 있지만, 그것은 가상의 죽음과 같은 잠일 뿐 죽음 자체는 아님을 한국 국민들이 증명해줄 것이라고 선언했습니다. 그리고 한국의 독립을 위한 방법으로 교육을 내세우고, ‘한국은 교육에 투자된 자본이 이 세상에서 가장 크고 확실한 결실을 맺을 수 있는 곳’이라고 예언했습니다(H. B. Hulbert, 1906).

한국은 그 후 국민들의 높은 교육열 속에서 교육입국의 길을 달려와 오늘에 이르렀습니다. 우리의 현대사는 그의 예언이 정확히 적중했음을 증명하고 있습니다.

더욱이 우리는 1990년대까지만 해도 한류 문화가 아시아를 넘어 유럽인들까지 열광시키리라고는 예상치 못했습니다. 그러나 헐버트는 이미 100여 년 전에 우리의 민족정기와 문화적 잠재력을 알아내어 교육을 강조했고, 그 비상을 예견했으니 놀라운 혜안이 아닐 수 없습니다(부길만, 2011. 6. 16).

개화기 한국에 관한 기록을 남긴 외국인이 많았나요? 그리고 어떤 사람들이었나요?

개화기에 한국에 관한 기록을 남긴 외국인은 참 많았습니다. 개화기 외국인이 남긴 기록들은 지금도 잘 보존되고 있습니다. 현재 명지대학교-LG연암문고, 한국기독교역사박물관 등에 상당량이 보관되어 있고, 도서출판 경인문화사에서 《근세아세아서양어자료총서》라는 영인본을 펴내어 일반인들도 볼 수 있게 되었습니다.

박대헌(1996)은 조선관계 서양서지를 정리했고, 한경수(2002)는 구한말 조선을 여행하고 기록을 남긴 외국인 명단을 작성했습니다. 신복룡은 개화기 한국을 다녀간 한국 견문기를 일찍부터 수집·번역하여 2000년 《한말 외국인 기록》이라는 이름의 전집(23권)으로 펴냈고, 이를 토대로 《이방인이 본 조선 다시 읽기(2002)》를 저술했습니다. 김학준(2010)은 국내외에서 확인한 개화기 외국인 저술들을 시기별로 정리하고 분석·평가했습니다. 그 외에 유영익(2004)은 서양인의 한국학 연구 성과를 밝혀낸 바 있습니다. 규장각한국학연구원(2012)은 조선 땅에 들어와 조선을 만난 세상 사람들의 이야기를 담았습니다.

이러한 자료들을 종합적으로 살펴 보면 개화기 한국에 관한 기록을 남긴 외국인이 어떤 사람들이었는지 파악할 수 있습니다. 이를 토대로 이들의 직업을 살펴보면 1위는 외교관(14명), 2위는 선교사·성직자(12명)이고 그 다음은 기자(9명), 군인·공무원(7명), 학자(5명),

문학·예술인(5명) 순입니다. 기타 직업군으로 의사, 여행가, 상인 등이 있습니다. 물론 직업군은 한 인물이 여러 활동을 하기 때문에 명확히 구분하기 어려운 경우도 많지만, 편의상 7가지 유형으로 나누어 본 것입니다. 하나하나 살펴봅시다.

① 외교관

외교관 중에는 미국인 알렌(H. N. Allen, 1858~1932년)처럼 한국 최초의 의료선교사로 1884년 한국에 와서 고종의 시의(侍醫)를 지낸 다음, 미국 주한공사로서 외교 업무를 담당한 사람이 있는가 하면, 프랑스의 쿠랑(M. Courant, 1865~1935년)처럼 외교관으로 왔다가 한국의 문헌을 본격적으로 연구하여 학자로 알려진 사람도 있습니다.

알렌은 한국에서 〈코리안 리포지터리〉를 발간하여 한국의 실상을 해외에 널리 알렸고 영국 왕립 아시아학회의 한국 지부를 결성했습니다. 그는 주한공사 시절 한국 정부를 두둔하는 발언을 하는 등 미국 외교정책에 반대하는 행동을 하다가 대통령에 의해 파면되기도 했습니다(유영렬·윤정란, 2004).

쿠랑은 1890년 한국 주재 프랑스공사관의 통역관으로 임명되어 근무하면서 개화기 한국 서적들을 수집·정리했고, 1897년부터 프랑스 파리의 국립도서관 사서로 근무했으며, 1900년 리옹대학교 교수가 되어 본격적으로 한국문헌을 저술했습니다. 세계 최초의 금속활자본인 《직지심체요절》 원본을 발견하게 된 것도 그가 쓴 《한국서지》에 소개되었기 때문입니다. 말하자면 한국인쇄출판문화의 우수성을 세계에 알려준 공로자입니다.

영국 외교관 커즌(G. N. Curzon)은 27세 때 하원의원에 당선되었고, 이후 인도성 차관, 외무장관 등을 지낸 유명 정치가였습니다. 그는 중앙아시아, 페르시아, 일본, 중국, 태국, 프랑스령 인도차이나, 한국, 아프가니스탄 등을 여행했는데, 이 지역들은 당시 영국인들의 관점에서 볼 때 '미개한 오지'인 아시아였습니다. 이처럼 오지 여행을 즐긴 그는 '떠돌아 다니는 황무지의 개척자'라는 평을 들었는데, 그의 동양 여행은 모두 아시아의 문제점 및 인도와의 관련성을 연구하려는 기획의 일환이었습니다(박지향, 2003).

이 외에 영국인 외교관으로는, 중국 주재 영국공사관의 서기관 대리를 거쳐 1884년 한국 제물포에서 부영사로 근무했던 칼스(W. R. Carles), 중국학을 전공한 학자로 1892년 이후 버마정부의 중국문제고문, 중국 주재 영사 등을 지낸 파커(E. H. Parker), 1889년 영국 총영사관의 서리 총영사를 지냈고 일본의 영향 아래 추진된 갑오경장의 제도적 변혁을 분석해낸 윌킨스(W. H. Wilkinson) 등을 꼽을 수 있습니다.

미국인 외교관을 살펴보면, 미국에서 검사와 판사로 일한 후 중국 톈진 주재 영사를 지냈는데, 1886년 리훙장의 추천으로 고종의 고문이 되어 한국에 부임한 데니(O. N. Denny)가 있습니다. 그는 리훙장의 소개로 왔지만, 조선은 중국의 속국이 아니라 국제법상 독립국임을 주장했습니다. 당시 독일 외교관 묄렌도르프와 대립적인 입장에 선 인물이지요. 이와 달리 스티븐스(D. W. Stevens)

는 주미 일본 공사관의 서기관을 거쳐 1882년 일본 외무성 고문으로 초빙되었고, 1905년 을사늑약 직후 대한제국의 외교고문이 되어 일본이 한국을 합병해야 한다고 주장하다가 1908년 장인환 의사에게 사살되었습니다.

이 외에 미국인 외교관으로는, 미국 남북전쟁에 참전하고 이집트에서 영국 군인으로 활약한 후 변호사를 거쳐 1887년 서울 주재 미국공사관 서기관을 지낸 프랑스계 미국인 샤이에 롱(Chaillé-Long), 일본 주재 미국공사관 서기관을 거쳐 1898년부터 1899년까지 서울 주재 미국공사관에서 서기관과 변리공사로 근무했던 샌즈(W. F. Sands) 등이 있습니다.

그밖에, 1892년 조선 주재 프랑스 대리공사 겸 영사로 서울에 온 프랑뎅(H. Frandin), 청일전쟁(1894~1895년) 당시 서울 주재 러시아공사관에 근무하면서도 일본을 높이 평가했던 러시아인 외교관 볼피첼리(Z. Volpicelli), 일본 주재 독일변리공사를 거쳐 청국 주재 독일공사로 근무하는 중에 독일과 조선의 수호통상조약 체결(1883년)을 위해 교섭을 했던 브란트(M. V. Brandt), 독일인임에도 불구하고 이홍장의 추천으로 고종의 외교 고문이 되고 1882년 조선정부의 참의통리아문사무(參議統理衙門事務, 오늘날 외교통상부 차관)에 임명되어 활동했지만, 조선은 자주권을 유지할 수 없는 나라라고 인식하여 러시아의 보호국으로 만들고자 러시아와의 밀약을 추진하다가 해임된 묄렌도르프(P. G. von Mŏellendorff), 중국 주재 이탈리아공사관에서 근무한 후 1902년 서울 주재 이탈리아총영사로 임명받았던 이탈리아 외교관 로제티(C. Rossetti) 등이 있습니다.

또한, 외교활동과 관련하여, 외교관 신분은 아니지만 구한말의 어지러운 국제정치 속에서 한국을 위해서 외교적 노력을 기울인 육영공원 교사 출신의 미국인 헐버트(H. B. Hulbert)를 빼놓을 수 없습니다. 그는 고종 황제의 밀사로서 이준 열사 등과 함께 헤이그 국제회의에 참가하려고 시도했으며 1896년 고종이 러시아 공사관으로 피신해간 아관파천 무렵 외국인 신분을 활용하여 고종의 경호 업무를 맡았을 뿐만 아니라, 일제에 의해 미국으로 추방된 뒤에도 해외에서 한국 독립을 위해서 애썼습니다.

외교관들의 면면을 살펴보면, 알렌과 헐버트처럼 한국을 적극적으로 옹호한 인물이 있는 반면에, 스티븐스와 같은 철저한 친일파도 나옵니다. 묄렌도르프처럼 조선의 외교 관료가 되었지만 러시아에 기대려 했던 인물도 있습니다. 그리고 커즌과 같이 서양인의 우월의식으로 아시아 전체를 오지의 나라로 인식한 외교관도 있습니다. 한편, 로제티, 칼스, 파커 등처럼 중국 주재 외교관으로 일하다가 그 연장선에서 한국 근무를 한 인물도 상당수 나오는데, 이들은 중국의 시각에서 한국을 바라보았습니다.

② 선교사

선교사는 12명인데 카톨릭 신부가 2명 있고 10명은 개신교 선교사들입니다. 당시는 카톨릭이 종교 박해를 당했던 직후여서 조선에 들어와 자유롭게 활동할 수 없던 때였습니다. 그러나 카톨릭 신부인 리델(F. C. Ridel)은 프랑스의 파리외방선교회 소속으로 1861년 서울 근교에 잠입해 은밀하게 포교하던 중 병인박해(1866년)가 일어나자 중국으로 피신했다가, 1877년 다시 조선에 잠입하여 밤에만 신자들을 심방하면서 세례를 베풀었습니다. 하지만 바로 다음해 붙잡혀 감옥생활을 하게 되었고, 그 체험을 프랑스어로 기록해서 남겼습니다.

달레(P. C. C. Dallet) 역시 파리외방선교회에 소속된 프랑스 신부인데, 인도에서 선교활동을 했으며, 중국 선교사들이 보내준 자료들을 근거로 1874년 《한국 천주교회사》를 펴냈습니다.

개신교 선교사들은 선교활동과 함께 교육과 언론 및 저술 활동을 벌이며 한국의 근대화에도 크게 이바지한 인물들입니다. 구체적으로 로스, 언더우드, 게일, 베어드 등 많지만 지난번에 설명했기 때문에 여기에서는 생략하고자 합니다.

③ 기자

기자들의 경우 업무 특성상 한국 관련 저술들도 당연히 다수 나오게 되었습니다. 다른 직업군과 달리 일본인이 2명 나옵니다. 이노우에와 혼마 두 기자인데, 이들이 조선에 온 목적과 역할이 전혀 달랐습니다. 말하자면, 신문 창간과 조선 정탐꾼으로 확연히 갈라집니다.

이노우에 가쿠고로(井上角五郎, 1860~1939년)는 1883년 조선정부의 박문국에 근무하며 〈한성순보〉의 창간에 참여한 일본 기자

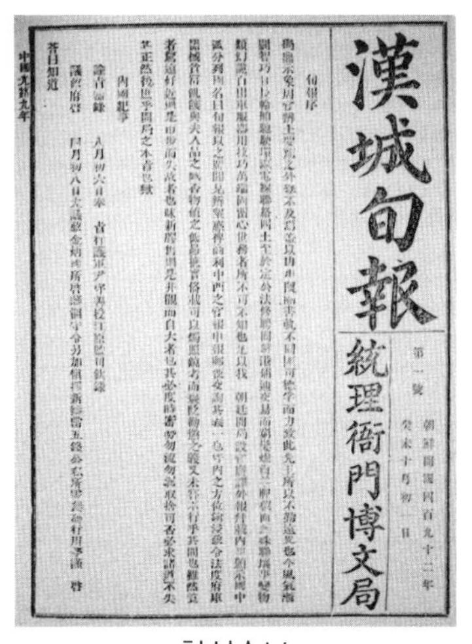
漢城旬報
統理衙門博文局

한성순보

이노우에 가쿠고로

입니다. 1886년 〈한성순보〉를 〈한성주보〉로 개편하는 일에도 관여하고 그 해에 일본으로 돌아간 다음, 당시의 조선 상황을 상세히 기록한 《한성내잔몽(漢城迺殘夢)》을 1895년 단행본으로 펴냈습니다. 이 책은 당시 조선 주재 일본공사[다케조에 신이치로(竹添進一郞)]가 조선 조정을 다룬 방식과 과정을 적나라하게 서술했기 때문에 일본 정부에 의해서 판매금지조치를 당했습니다(이노우에 가쿠고로 저, 신영길 역·저, 2008).

다른 일본 기자인 혼마 규스케(本間九介)는 1893년 조선에 잠입하여 행상 노릇을 하며 조선을 정탐했습니다. 그 정탐 기록을 다음 해 책으로 출판했는데, 조선을 매도하고 조선인들을 조롱하는 내용으로 가득 차 있었습니다. 같은 일본 기자지만 조선을 보는 시각은 전혀 달랐는데, 이것은 오늘날도 마찬가지일 것입니다.

그 외에도 일본의 조선 통치를 비판한 미국 기자 밀러드(T. F. Millard), 조선의 독립을 옹호한 캐나다 기자 매켄지(F. A. Mckenzie), 시간에 인색한 서양인과 달리 조선인은 여유롭게 시간을 즐길 줄 아는 민족이라고 묘사한 독일 기자 겐테(S. Genthe), 스티븐스처럼 친일적인 논조로 일본제국주의를 옹호한 미국 기자 화이트(T. White), 조선 황제와 정부를 비웃고 일본을 추켜세운 영국 기자 위검(H. J. Whigham), 영국 신문사의 중국 특파원으로 활동하며 초기에 일본을 지지했지만 1905년 이후에 일본제국주의를 비판한 웨일(B. L. Putnam Weale), 조선을 객관적으로 묘사하려고 했던 영국 기자 해밀턴(A. Hamilton) 등 다양한 인물들이 조선을 취재하여 세계에 알렸습니다.

편견이나 선입관에 치우치지 않고 객관적인 기사를 쓰는 것, 약자의 편을 들어줌으로써 공정성을 확보하는 것이 언론인의 사명이지만, 구한말의 조선을 돌아본 기자들의 논조는 제각각이었습니다. 자국의 입장을 따라서 일본제국주의 편을 든 기자들이 많은 것은 그 시대의 한계일텐데, 이런 한계는 지금도 여전히 존재하는 문제겠지요.

④ 군인·공무원

군인·공무원 그룹의 경우, 미국인으로 해군 군의관 우즈, 해군 포크가 있고, 영국인으로 세관 덩컨과 국회의원 해치가 있습니다. 그 외에 독일 무관 산더와 중국 군인 니에스청이 있습니다.

우즈(G. W. Woods)는 1862년 해군장교가 되어 군의관으로 근무했는데, 남북전쟁 때 참전한 바 있습니다. 1882년 말 이후 해군 함정을 타고 세계일주에 나섰는데, 1884년 2월부터 3개월간은 한국에 머물며 일기를 썼습니다. 이 일기 속에는 한국의 풍광, 한국어와 인도 드라비다어의 비교, 한국의 종교와 샤머니즘, 술 잘 마시는 한국인, 고종과 명성황후, 한국인의 손재주, 윤치호와의 만남 등 다양한 이야기거리가 있습니다.

포크(G. C. Foulk)는 1876년 해군 소위로 임관하였는데, 당시로서는 드물게 한국어를 구사할 줄 알아, 1884년 민씨 척족의 거물 민영익의 요청으로 서울 주재 미국공사관에서 근무하게 되었습니다. 같은 해 시종들을 거느리고 벼슬아치들의 수발을 받으며 43일간 전국을 여행하며, 일기를 썼습니다. 그는 일기 속에서 백성들의 초라하고 헐벗은 삶과 관료들의 극심한 부패를 적나라하게 묘사하고 "정부는 하나의 거대한 강도가 되었다"고 비판했습니다.

덩컨(C. Duncan)은 1883년부터 조선정부의 세관보좌원으로 근무했는데, 1889년 《코리아와 열강(Corea and the Powers)》을 집필했습니다. 그 역시 정부의 부패와 폭정을 비판하고 "코리아가 엄격한 중립주의 정책을 취해야 하며, 그렇지 못할 경우 이 나라에서 전쟁이 일어날 수 있다"고 경고했습니다. 그리고 얼마 후 청일전쟁과 러일전쟁(1904년)이 일어났으니 그의 혜안이 돋보입니다.

해치(E. F. G. Hatch)는 1895년 영국 보수당 소속으로 국회의원에 당선되어, 정치인으로 활동하던 중 극동을 돌아보고 난 뒤,

1905년 《극동의 인상들 : 일본·코리아·중국》을 펴냈습니다. 이때는 바로 러일전쟁이 일어난 무렵입니다. 그러나 그는 책에서 다른 영국인이나 영국 정부와 마찬가지로 일본의 침략성을 보지 못했습니다. 오히려 일본은 상냥하고 깨끗한 반면에, 조선은 더럽고 부패가 심하기 때문에 일본의 영향 아래에서 살아야 한다는 친일적 주장을 폈습니다.

산더(H. G. T. Sander)는 육군 중위로서 1906년 8월부터 석 달 동안 동북아시아를 순방하던 중 한 달 정도 조선을 방문했고, 1907년 보름 정도 조선을 방문하며 사진과 여행 기록을 남겼습니다. 그러나 그도 영국 국회의원 해치와 마찬가지로 발전된 일본과 비교하여 낙후된 조선을 묘사했습니다.

니에스청(聶士成)은 중국 군인으로서 1894년 조선을 정탐하고, 조선에서 전쟁이 일어날 가능성이 크다고 보았습니다. 이것은 일본이 침략 목적으로 조선 지도를 만들고 무기를 사들이고 있는 상황을 파악한 데에서 나온 통찰이었습니다.

구한말 한반도에서의 전쟁 가능성은 이미 10여 년 전 영군인 덩컨이 주장했고, 중국인 니에스청이 보다 확실한 정황과 증거를 잡아냈습니다. 그러나 정작 당사자인 조선의 위정자들은 대비책을 세우기는 고사하고 상황 파악조차 하지 못했습니다.

우리 역사를 살펴보면 크고 작은 전쟁의 위험을 감지하지 못하는 것, 부풀려서 정치적으로 이용하거나 알고도 모른 체하려는 것 등은 무능하거나 부패한 정부가 쉽게 범하는 과오임을 알게 됩니다.

⑤ 학자

학자들의 경우를 보면, 미국 과학자 로웰, 프랑스 민속학자 바라, 프랑스 고고학자 부르다레, 영국 런던대학교 교수 롱포드, 미국 예일대학교 교수 래드 등 다양합니다. 이들은 자신들의 전공과 관련된 한국학 연구를 통하여 저술을 남겼는데, 모두 학문과 국력이 가장 앞선 선진국 학자들이었습니다.

로웰(P. Lowell)은 1876년 미국 하버드대학교 물리학과를 졸업한 후, 미국 정부의 주일 대표를 지냈습니다. 동시에 천문학에 관심을 가져 화성관측에 성공한 바 있습니다. 조선 정부는 1883년 미국으로 사절단을 파견할 때 그를 외국인 참찬관으로 영입하여 사절단의 안내 임무를 맡겼습니다. 그 임무를 성공적으로 마친 후 고종의 초청으로 1883년 12월 서울에 와서 한겨울을 조선에서 보냈고 그 경험을 토대로 1885년 《조선, 고요한 아침의 나라》를 펴냈습니다.

로웰_1904년 J. E. 퍼디가 보스턴에서 촬영한 모습

바라(C. L. Varat)는 프랑스 문교부로부터 민속 연구의 임무를 받고, "조선은 기근이 발생하여 세력을 규합한 도적들이 닥치는 대로 집을 약탈하고 여자를 겁탈하니 가지 말라"는 프랑스 영사의 만류에도 아랑곳하지 않고 1888년 조선을 방문하여 전국을 돌며 민속

학자의 독특한 시각으로 여행기를 썼습니다.

부르다레(E. Bourdaret)는 고고학자이자 철도기사였는데, 1901년 대한제국이 경의선 철도를 놓을 때 철도기사로 초빙되어 일했고, 1903년 서울 프랑스어학교 교사로 근무했습니다. 이때 얻은 견문으로 《대한제국 최후의 숨결(En Corée, 정진국 역)》을 펴냈는데, "조선에는 모든 사람들에게 진보에 대한 욕구가 있다. …… 이 비옥한 땅, 이 풍부한 자연에서 행복과 독립을 보장받아야 한다"고 호의적으로 썼습니다.

롱포드(J. H. Longford)는 일본 나가사키 주재 영국 영사와 런던대학교 교수를 지냈는데, 1904년, 일본이 조선을 지배하는 것은 정당하다는 친일적 주장을 폈습니다. 이후 그는 1910년 한일합방을 찬양했는데, 이것은 바로 당시 영국 정부의 견해이기도 했습니다. 영국 정부는 코리아를 '완전한 붕괴상태에 빠진 동양적 국가'이며, 마치 터키가 '유럽의 환자'라면 코리아는 '동아시아의 환자'라고 여겼습니다(김학준, 2010).

래드(G. T. Ladd)는 1888년부터 10년간 미국 예일대학교에서 형이상학과 도덕철학을 강의한 교수였는데, 이 기간에 일본과 인도에서도 강의했다고 합니다. 1907년 조선통감이었던 이토 히로부미의 고문 자격으로 조선을 방문한 다음 미국으로 돌아가서 이토 히로부미(伊藤博文)를 찬양하고 조선은 일본의 피보호국이 될 수밖에 없는 나라라고 폄하했습니다. 조선의 독립을 주장한 헐버트를 비난하며 그와 정반대편에 선 친일적 역사관을 지닌 인물이라 하겠습니다.

이 학자들은 출신 국가와 전공이 다양하고 조선에 들어온 목적과 과정도 각기 달랐기 때문에, 그들의 주장도 각자의 처지에 따라 제각각이었습니다. 한국학을 위한 기초적인 조사 연구가 개화기 외국 학자들에 의해서 시작될 수밖에 없었지만, 이들의 성과는 매우 미미한 정도에 그쳤습니다. 그것은 당시 조선의 국력이나 대외적 위상을 고려할 때 당연한 현상이겠지요. 그러나 국력이 놀랄 정도로 커진 100년 후의 오늘 대한민국의 경우에도 국외에서의 한국학에 대한 연구는 빈약한 실정이고, 국가의 정책적 지원도 초라할 정도라고 합니다. 이것은 일본이나 중국 등 이웃나라와 비교할 때 더욱 두드러지게 나타납니다. 우리를 세계에 적극적으로 알리지 못할 때, '도적의 나라', '동아시아의 환자', '일본의 보호를 받아야 할 나라' 등 개화기에 겪었던 오해와 편견이 언제 또 스며들지 모른다는 생각이 듭니다.

하긴 현재의 출판이나 문화산업에서도 해외 콘텐츠의 수입이 대세이고, 우리 문화를 전파하는 수출은 개화기와 마찬가지로 주변부에서 맴도는 수준을 크게 벗어나지 못했다고 보아야겠지요. 국제화 시대에 기업의 발상 전환과 정부의 대폭적인 정책적 지원이 필요함을 새삼 느끼게 됩니다.

⑥ 문학·예술인

문학·예술인은 직업 분포가 다양한데, 영국 화가 새비지-랜도어, 영국 여배우 밀른, 시인 뒤크로, 폴란드 소설가 세로셰프스키 등이 있습니다.

새비지-랜도어(A. H. Savage-Landor)는 영국인 화가이자 인류학자인데, 1890년 말부터 1891년 초까지 조선을 방문하고 1895년 《코리아 또는 조선 : 고요한 아침의 나라》를 펴냈습니다. 그는 화가로서 여러 나라를 여행하며 많은 그림을 남겼는데, 미국 대통령 벤저민 해리슨(B. Harrison)의 초상화가 유명합니다. 조선에서도 대신들의 초상화와 궁궐 곳곳을 화폭에 담았고, 나아가 외국인 최초로 고종의 어진(御眞)을 그렸습니다. 동시에 하층민이나 사회적 약자들을 유심히 관찰했고 관리들의 부패를 비판했으며, 외국 침략자들에 대한 경고를 잊지 않았습니다.

밀른(L. J. Miln)은 영국 여배우인데 연극배우들을 이끌고 호주와 아시아 지역 순회공연을 했습니다. 이때 본 조선의 모습을 1895년 《기이한 코리아(Quint Korea)》에 담아 세계에 알렸습니다. 동시에 조선의 멸망을 예언했습니다.

뒤크로(G. Ducrocq)는 프랑스 시인인데, 1901년 12월 조선을 방문하고 1904년 파리에서 《가련하고 정다운 나라, 조선(George Ducrocq 지음, 최미경 역, 2001》을 출판했습니다. 이 책에서 그는 조선에 대한 비관론이 아니라 "조선인들은 가진 것이 없어도 행복하다"고 주장하는 낙관론을 폈으며, 강대국에 짓밟혀도 굽히지 않을 것이라고 주장했습니다.

세로셰프스키(V. Seroshevskii)는 제정 러시아의 식민지였던 폴란드의 소설가인데, 1902년과 1903년의 동아시아 탐험 중 조선을 한 달 동안 방문하고 1905년 대한제국 견문록을 폴란드에서 러시아어로 출판했습니다. 그는 책에서 일본의 조선 침략을 정당화하는 친일적 자세를 보였습니다.

제국주의에 앞장 선 프랑스의 시인이 식민지 조선에 대하여 강인한 민족임을 일깨워주었지만 조선과 마찬가지로 제국주의에 희생된 식민지 국가 폴란드의 소설가가 일본 제국주의를 옹호한 것은 아이러니가 아닐 수 없습니다. 하긴, 우리도 아시아나 아프리카의 피지배 민족이 아니라 이들을 지배했거나 하고 있는 서구 열강의 편을 들고 있지 않나 생각됩니다.

⑦ 기타

기타 직업군의 경우, 의사로서 독일인 분쉬, 상인으로 독일인 오페르트와 미국인 프레이저, 여행가로 영국인 비숍 등이 있습니다.

분쉬(R. Wunsch)는 독일의 외과의사인데, 1901년 고종의 시의로 임명되어 근무하던 중, 1902년 서울에 콜레라가 번지자 방역대책을 건의하고 환자 치료에 참여했습니다. 그러나 1905년 러일전쟁에 승리한 일본의 압력으로 출국당했습니다. 그는 자신의 일기에서 조선이 자연은 아름답지만 생활환경이 더럽다고 묘사했고, 황제로 불리는 고종도 생활습관이 좋지 않은 환자에 불과했다고 썼습니다.

오페르트(E. J. Oppert)는 유대계 독일 상인인데, 1866년 영국 상인으로 위장하고 조선에 입국하여 주로 서해안 일대를 탐사하고 여행기를 펴냈습니다. 그는 1868년 흥선대원군의 아버지 남연군의 묘를 도굴한 범인으로 유명합니다. 그러나 그가 1880년에 쓴 여행기 《금단의 나라, 조선》을 2003년에 번역한 신복룡은 오페르트가 '동양의 인종에 대하여 해박한 인류학적 지식을 가졌고, 조선의 역사, 언어, 풍습, 제도 등에 깊은 이해를 가진 인물'로 보았습니다. 또한, 오페르트는 자신의 책에서 학자답게 조선 실정을 비판적으로 썼지만, "조선이 러시아의 소유가 되는 것이 좋다"는 그릇된 발상을 보여주고 있습니다.

프레이저(E. Frazer)는 미국 상인인데, 미국에 온 조선사절단과 접촉하여, 1884년 뉴욕 주재 조선 명예총영사에 임명된 바 있습니다. 그는 발명가 에디슨으로부터 조선에 전기를 가설할 수 있는 권리를 얻어 1887년 말 경복궁 안에 전등을 켜게 하여 유명해졌다고 합니다. 그는 미국에서 조선을 알리는 강연을 하고 그 내용을 책자로 발간하기도 했습니다. 그는 오페르트와 반대편에 서서 러시아의 영토적 탐욕을 경계했습니다.

비숍(Isabella Bird Bishop)은 22세 때인 1853년부터 해외여행에 나섰고, 그 여행기를 출판하여 크게 유명해졌습니다. 1894년 조선을 돌아보고 1897년 펴낸 《조선과 그 이웃나라들》은 당시 선풍적인 인기를 모은 베스트셀러였습니다. 또한, 한국을 알리는 데 크게 기여한 책이기도 합니다. 비숍의 주장은 앞에서 소개했기 때문에 생략합니다.

개화기 외국인들은 어떤 종류의 책들을 썼나요?

우리는 개화기에 외국인들, 그것도 갖가지 직업을 가진 여러 나라의 사람들이 다양한 분야에서 많은 기록을 남긴 것을 보았습니다. 그 기록 중에는 단순한 일기 또는 잡지 기고문 정도의 것들도 많았지만, 단행본의 형태를 띤 본격적인 출판물도 상당수였고 그 종류 역시 다양했습니다.

그 종류를 대략 나누어 보면 첫째, 여행기나 견문록을 들 수 있습니다. 가장 큰 비중을 차지하는 분야인데, 개화기 한국의 이미지를 외국에 널리 퍼뜨린 책들이 많습니다. 둘째, 자서전이나 회상록 또는 전기가 있습니다. 물론 이것은 비교적 오랫동안 한국에서 활동했던 외국인 자신이나 그 가족이 쓴 것들입니다. 셋째, 한국의 풍속이나 생활상을 다룬 책들입니다. 단순한 여행 기록에서 더 나아가 한국의 전통이나 생활상을 비교적 자세하게 고찰하고 있습니다. 넷째, 국제관계 속에서 한국이 처한 정치 현실이나 시사 등을 다룬 책들입니다. 대개 제3자의 눈으로 개화기 한국의 권력자와 관료들의 모습을 비판적으로 그리고 있습니다. 다섯째, 한국 역사서입니다. 한국 밖에서 자료들만으로 저술한 책도 있지만, 한국에 오래 살면서 애정을 갖고 저술한 역사서도 상당수 있습니다. 여섯째, 외국인을 위한 한국어 학습서입니다. 한국어를 배운 외국인들은 뒤에 올 후배 외국인들에게 한국어를 효과적으로 익히게 하기 위하여 스스로 한국어 문법책이나 사전을 펴냈습니다. 이들의 작업은 한국인 국어학자들에게 영향을 끼치기도 했지요. 특히, 선교사들의 한국어 학습 열정은 대단했습니다. 개화기와 일제기에 한국에 와서 활동한 바 있는 선교사 수가 무려 3천 명이었다고 하니, 한국어 학습서의 수요도 매우 컸을 것으로 생각됩니다. 일곱째, 그밖에 소설, 체험수기, 서지학 등의 분야에서도 외국인 저술을 찾아 볼 수 있습니다. 이제 각 종류별로 대표적인 출판물을 중심으로 살펴봅시다.

① 여행기

여행기로는 앞에서 소개한 영국인 여행 전문가 비숍(I. B. Bishop)이 쓴 《조선과 그 이웃나라들(Korea and Her Neighbours)》이 가장 유명합니다. 이 책은 1897년 미국 뉴욕에서 초판이 나왔고, 이듬해에 영국 런던에서도 출간되었습니다. 한국에서는 백여 년 후 이인화 역(1994)과 신복룡 역주(2000)의 번역본이 나온 바 있습니다. 비숍 여사는 책의 머리말에서 1894년 1월부터 1897년 3월 사이 4차례에 걸쳐 조선을 방문했다고 밝히며, 조선을 여행하면 할수록 깊은 인상을 갖게 되었다고 말합니다.

> 첫 번째 여행에서 조선은 내가 여행해 본 나라 중에서 가장 흥미 없는 나라라는 인상이 들었지만, 전쟁 기간 중과 전쟁 후의 조선의 정치적 불안, 급속한 변화 그리고 그들의 운명은 나로 하여금 조선에 대한 강렬한 관심을 갖도록 만들었다. 반면에 러시아인의 통치하의 시베리아에서 내가 본 것처럼 조선 사람의 품성

과 근면성은 장래에 그 민족에게 훌륭한 가능성이 기대된다는 점에서 나를 일깨워 주었다. 조선에서 오래 살아온 사람들은 처음에 틀림없이 느꼈던 불쾌감을 극복할 만큼 또 다른 깊은 인상을 받는다(I. B. Bishop, 1897, 신복룡 역주, 2000).

이 책은 조선과 서울의 첫인상에서부터 시작하여 자연 풍경, 결혼, 장례 풍습, 무속 신앙 등 일반 백성들의 모습을 담고 있습니다. 또한 청국군대의 출동, 갑오경장과 을미사변 등 당시의 암울했던 정치적 상황들도 들려줍니다. 그 외에 국왕(고종) 부부 알현, 정부 조직, 교육, 나아가 조선인들이 건너갔던 시베리아, 만주 등에 관해서도 기록되어 있습니다. 부록으로 기독교 통계, 무역 통계, 한국의 개항장에 입항한 선박의 입항 신고 통계표 등까지 나와 있습니다. 말하자면, 이 책은 20세기 말엽의 한국 사정을 백과사전처럼 종합적으로 알려준다고 할 수 있습니다.

그래서 조선 주재 영국 총영사를 지낸 힐리어(W. C. Hillier)는 책의 앞부분에 실린 추천사에서, "비숍 여사는 향후의 여행가들이 아마도 다시는 볼 수 없는 소중한 경험담들을 기록으로 남겨 놓는 값진 역할을 했다"고 평했습니다.

그 외에 여행기로는 프랑스 시인 조르주 뒤크로(George Ducrocq)가 1904년 파리에서 펴낸 《가련하고 정다운 나라, 조선[(Pauvre et Douce Corée, 최미경 역(눈빛, 2001)]》, 영국 화가이자 인류학자인 새비지-랜도어(A. H. Savage-Landor)가 1895년 뉴욕에서 펴낸 《고요한 아침의 나라 조선(Corea or Cho-sen : The Land of Morning Calm, 신복룡·장우영 역주, 집문당, 1999]》, 프랑스 민속학자 바라(Charles Varat)와 프랑스계 미국인으로 서울 주재 미국공사관의 서기관이었던 샤이에 롱(Chaillé-Long)이 함께 1894년 파리에서 펴낸 《조선 기행 : 백여 년 전에 조선을 둘러본 두 외국인의 여행기(Deux Voyage en Corée, 성귀수 번역, 눈빛, 2001)》, 영국 여배우 밀른이 1895년 런던에서 펴낸 《기이한 코리아(Quaint Korea)》, 독일 기자 겐테(S. Genthe)가 〈쾰른 신문〉에 연재한 것을 베게너(G. Wegener)가 1905년 베를린에서 단행본으로 출판한 《Korea : Schilderungen von Siegfried Genthe(코리아 : 겐테의 묘사)》, 한국어 번역본으로는 최석희(1999)의 《겐테의 한국기행(효성가톨릭대학교 출판부)》과 권영경(2007)의 《독일인 겐테가 본 신선한 나라 조선(도서출판 책과함께)》 등 많습니다.

② 회상록

자서전이나 회상록 부문에서 활발하게 저술작업을 한 인물로 선교사 언더우드(Horace G. Underwood)의 부인인 릴리어스 언더우드(Lillias H. Underwood)를 꼽고 싶습니다. 그녀는 선교사 언더우드보다 3년 늦은 1888년 의사로서 장로교 의료선교단의 일원으로 서울에 왔고 이듬해인 1889년 3월 언더우드와 결혼했습니다. 그리고 1921년 별세할 때까지 33년간 한국에서 활동했습니다. 특히 의사로서 민비와도 가깝게 지냈기 때문에, 일반인들이 접하지 못하는 궁중 삶의 이면도 살펴볼 수 있었습니다. 그녀는 이런 가운데 여러 기록을 남겼습니다.

릴리어스 언더우드

우선 남편인 선교사 언더우드의 전기라 할 수 있는 《Underwood of Korea》를 1910년 런던과 뉴욕에서 펴냈습니다. 이 책은 1990년 이만열이 번역하여 《언더우드 : 한국에 온 첫 선교사》라는 제목으로 기독교문사에서 나왔습니다. 그리고 자신의 회상록으로 《Fifteen Years Among the Top-Knots or Life in Korea(코리아에서 상투 튼 사람들과 15년 생활)》를 미국 보스톤과 뉴욕 등에서 펴냈습니다. 이 책 또한 한국어판이 신복룡·최수근 역주로 1999년 집문당에서 출간되었습니다. 앞에서 보았듯이, 한국을 모든 동방국가 중에서 가장 흥미로운 나라로 파악했고, 한국인을 유난히 매력적이고 사랑스러운 사람들이라고 했던 릴리어스 언더우드는 이 책의 성격을 바로 그러한 한국에서의 생활을 단순히 회고한 것이라고 '머리말'에서 밝힙니다.

그러나 이 책은 미국 북장로회 해외선교부 한국 담당 초대 총무를 지낸 엘링우드(F. F. Ellinwood)의 말처럼 "조선 국민의 성격, 습관, 환경, 국민적 신념과 미신, 사회적 퇴보, 대중의 가난과 만연된 무지 등에 대한 온갖 종류의 일반적 정보를 담고 있습니다." 또한 이 책은 그 출간 시기도 러일전쟁의 발발 직전이었기 때문에 국제적으로 관심을 끌었습니다.

이 책에는 "외국인이 어린이를 잡아먹는다"와 같은 어처구니없는 소문 때문에 당한 외국인 당사자로서의 체험과 결국 신뢰를 회복한 과정에 대한 이야기가 들어 있습니다. 그 외에 국왕(고종)과 왕비(민비)에 대한 인상, 갑신정변과 청일전쟁, 민비를 암살한 을미사변, 고종이 러시아 대사관으로 피난 간 아관파천, 독립협회 이야기 등 정치적 격변의 현장 묘사가 있는가 하면, 최초의 토착 교회인 소래교회, 평안도와 황해도 지역으로의 전도여행, 정동교회 등 선교 관련 이야기도 들어 있습니다. 반면에 선교사 언더우드와 결혼식을 올리고 신혼여행 겸 전도여행을 떠나려고 하는데, 민비가 '현금 100만 냥'을 하사했다는 이야기도 있습니다. 저자는 "당시 3천 냥만 되어도 부유한 축에 속했기 때문에 그러한 거액은 관대한 조선의 왕비도 쉽게 내줄 수 있는 것이 아니었고 선교단도 쉽게 처분할 수 없는 것이었다. 그것은 《아라비안 나이트》의 얘기와 같았다"고 술회하고 있습니다.

그 외 회상록으로는 앞에서 설명한 이노우에 가쿠고로의 《한성내잔몽(漢城迺殘夢)》, 1889년 한국에 와서 1928년 별세할 때까지 주로 농촌지역에서 선교활동을 했던 미국 감리교 목사 무스(J. R. Moose)가 1909년 저술하고 1911년 미국 내슈빌에서 펴낸 《조선에 살다 : 구한말 미국 선교사의 시골 체험기(Village Life in Korea, 1900, 문무홍 외 옮김, 푸른역사, 2008)》 등이 있습니다.

③ 풍속 또는 생활상

조선인의 풍속이나 생활상을 다룬 서적으로는 우선 미국 목사 길모어(G. W. Gilmore)가 쓴 《서울에서 본 코리아(Korea from Its Capital : With a Chapter on Missions)》를 꼽고 싶습니다. 1886년 길모어는 고종 임금이 세운 신교육기관인 '육영공원'의 교사로 한국에 와서 젊은 관료들과 사대부 자제들을 가르쳤지만 학생들이 학업에 열의를 보이지 않아 실망했고 봉급도 아들의 의료비를 대지 못할 정도로 적어 1889년 미국으로 돌아갔습니다. 귀국 후 3년 동안 겪은 서울 생활을 바탕으로 이 책을 저술하여 1892년 미국 필라델피아에서 출판한 것입니다. 이 책은 최근 신복룡(1999)과 이복기(2009)에 의하여 한국어 번역본으로도 나왔습니다.

길모어는 당시 조선인을 '매우 신기하고, 어떤 면에서는 환상적이기까지 한 민족'이라고 평하며 "조선에서의 생활은 아름다운 미국에서만큼 안전하고 즐겁다"고 말합니다. 저자는 이러한 인식 속에서 조선의 국토와 정부, 서울 모습, 존칭어와 하대어의 언어 생활, 과거시험 풍경, 조선인의 특징, 가정 생활, 결혼 풍습, 노인 공경, 복식과 장식, 여성의 삶, 줄타기·연놀이·투석전·음악 등의 놀이, 종교, 광물·농작물·해산물 등의 자원, 도자기와 공예, 학교·군대·외교·체신·화폐·교역·병원 등의 문명화, 외교 관계, 조선 내의 외국인 생활 등 다양한 주제들을 보고 느낀 대로 기록하고 있습니다. 마지막 장은 책의 제목(Korea from Its Capital : With a Chapter on Missions)처럼 '선교 사업'에 대한 설명에 할애하고 있습니다.

이 책 외에도 풍속이나 생활상을 다룬 서적으로는 길모어의 후임으로 육영공원 교사로 한국에 온 미국 목사 기포드(D. Gifford)가 펴낸 《조선에서의 일상생활(Everyday Life in Korea)》[한국어 번역은 심현녀(1995)의 《조선의 풍속과 선교》], 영국 여성 테일러(C. J. D. Taylor)가 양반 집에 머물며 서울 사람들의 생활관습을 서술하여 1904년 런던에서 펴낸 《조선인의 생활(Koreans at Home : The Impressions of a Scotswoman)》, 1901년 프랑스의 고고학자이자 철도 기사로서 대한제국의 경의선 철도 부설을 위하여 세운 서북철도국의 초빙 기사로 온 부르다레(E. Bourdaret)가 프랑스 파리에서 펴낸 《조선에서(En Corée)》[한국어 번역본은 정진국(2009)의 《대한제국 최후의 숨결》] 등이 있습니다.

④ 국제정세 또는 시사

당시 조선과 얽힌 국제 정세 또는 시사 문제를 다룬 책들도 많이 나왔습니다. 이 책들이 조선을 보는 관점은 크게 세 가지라 할 수 있습니다.

첫째, 서구인의 관점에서 조선을 바라보는 것입니다.

대표적으로 영국 외교관 커즌(G. Nathaniel Curzon)이 1894년 런던에서 펴낸 《극동의 문제들 : 일본, 조선, 중국(Problems of the Far East : Japan, Korea, China)》을 들 수 있습니다. 아시아를 '미개한 오지'로 인식한 저자는 영국우월주의를 내세웠고, '내재적 취약성'을 지닌 조선은 일본, 중국, 러시아 등의 강대국들에 저항할

힘이 없었기 때문에, 독립 추구는 바보 같은 짓이라고 주장했습니다(김학준, 2010).

둘째, 친일적 관점에서 조선을 바라보는 것인데, 개화기 외국인 저술의 대부분이 여기에 속합니다.

예를 들면, 조선이 일본의 보호를 받아야 국가 존속을 유지할 수 있다고 주장한 미국 외교관 스티븐스(D. W. Stevens)가 1894년에 쓴 논문 '조선에서의 중국과 일본(China and Japan in Korea)', 스티븐스와 같은 견해를 가진 미국 기자 화이트(T. White)가 1895년 필라델피아와 시카고에서 펴낸 《동양에서의 전쟁 : 일본, 중국, 조선(The War in The East : Japan, China and Corea)》, 당시 일본과 외교적으로 대립각을 세우던 러시아 외교관이었지만, 일본을 호의적으로 바라본 볼피첼리(Z. Volpicelli)가 블라디미르(Vladimir)라는 가명으로 런던에서 펴낸 《청일전쟁(The China-Japan War : Complied from Japanese, Chines, and Foreign Sources)》, 한국어 번역본은 유영분(2009)의 《구한말 러시아 외교관의 눈으로 본 청일전쟁 : 조선 땅에서 벌어진 서양문명과 동양문명의 충돌(살림출판사)》, 고종의 외교고문이었지만 이토 히로부미를 위대한 인물로 존경하고 안중근 의사를 비난하는 한편, 조선의 중립화를 주장한 샌즈(W. F. Sands)가 1930년 뉴욕에서 펴낸 《비외교적 기억들 : 극동(Undiplomatic Memories : The Far East, 1896~1904)》(한국어 번역본은 김훈(1986)의 《조선의 마지막 날(미완)》 및 신복룡(1999)의 《조선비망록(집문당)》), 영국 국회의원으로 조선은 일본의 영향 아래 살면서 일본을 본받아야 한다고 주장한 해치(E. F. G. Hatch)가 1905년 시카고에서 펴낸 《극동의 인상들 : 일본·코리아·중국(Far Eastern Impressions : Japan–Korea–China)》, '조선 정부는 이 세계에서 최악의 정부'이기 때문에 조선인들은 일본의 지배 아래 있어야 1,000배나 잘 살게 될 것이라는 망언을 한 영국 기자 위검(H. J. Whigham)이 런던에서 펴낸 《만주와 조선(Manchuria and Korea)》, 조선은 열강의 먹이로 등장했고 영일동맹이 러시아를 견제하여 극동의 평화에 기여할 것이라고 주장한 영국 외교평론가 디오시(A. Diosy)가 1904년 런던에서 펴낸 《새로운 극동(The New Far East)》, 이토 히로부미를 '조선의 최고 친구'로 추켜세우고 고종이 헤이그 만국평화회의에 밀사를 파견한 것은 치명적 과오라고 주장하며 러일전쟁에서 일본을 적극 비호한 미국 예일대학교 철학 교수 래드(G. T. Ladd)가 1908년 런던에서 펴낸 《이토 후작과 함께 조선에서(In Korea with Marquis Ito)》 등의 저서들이 있습니다(김학준, 2010).

이 모두 당시 강자의 관점에서 국제정세와 조선을 바라본 것인데, 우리도 외국의 약소국을 대할 때 그러한 관점을 드러내고 있지 않은지 새삼 반성하게 됩니다.

셋째, 일본을 비판하거나 조선 독립을 옹호하는 것입니다.

대표적인 저술로, 일본이 군사력을 강화하여 침략에 나설 것임을 경고한 캐나다 기자 매켄지(F. A. McKenzie)가 1908년 런던에서 펴낸 《조선의 비극[(The Tragedy of Korea, 신복룡(1974)·김창수(1984) 역]》을 들고 싶습니다. 이 책은 문호 개방 전후의 한국 정치상황을 언론인으로서 직접 목격하고 체험한 것을 쓴 것입니다. 그 내용을 보면, 민비와 대원군의 대립, 외세의 등장, 청일전쟁, 민비 시해 사건과 그 이후 전개과정, 아관파천, 일본의 통감정치, 고종의 퇴위 등이 나와 있는데, 의병의 활약상에 대해서도 상세히 서술하고 있습니다. 책은 마지막 부분인 '미래의 전망'에서 일본이 군사력을 강화하여 침략국의 노선을 따르고 있다고 비판한 다음, "세계에 다행스러운 것은 군벌은 강하지만 아직 전능하지 못하다"고 지적합니다. 아울러, 일본을 향하여 이렇게 경고합니다.

> 평화와 공정(公正)을 실행하라. 그러면 일본의 무역은 반드시 순탄하게 확장된다. 일본 상인은 자신들이 이어받은 사기 행위에서 손을 씻는 것을 배우고, 또 진흙 속에 떨어져 더럽혀진 상표, 알맹이가 형편없는 모조 상품, 그리고 빈틈없는 상혼(商魂), 그러한 것이 안정된 거래선(去來先)을 확보하는 길이 아니라는 것을 깨닫기만 한다면, 그들의 장래는 확실하다. 그러나 일본은 아직까지 동양에 평화를 가져오는 자로서의 미래가 아니라, 칼을 손에 쥐고 피지배 민족에 군림하는 자로서의 미래를 다져 가고 있다(F. A. McKenzie 저, 김창수 역, 1984).

매켄지는 이 책의 후속편으로 《한국의 독립운동(Korea's Fight for Freedom, 이광린 역, 일조각, 1969)》을 1920년 뉴저지에서 펴냈습니다. 이 책은 한일합방 이후의 일본 통치와 3·1운동의 경과를 서술하며 일본군국주의의 횡포를 고발하고 있습니다.

또한, 독일 외교관 브란트(Max von Brandt)가 1897년 베를린에서 펴낸 《동아시아의 문제 : 중국, 일본, 조선(Ostasiatische Fragen：China, Japan, Korea, 김종수 역, 2008)》이 있습니다. 이 책은 일본 주재 독일 변리공사, 중국 주재 공사 등을 역임한 저자가 1873년부터 1896년 사이에 일본, 중국, 인도차이나 등 동아시아 국제 정세에 관하여 쓴 글들을 모은 것인데, 당시 조선의 상황을 잘 보여줍니다. 특히, 명성황후 시해 사건을 위한 치밀한 준비과정과 실행, 가담자들에 대한 일본 법원의 판결 내용을 소상히 전하고 있는데, 브란트는 임진왜란으로 촉발된 일본의 만행에 대한 조선인들의 뿌리 깊은 원한이 명성황후 시해 사건으로 말미암아 치유하기 힘든 트라우마가 되었다고 말합니다(Max von Brandt, 1897).

그 외에 영국 기자 웨일(B. L. P. Weale)이 1907년 런던에서 펴낸 《동양에서의 휴전과 그 여파(The Truce in the East and Its Aftermath)》, 일본의 본질을 잔인함이라고 비판한 반면, 조선인은 착하고 상냥한 인상을 주었다고 주장하며 일본과 맞서 싸우는 조선인들을 칭찬한 스웨덴 기자 그렙스트(W. D. A. A：son Grebst)가 스웨덴 도시 예테보리(Göteborg)에서 펴낸 《코리아(I. Korea, 김상열 역, 2005)》, 독일 기자로서 갓 결혼한 아내와 함께 러일전쟁을 취재하러 조선에 와서, 전쟁을 획책한 일본 정부의 거짓 선전을 공박하고 일본인들의 행패를 폭로하는 한편, 부지런한 조선 농민과 여성들 그리고 기품 있는 아이들에게 감명받았다고 전하는 차벨(R. Zabel)이 1904년 알텐부르크(Altenburg)에서 펴낸 《러일전쟁 중 조선으로 떠난 나의 신혼여행[Meine Hochzeitsruise durch Korea während des Russisch-Japanischen Krieges, 이상희 역, 독일인 부부의 한국 신혼여행(살림출판사, 2009)]》 등이 있습니다.

⑤ 한국 역사

개화기에 많은 외국인들은 한국 역사에 깊은 관심을 가졌고, 일부 인사들은 직접 한국 역사서의 저술 작업에 나섰습니다. 일찍이 프랑스 신부 달레(P. C. C. Dallet)는 한국 교회의 역사를 서술한 《코리아의 교회의 역사[(Histoire de l'Église de Corée, 안응렬·최석우 역주(1979, 1980), 《한국 천주교회사》, 분도출판사)]를 펴냈는데, 이 책에는 천주교의 수용과 박해 과정뿐만 아니라 한국의 역사와 지리에 대한 설명도 나옵니다.

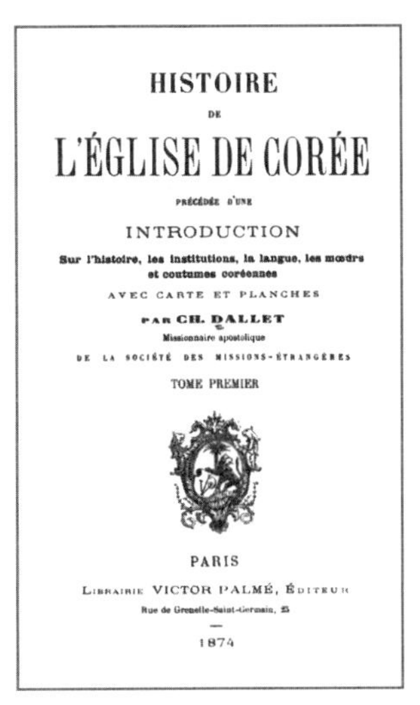
HISTOIRE
DE
L'ÉGLISE DE CORÉE
PRÉCÉDÉE D'UNE
INTRODUCTION
Sur l'histoire, les institutions, la langue, les mœurs
et coutumes coréennes
AVEC CARTE ET PLANCHES
PAR CH. DALLET
Missionnaire apostolique
DE LA SOCIÉTÉ DES MISSIONS-ÉTRANGÈRES
TOME PREMIER

PARIS
LIBRAIRIE VICTOR PALMÉ, ÉDITEUR
Rue de Grenelle-Saint-Germain, 25
—
1874

코리아의 교회의 역사_달레

영국 선교사 로스는 1879년, 고대부터 강화도조약이 체결된 1876년까지의 역사를 다룬 《코리아의 역사(History of Corea : Ancient and Modern with Description of Manners and Customs,

Language and Geography)》를 저술했습니다. 저자가 만주에서 선교활동을 했던 관계로 만주를 중심으로 한국사를 파악했기 때문에, 이 책은 고구려와 발해 역사를 상세히 설명하고 있습니다.

또한 앞에서 소개한 미국 목사 그리피스의 《은자의 나라 한국(Corea : The Hermit Nation, 신복룡 역, 탐구당, 1976)》도 출간되었습니다.

한국 역사에 관한 대표적인 저술로는 앞에서 언급한 헐버트가 1906년 뉴욕에서 펴낸 《대한제국의 멸망(The Passing of Korea, 신복룡 역, 1984)》을 좀 더 설명하고자 합니다.

전체가 6편으로 구성되어 있는 책의 내용은 제1편에서 한국의 위치와 민족 및 정치제도를 설명하고 제2편에서 고대부터 개항기까지의 한국 역사를 서술합니다. 제3편~제5편에서는 한국의 산업, 문화, 사회제도 등을 다루고, 제6편 결론에서는 한국의 근대화와 한국의 장래를 논의하고 있습니다.

저자는 결론에서, 한국은 자신의 독립이 유린될 때 이를 막아줄 국가로 미국을 지목하고 크게 기대를 걸었지만, 미국은 경멸의 눈초리로 한국민의 가슴을 할퀴어 놓았다고 하며, 당시 상황을 이렇게 묘사합니다.

> 기울어가는 조국을 건질 길이 없게 되자 충성심이 강하고 지적이며 애국적인 한국인들이 하나씩 하나씩 스스로 목숨을 끊는 동안에 한국 주재 미국 공사는 이 악행을 저지른 장본인들에게 샴페인을 따르면서 축배를 들고 있었다.

끝으로 저자는 한국의 살 길은 오직 교육에 있다고 역설하고, "미국의 국민 중에 한국을 위하여 몸을 바침으로써 이 거대한 민족운동의 핵심이 되고 구심점이 될 교육기관을 설립해줄 독지가를 찾는다"는 호소를 하고 있습니다.

헐버트는 이 책 외에 두 권으로 된 본격적인 역사서인 《코리아의 역사(The History of Korea)》를 1905년 서울에서 펴낸 바 있습니다. 이 역사서를 요약하여 《대한제국의 멸망(The Passing of Korea)》의 제2편에 실린 역사를 서술한 것이라고 합니다.

⑥ 한국어 학습서

지난 번에 잠시 소개했듯이, 개화기에 한국에 온 외국인들이 펴낸 한국어 학습서는 여러 종류가 있습니다. 우선 미국 목사 로스(J. Ross)가 1877년 상해에서 펴낸 《한국어 입문서(Corean Primer)》를 들 수 있는데, 영어로 쓰인 최초의 한국어 회화책일 것입니다. 그리고 파리외방선교회 한국 주재 프랑스 선교사들이 1881년 일본 요코하마에서 발행한 《조선어문법(Grammaire Coréenne)》이 있는데, 최초의 한국어 문법서입니다.

그 외에, 서양인으로는 영국 외교관 스콧(J. Scott)이 1887년 상해에서 펴낸 한국어 문법서 《언문말칙(En-moun Mal Ch'aik : A Corean Manual or Phrase Book with Introductory Grammar)》, 선교사 언더우드가 1890년 요코하마에서 펴낸 한국어 문법서 《한영문법(韓英文法, An Introduction to the Korean Spoken Language)》, 선

교사 게일(J. S. Gale)이 1894년 서울에서 펴낸 《ᄉᆞ과지남(辭課指南, Korean Grammatical Forms)》 등이 있습니다.

또한 당시는 일본과 통상조약이 체결된 이후여서 일본인이 펴낸 한국어 학습서도 상당수 나왔습니다. 그중 호세코(寶迫繁勝)가 1880년 펴낸 《한어입문(韓語入門)》이 있는데, 일본인을 위한 개화기 최초의 한국어 문법서가 됩니다.

그 외에 당시 부산 거주 일본인으로 알려진 시마이(島井浩)가 1902년 동경에서 펴낸 한국어 회화 입문서로서 장사, 사무, 무역품 관련 용어가 많이 나오는 《실용한어학(實用韓語學)》, 고교 교사 다카하시(高橋亨)가 1909년 동경에서 펴낸 한국어 문법서인 《한어문전(韓語文典)》, 신문사 기자인 야쿠시지(藥師寺知朧)가 1909년 펴낸 한국어 문법서인 《한어연구법(韓語硏究法)》, 총독부 통역관이자 서지학자인 마에마(前間恭作)가 한국어 문법과 회화를 설명한 《한어통(韓語通)》 등이 있습니다.

서양인과 일본인이 펴낸 이 모든 한국어 학습서 중에서 게일의 《ᄉᆞ과지남(Korean Grammatical Forms)》을 대표적인 서적으로 소개하고자 합니다.

이 책의 전반부는 한국어의 다양한 어미와 조사 등을 중심으로 한 문법 설명이 있습니다. 특히 한국어 종결어미의 변화 형태를 "하다"라는 단어를 예로 들어 영어로 설명하고 있는데, 제시된 어미 변화가 무려 136개나 됩니다. 한국인인 우리가 지금 보아도 놀랄 따름입니다. 저자는 이처럼 종결어미가 끝도 없이 나오는 한국어를 필사적으로 배우는 과정에서 한국어와 한국의 매력에 깊숙이 빠져들었습니다. 후반부에는 1,098개의 한국어 모범 예문을 영어 번역과 함께 실어놓았습니다. 천문, 지리, 곡물, 질병, 의관(衣冠), 풍류, 언어, 행실 등 57개 분야로 나뉘어 제시되는 예문들을 공부하다 보면, 한국의 풍습과 문화를 자연스럽게 익힐 수 있도록 짜여 있습니다. 저자 자신이 직접 한국의 역사와 문화를 서양인들에게 소개하는 일에도 앞장섰습니다. 《구운몽》, 《춘향전》, 한국 민담 등 한국 작품들을 영어로 번역했고, 구한말 조선의 상황을 다룬 《전환기의 조선(Korea in Transition, 신복룡 역주, 1999)》, 고조선 건국부터 한일합방까지를 서술한 《한국민족사(A History of the Korean People)》, 조선인의 생활 습관들을 묘사한 《코리아 스케치(Korean Sketches)》 등을 영문으로 펴냈습니다.

⑦ 기타

개화기 외국인들은 위의 여섯 분야 외에도 서지학, 소설, 체험수기 등 다양한 종류의 서적들을 펴냈습니다. 하나씩 간략하게 살펴봅시다.

서지학 서적으로, 프랑스 외교관 쿠랑(M. Courant)이 1894년부터 1896년까지 3년 동안 매해 한 권씩 출간한 《한국서지(Bibliographie Coréenne, 이희재 역, 1994)》가 있습니다. 이 책은 쿠랑이 당시 확인한 한국학 관련 도서들을 서지학적으로 정리한 것으로 지금 보아도 정말로 방대한 한국 관련 출판물들을 체계적으로 목록화해놓아 놀라지 않을 수 없습니다. 개화기 도서출판 상황을 알려주는 귀중한 자료가 아닐 수 없습니다.

소설로는 선교사 윌리엄 베어드(William M. Baird)의 부인으로 숭실학당의 교장을 지낸 애니 베어드(Annie L. A. Baird)가 1909년 펴낸 《조선의 새벽(Daybreak in Korea, 유정순 역, 2006)》이 있습니다. 뉴욕에서 출간된 이 소설은 한 하층계급 여성이 고난을 겪다가 기독교를 받아들여 전혀 새로운 삶을 살게 되었다는 이야기입니다. 애니 베어드는 이 영문소설 외에 순한글로 쓴 단편소설집 《고영규전》도 1911년 서울에서 낸 바 있습니다. 이 단편소설집에는 앞에서 소개한 《고영규전》과 《부부의 모본》 2편이 들어 있습니다.

이 소설들은 저자의 20년 한국 생활 체험이 응축되어 있고, 한국인의 정서를 아름다운 우리말로 잘 묘사하고 있습니다. 따라서 이 책은 선교를 위해 펴낸 것이지만, 근대 한국문학을 풍성하게 하는 데도 기여하고 있습니다(부길만, 2011. 8. 18.).

체험수기로는 감옥생활 체험기가 있습니다. 프랑스 신부 리델(F. C. Ridel)은 한국에서 밤에 몰래 선교 활동을 한 죄목으로 1878년 체포되어 4개월간 감옥에 갇혀 있다가 중국으로 추방된 후 옥중기 《나의 서울 감옥생활(Ma Cativité dans Les Prisons de Séoul, 유소연 옮김, 2008)》을 집필했습니다. 1901년 나온 이 책에서 저자는 조선시대의 감옥, 죄수 모습, 포교들의 횡포 등을 기록하고 있습니다.

신부 리델은 만주로 추방된 뒤에도 선교를 계속했으며, 1880년 한국 최초의 프랑스어 사전인 《한불ᄌᆞ뎐(韓佛字典)》을 완성시켰고, 1881년 최초의 한국어 문법서인 《조선어문법(Grammaire Coréenne)》의 편찬을 주도했습니다.

그 외에 외국인들이 펴낸 일기, 백두산 등정기, 편지글 등이 있으나 생략합니다. 이처럼 개화기 외국인들은 다양한 분야에서, 세계의 오지로 인식되었던 조선에 대한 막연한 호기심, 위기에 처한 나라의 백성에 대한 연민과 배려, 부정부패와 모순에 가득찬 조선 정부와 사회에 대한 경멸과 비난, 한국인과 한국 문화에 대한 매력 등 다양한 시각과 동기에서 많은 종류의 서적들을 세계 여러 나라에서 저술·간행했습니다. 이 책들 속에서 우리는 당시 열강에 비친 조선의 모습을 생생하게 접하게 됩니다. 아울러, 불과 백여 년 전의 과거 우리 사회를 제삼자적 입장에서 살펴본 이방인의 기록 속에서, 한국의 역사를 새로운 시각으로 들여다볼 수 있을 것입니다. 또한, 취약한 국가로서 개화기 조선에 대한 역사적 이해가 외국인 저술의 탐구 속에서 깊어질 때, 여전히 강대국과 약소국의 구별이 엄연히 존재하는 국제정세 속에서 세계사에 대한 우리들 인식의 지평도 넓어질 것이라고 생각합니다.

참고문헌

강만길. 고쳐 쓴 한국근대사, 서울 : 창작과비평사, 1997.

강윤호. 개화기의 교과용 도서, 서울 : 교육출판사, 1973.

강태희. **영계 길선주 목사의 초기 윤리사상**, 장로회신학대학교 대학원 신학과 역사신학 전공 석사학위논문, 2011.

고동환. 조선 후기 서울상업발달사 연구, 서울 : 지식산업사, 2002.

고샐리영. **미디어로서의 책에 대한 근대적 인식의 발생-개화기(1883~1910)에 출판된 번역서를 중심으로**, 서울대학교 대학원 언론정보학과 석사학위논문, 2009.

규장각한국학연구원 엮음. 세상 사람의 조선여행, 파주 : 글항아리, 2012.

김경완. "고영규전 연구", 〈온지논총〉 제1집, 1995.

김문식. "정조의 경학과 주자학", 서울 : 문헌과해석사, 2000.

김병철. 한국 근대 번역문학사 연구, 서울 : 을유문화사, 1975.

김병학. **한국 개화기 문학에 나타난 기독교 사상 연구**, 조선대학교 대학원 국어국문학과 박사학위논문, 2004.

김봉희. **한국 기독교문서 간행사 연구(1882~1945)**, 서울 : 이화여자대학교 출판부, 1987.

김봉희. 한국 개화기 서적문화 연구, 서울 : 이화여자대학교 출판부, 1999.

김성영. **개화기 기독교문학의 사상 연구**, 고려대학교 대학원 국어국문학과 박사학위논문, 2005.
김여칠. **한국 개화기의 국사 교과서와 역사인식**, 단국대학교 대학원 사학과 한국사 전공 박사학위 논문, 1985.
김영호. "실학과 개화사상의 연관형태", 변혁시대의 한국사, 서울 : 동평사, 1979.
김욱동. 번역과 한국의 근대, 서울 : 소명출판, 2010.
김육훈. 살아 있는 한국 근현대사 교과서, 서울 : (주)휴머니스트 출판그룹, 2010.
김윤희. **이덕무의 독서론 연구**, 한국교원대학교 대학원 한문교육 전공 석사학위논문, 2004.
김은경. **조선시대 독서론과 한문교과 활용방안 연구**, 한국교원대학교 대학원 한문교육전공 박사학위논문, 2006.
김준희. **김억의 번역이 한국 근대시에 미친 영향 연구**, 숙명여자대학교 대학원 영어영문학과 번역학 전공 석사학위논문, 2007.
김지영. **묄렌도르프에 대한 재평가―외교·경제활동을 중심으로**, 동국대학교 교육대학원 역사교육전공 석사학위논문, 2003.
김철영. 여명기 민족을 깨운 기독교 출판, 서울 : 이레닷컴, 2005.
김학준. 서양인들이 관찰한 후기조선, 서울 : 서강대학교 출판부, 2010.
김화영. "번역이란 무엇인가", 미메시스, 서울 : 열린책들, 1999.
김희영. "19세기 말 서양인의 눈에 비친 조선사회의 현실과 동학 농민 봉기―이사벨라 버드 비숍의 '조선과 그 이웃나라'를 중심으로", 〈동학연구〉, 제23호, 2007.
김희영, 이야기 일본사, 파주 : 청아출판사, 2009.
노병성. "주자의 독서관에 대한 고찰", 〈한국출판학연구〉, 제51호, 2006.

마루야마 마사오·가토 슈이치 편, 임성모 역. 번역과 일본의 근대, 서울: 이산, 2000.
문연주, 일본 편집자의 탄생-직업 형성의 역사와 구조, 서울: 커뮤니케이션북스, 2010.
미야시타 시로 지음, 오정환 옮김. 책의 도시 리옹, 파주: 한길사, 2004.
박대헌. 서양인이 본 조선-조선관계 서양서지, 서울: 壺山房, 1996.
박제홍, **근대한일 교과서의 등장인물을 통해 본 일제의 식민지 교육-'보통학교수신서' 와 '심상소학수신서' 를 중심으로**, 전남대학교 대학원 일어일문학과 박사학위 논문, 2008.
박지향. 일그러진 근대, 서울: 푸른역사, 2003.
백성현·이한우. 파란 눈에 비친 하얀 조선, 서울: 새날, 1999.
백운관·부길만. 한국 출판문화 변천사, 서울: 타래, 1997.
변태섭. 한국사통론, 서울: 삼영사, 1986.
부길만. 조선시대 방각본 출판 연구, 서울: 서울출판미디어, 2003a.
부길만. "안성판·경판·완판 방각본의 비교 연구", 〈출판잡지연구〉, 제11호, 2003b.
부길만. 책의 역사, 서울: 일진사, 2008.
부길만. "출판으로 본 기독교 백년: 예수셩교젼셔", 〈국민일보〉, 2010. 10. 7.
부길만. "출판으로 본 기독교 100년 'ᄉ민필지'", 〈국민일보〉, 2011. 6. 16.
부길만. "출판으로 본 기독교 100년 '고영규전'", 〈국민일보〉, 2011. 8. 18.
서유만. **길선주의 '말세학'에 나타난 종말론 연구**, 한남대학교 학제신학대학원 목회신학 전공 석사학위논문, 2005.
서정웅. **우리말 성경 번역에 대한 역사적 연구-개신교의 성경 번역을 중심**

으로, 목원대학교 신학대학원, 신학과 역사신학 전공 석사학위논문, 2003.
신복룡. 이방인이 본 조선 다시 읽기, 서울 : 풀빛, 2002.
신용하. “우리나라 최초의 근대학교 설립에 대하여”, 〈한국사연구〉, 제10호, 1974.
신용하. “개화사상”, 한국민족문화대백과사전, 성남 : 한국정신문화연구원, 1999.
심광섭. “탁사 최병헌의 유교적 기독교 신학”, 〈세계의 신학〉, 2003년 겨울호, 2003.
안미경. **조선시대 천자문 간인본 연구**, 성균관대학교 대학원 문헌정보학과 박사학위논문, 1998.
안춘근. 한국출판문화사대요, 서울 : 청림출판, 1987.
오화순. **한·일 신파극 연구－가정비극을 중심으로**, 경희대학교 대학원 국어국문학과 석사학위논문, 2002.
유미진. **한국개화기 교과서에 나타난 일본 근대 한자 번역어에 관한 연구－그 생성과 수용과정을 중심으로**, 한국외국어대학교 대학원 일어일문학과 박사학위논문, 2005.
유상호. **애국계몽기의 출판문화운동**, 고려대학교 교육대학원 석사학위 논문, 1986.
유영렬·윤정란. 19세기말 서양선교사와 한국사회－The Korean Repository를 중심으로, 서울 : 경인문화사, 2004.
유영익. “서양인에 의한 한국학 효시”, 〈한국사 시민 강좌〉, 제34집, 2004.
유탁일. **완판방각소설의 문헌학적 연구**, 동아대학교 대학원 고전문학 전공 박사학위 논문, 1980.

윤병조. **개화기 한국 기독교 출판문화 사업이 일반사회에 미친 영향에 관한 연구－감리교출판사의 사례분석을 중심으로**, 연세대학교 언론홍보대학원 잡지·출판 전공 석사학위논문, 1998.

윤치부, "국민소학독본의 국어 교과서적 구성 양상과 그 의미", 〈제주교육대학교 논문집〉, 제31집, 2002.

이근희. **번역 정책에 관한 고찰－국가별 번역사를 통해 살펴본 번역 정책의 고찰 및 번역 발전을 위한 소고**, 세종대학교 대학원 영어영문학과 석사학위논문, 2001.

이노우에 가쿠고로 저, 신영길 역·저. 이노우에 가쿠고로의 조선조 망국전야기, 서울 : 지선당, 2008.

이덕무 저, 김종권 역주. 사소절, 서울 : 양현각, 1983.

이덕일. 사화로 보는 조선 역사, 서울 : 석필, 1998.

이만열. 한국기독교문화운동사, 서울 : 대한기독교출판사, 1987.

이민희. 조선을 훔친 위험한 책들, 파주 : 문학동네, 2008.

이복규. 설공찬전 연구, 서울 : 박이정, 2003.

이성무. 조선왕조실록 어떤 책인가, 서울 : 동방미디어, 2000.

이성희. **조선시대 중인층의 독서론에 관한 연구**, 천안대학교 문헌정보대학원 문헌정보교육학 전공 석사학위논문, 2004.

이승구 외, "한말 및 일제강점기의 교과서 목록 수집 조사", 〈한국교과서연구재단 연구보고서〉, 2001.

이응호. "갑오경장과 어문정책", 〈새국어생활〉, 제4권 제4호 1994년 겨울, 1994.

이종국, 한국의 교과서, 서울 : 대한교과서주식회사, 1991.

이종국. "교과서 출판인 백당 현채의 출판활동에 대한 연구", 〈한국출판학연구〉, 제58호, 2010.

이창경. "성종시대 출판활동에 관한 고찰", 〈출판잡지연구〉, 제6권, 1998.

이창헌. "안성 지역의 소설 방각활동 연구", 〈한국문화〉, 서울대학교, 1999.

이해명. "개화기 교육목표와 교과서 내용과의 차이점 연구-국어·수신·윤리 교과서를 중심으로", 〈단국대학교 논문집〉, 서울: 단대학교 출판부, 1988.

이희재. 번역의 탄생, 서울: 교양인, 2010.

임종환. **탁사 최병헌의 종교변증신학 연구**, 한신대학교 신학대학원 조직신학 전공 석사학위논문, 1998.

장상호. "개화기 국어 교과서 연구", 〈국어교육논총〉 1, 광주: 조선대학교 교육대학원 국어교육학회, 1981.

전성욱. **근대 계몽기 기독교 서사문학 연구**, 동아대학교 대학원 국어국문학과 석사학위논문, 2005.

전영표. 정보사회와 저작권, 서울: 법경출판사, 1993.

정의성. **근대 인쇄술의 도입과 개화기의 서적 간행에 대한 연구**, 서울: 연세대학교 대학원 도서관학 전공 석사학위 논문, 1988.

정재용 외. 정조대의 한글 문헌, 서울: 문헌과해석사, 2000.

정진홍. 인문의 숲에서 경영을 만나다, 파주: 21세기북스, 2008.

조미옥. **개화기 초·중등학교 국사 교과서의 분석-1895~1910년을 중심으로**, 경북대학교 교육대학원 역사교육전공 석사학위 논문, 1990.

조선왕조실록.

조철수. 예수 평전, 파주: 김영사, 2010.

최윤미. **개화기 국어교과서 제재의 형식과 내용 분석-학부 편찬 교과서**

를 중심으로, 가톨릭대학교 대학원 독서학과 독서학 전공 석사학위 논문, 2009.

최현배. "기독교와 한글", 〈신학논단〉, 제7집, 1962.

코모리 요이치 저, 정선태 역, 일본어의 근대-근대 국민국가와 '국어'의 발견, 서울 : 소명출판, 2005.

한경수. "개화기 서구인의 조선여행", 〈관광학연구〉, 제26권 제3호, 2002.

한국기독교역사연구소. 한국 기독교의 역사 II, 서울 : 기독교문사, 1995.

혼마 규스케. 최혜주 역, 조선잡기-일본인의 조선정탐록, 파주 : 김영사, 2008.

황지영. **명말청초 과거수험용 서적의 상업출판과 전파**, 연세대 대학원 사학과 박사학위논문, 2007.

A. H. Savage-Landor. *Corea or Cho-sen: The Land of the Morning Calm*, 1895, 신복룡·장우영 역주. 고요한 아침의 나라 조선, 서울 : 집문당, 1999.

Annie L. A. Baird. *Daybreak in Korea: A Tale of Transformation in the Far East*, 1909, 유정순 역. 따라 따라 예수 따라가네, 서울 : 디모데, 2006.

Charles Varat & Chaillé-Long 지음, 성귀수 옮김. 조선기행-백여 년 전에 조선을 둘러본 두 외국인의 여행기, 서울 : 눈빛, 2001.

Daniel K. Gadner. "학문을 통해 성인이 되는 길", 주자어류, 제3권, 수원 : 청계출판사, 1999.

E. Bourdaret. 정진국 역. 대한제국 최후의 숨결, 파주 : 글항아리, 2009.

E. J. Oppert. 신복룡 역. 금단의 나라 조선, 서울 : 집문당, 2003.

F. A. McKenzie. *The Tragedy of Korea*, 1908, 신복룡 역. 대한제국의 비극,

서울 : 탐구당, 1974; 김창수 역. 조선의 비극, 서울 : 을유문화사, 1984.

F. C. Ridel. *Ma Cativité dans Les Prisons de Séoul*, 1901, 유소연 옮김, 나의 서울 감옥생활 1878, 서울 : 살림출판사, 2008.

George Ducrocq. 최미경 역. 가련하고 정다운 나라, 조선, 서울 : 눈빛, 2001.

G. W. Gilmore. *Korea from Its Capital: With a Chapter on Missions*, 1892, 신복룡 역주. 서울 풍물지, 서울 : 집문당, 1999; 이복기 역. 서양인 교사 윌리엄 길모어, 서울을 걷다, 서울 : 살림출판사, 2009.

H. B. Hulbert. ᄉᆞ민필지, 1899.

H. B. Hulbert. *The Passing of Korea*, 1906, 신복룡 역주. 대한제국멸망사, 서울 : 평민사, 1984.

I. B. Bishop. *Korea and Her Neighbors*, 1897, 이인화 역. 한국과 그 이웃나라들 : 백 년 전 한국의 모든 것, 서울 : 살림출판사, 1994; 신복룡 역주. 조선과 그 이웃나라들, 서울 : 집문당, 2000.

J. R. Moose. *Village Life in Korea*, 1909, 문무홍 외 역. 1900, 조선에 살다, 서울 : 푸른역사, 2008.

J. S. Gale. *Korean Grammatical Forms*(辭課指南 ᄉᆞ과지남), Seoul : Trilingual Press, 1894.

J. S. Gale. *Korea in Transition*, New York : Eaton & Mains, 1909, 신복룡 역주. 전환기의 조선, 서울 : 집문당, 1999.

L. H. Underwood. *Fifteen Years among the Top-Knots or Life in Korea*, 1904, 신복룡·최수근 역주. 상투의 나라, 서울 : 집문당, 1999.

M. Courant. *Bibliographic Coréene*, 1896, 이희재 역. 한국서지, 수정번역판, 서울 : 일조각, 1994.

Mattie Wilcox Noblel 지음, 손현선 옮김. 매티 노블의 조선회상, 서울 : 좋은씨앗, 2010.

Max von Brandt. *Ostasiatische Fragen: China, Japan, Korea*, 1897, 김종수 역. 격동의 동아시아를 걷다 : 독일 외교관의 눈에 비친 19세기 조선, 중국, 일본, 서울 : 살림출판사, 2008.

Per Gedin. *Literature in the Marketplace*, London : Faber and Faber Limited, 1982.

S. Genthe. *Korea: Schilderung von Siegfried Genthe*, 1905, 최석희 역, 겐테의 한국기행, 대구 : 효성가톨릭대학교 출판부, 1999; 권영경 역. 독일인 겐테가 본 신선한 나라 조선, 1901, 서울 : 책과함께, 2007.

Theresa Hyun, *Translation and Early Modern Korean Literature*, 김순식 역. 번역과 한국근대문학, 서울 : 시와시학사, 1992.

W. D. A. A : son Grebst. 김상열 역. 코레아 코레아, 서울 : 미완, 1986 ; 김상열 역. 스웨덴 기자 아손, 100년 전 한국을 걷다-을사조약 전야 대한제국 여행기, 서울 : 책과함께, 2005.

찾아보기

ㄱ

ㄴ

ㄷ

ㄹ

ㅁ

ㅂ

ㅅ

ㅇ

ㅊ

ㅋ

ㅌ

ㅍ

ㅎ